EXCURSIONS AUTOUR DU MONDE

PÉKIN

ET L'INTÉRIEUR DE LA CHINE

L'auteur et les éditeurs déclarent réserver leurs droits de traduction et de reproduction à l'étranger.

Ce volume a été déposé au ministère de l'intérieur (section de la librairie) en juillet 1878.

Tour de porcelaine restituée.

Frontispice.

EXCURSIONS AUTOUR DU MONDE

PÉKIN
ET L'INTÉRIEUR DE LA CHINE

PAR

Le Cte Julien de ROCHECHOUART

MINISTRE PLÉNIPOTENTIAIRE

OUVRAGE ORNÉ DE GRAVURES

PARIS

E. PLON et Cie, IMPRIMEURS-ÉDITEURS

10, RUE GARANCIÈRE

1878

# EXCURSIONS
AUTOUR DU MONDE

I

DE PARIS A SUEZ

Le départ d'un train est toujours un événement pour les voyageurs et un spectacle amusant et pittoresque pour les flâneurs. La gare de Lyon-Méditerranée est une des plus curieuses à étudier ; c'est un va-et-vient perpétuel de militaires, de marins, d'Anglais, d'Orientaux, de chasseurs, et le point de départ de tous ceux qui vont en Italie, en Algérie, en Orient, aux Indes, en Chine et même en Seineet-Marne. Autrefois, à l'époque des diligences et des chaises de poste, le moindre voyage était une entreprise, et l'on devenait presque célèbre pour avoir été en Égypte ou à Constantinople. Aujourd'hui, grâce à la rapidité des moyens de locomotion, on organise des trains de plaisir pour faire le tour du monde, et ni la Chine ni les Indes n'ont plus de secrets pour nos voyageurs qu'un humoriste américain a plaisamment surnommé des *globe trotters*.

Mais, en devenant plus facile, moins coûteux et moins fatigant, le voyage a perdu beaucoup de ses charmes; on part et l'on arrive à heures fixes, on mange dans les buffets des dîners servis par des domestiques en habit noir, on visite à la hâte le musée, la cathédrale, la maison de ville; dix minutes d'admiration, c'est tout ce que comporte le programme arrêté d'avance. Plus d'essieu cassé forçant à passer la nuit dans une mauvaise auberge, plus de brigands, de duègnes; pour trouver la moindre aventure, il faut aller au centre de l'Afrique, sur les sommets de l'Himalaya, ou habiter longtemps l'extrême Orient.

N'importe, le goût du voyage tend de plus en plus à s'introniser, et le train qui part chaque soir de Paris pour Marseille en est une preuve vivante. Quel brouhaha! quelle presse! quelle tour de Babel! Ici, c'est un Anglais coiffé d'un imperceptible chapeau *enturbanné* d'un voile vert, sa lorgnette en bandoulière, son parapluie enfermé dans une gaîne en toile cirée ; il cherche à introduire dans un wagon où sont déjà empilés sept voyageurs un ballot qu'il appelle son sac de nuit ; un peu plus loin, c'est une famille effarée que la foule disperse à chaque instant, et dont les membres s'appellent d'un bout de la salle à l'autre, comme le font des perdrix qu'un coup de fusil a éparpillées dans un champ.

Enfin la cloche retentit, les salles d'attente vomissent sur la voie un flot de voyageurs, chacun se hâte de se caser, les portières se ferment, un coup de sifflet sinistre ébranle les voûtes, le train se met en mouvement et part. Il traverse comme une flèche Fontainebleau, la Champagne, la Bourgogne ; il dévore les distances ; arbres, maisons, animaux, semblent courir sur lui. C'est l'enivrement de la vitesse ; on ne voit rien, on est ahuri par le bruit, désarticulé par la trépidation, mais on va vite, et l'on voudrait aller plus vite encore : qu'importe le paysage ? on n'a même pas l'idée de le regarder ; on traverse Dijon, Lyon, Valence, Avignon sans même s'en douter, et quand le jour paraît, le premier objet qui frappe la vue, c'est la Méditerranée. Cependant le paysage a changé d'aspect, l'olivier remplace le saule, et la terre brûlée par le soleil commence à prendre les teintes du pays chaud.

Marseille n'est déjà plus la France, mais ce n'est

pas encore l'Italie ou l'Orient. Les hommes sont bruyants, nerveux ; le moindre travail ne s'accomplit qu'à l'aide d'un flot de paroles inutiles et de lazzi spirituels, mais ils sont vêtus de redingotes et de blouses, et coiffés de l'horrible casquette. Quant au climat, il est chaud, vivifiant ; l'atmosphère est parfois claire et lumineuse ; mais aussi, gare au mistral : quand il souffle, c'est le Nord, la Russie, la Sibérie. En somme, cependant, Marseille est une charmante ville ; les yeux sont réjouis par le plus adorable panorama ; la Corniche, les Catalans, les avenues de Meilhan, valent leur réputation ; le mouvement des rues commerçantes est indicible ; les hôtels sont excellents. Mais, hélas ! pour la plupart des voyageurs, Marseille n'est qu'une ville de départ, la dernière étape en France ; on vient y prendre un paquebot conduisant dans les pays lointains, et, quelque cuirassé que l'on soit contre les émotions de la séparation, le cœur au fond est trop oppressé de regrets pour se laisser distraire par le spectacle des yeux.

On fait, en hâte, ses derniers préparatifs, et l'heure du départ arrive. Tous les voyageurs sont réunis sur le pont, l'homme de quart pique deux heures : c'est le signal. On échange les dernières poignées de main, les phrases s'entre-croisent, souvent interrompues par une larme maladroitement essuyée ; encore un instant, l'échelle est relevée et le sabord fermé ; le bateau s'ébranle, il enfile les goulets (j'allais dire la porte cochère), et le voilà dans la Méditerranée ; quelques mouchoirs obstinés s'agitent cependant en signe d'adieu. Peu à peu Marseille, le château d'If et les côtes de Provence elles-mêmes disparaissent ; le pont est silencieux, les nouveaux marins sont inquiets, et au premier repas on constate l'absence de la plupart des convives.

Le lendemain, on se réveille en vue d'Ajaccio, et, vers midi, on traverse le canal de l'Ours, ainsi nommé à cause d'un rocher qui reproduit la forme de cet animal. La traversée de ce détroit est vraiment admirable ; le ciel est bleu, la mer est bleue ; un soleil bienfaisant égaye le paysage de ses rayons dorés ; à droite, la petite ville de Santa Magdelena, blanche, éblouissante, avec un petit port en miniature où dorment une dizaine de barques de pêcheurs.

Puis, voici la pleine mer. Celui qui n'a vu la mer qu'à Dieppe ou à Trouville est excusable de chanter la poésie de l'Océan, l'enivrement de l'immensité ; mais quiconque a été enfermé plusieurs semaines dans un paquebot doit confesser que rien n'est plus fastidieux qu'une longue traversée. Malgré les efforts des compagnies et les progrès dans la science des installations, on ne peut empêcher les cabines d'être petites ; les couchettes sont étroites, les draps humides. La toilette contient des cuvettes en miniature ; tous les objets ont leur place, et on ne peut les déranger sous peine de les voir cassés par un coup de roulis. Quant au salon dont le visiteur admire la splendeur, il est inconfortable. On y trouve des tables carrées et d'étroites banquettes fixées au sol, des dossiers à angles droits, une odeur de fruit, de fromage et d'eau de vaisselle, sortant de l'office toujours attenant au salon, pas un fauteuil, pas un coussin, pas un divan ; en revanche, les panneaux sont peints par un artiste de mérite, et au fond un piano faux et nasillard offre une distraction personnelle aux dépens de la communauté. Le temps permet-il de sortir et de rester sur le pont, on ne trouve pour s'asseoir d'autre siége que le fauteuil apporté avec soi, bien heureux si quelqu'un ne s'y est pas déjà installé.

Messine est toujours agréable à voir. Cette ville en amphithéâtre, couronnée par les belles montagnes de Sicile, ces beaux arbres verts, ces allées d'orangers en terrasse, cette grande rue avec ses arcades donnant sur la mer, le mouvement du port, la magnificence du climat, la variété des costumes, tout cet ensemble fait de Messine une terre privilégiée.

En sortant de Messine, on navigue entre les côtes de la Calabre et celles de la Sicile ; puis, peu à peu, les terres s'éloignent, et l'on n'aperçoit plus rien, si ce n'est dans le lointain les montagnes de la Crète. Toutes ces terres ont à peu près le même aspect ;

qui a vu l'une les a toutes vues; cependant, quand on a la chance de passer la nuit près du Stromboli, et que ce volcan veut se mettre en frais, on assiste à un feu d'artifice plus grandiose que ceux du quai d'Orsay.

Les côtes d'Égypte sont si basses que c'est à peine si l'on aperçoit Alexandrie, une heure avant d'entrer dans le port. La rade est mauvaise, parfois le vent y fait rage; la passe est difficile et semée d'écueils; aussi n'y entre-t-on pas de nuit. En débarquant à la cale de la douane, on est assailli par les portefaix; il y en a de toutes les couleurs, depuis le nègre jusqu'au roux; ils sont vêtus de haillons si peu adhérents à leurs corps, et si inutiles au point de vue de la décence, qu'on peut les croire uniquement destinés à héberger la vermine dont tout bon Oriental est couvert, et qui fait pour ainsi dire partie de sa famille.

Un de ces drogmans de hasard nous procura une voiture, nous y installa et se chargea d'amener nos domestiques et nos bagages à l'hôtel. Rien ne peut donner une idée du mouvement qui règne dans les rues avoisinant le port. A chaque pas on rencontre des voitures découvertes, précédées de *seïs* courant les ailes au vent avec la légèreté d'un oiseau; de longues files de chameaux, toujours étonnés de se trouver au milieu de ce bruit, s'arrêtent à chaque pas pour ruminer, et interrompent sans cesse la circulation. Rien ne les émeut, ni les chars traînés par des buffles hideux, ni les cris des portefaix, ni les coups de courbache des cavas précédant la voiture d'un seigneur; les ânes et les piétons remplissent les espaces vides, et bientôt on est au milieu d'une fourmilière vivante. Puis chacun tire de son côté, et de tout cet imbroglio il ne reste qu'un nuage de poussière. Le costume européen domine, mais quel costume! Les couleurs les plus étranges sont accolées ensemble; de temps à autre une femme enveloppée dans un grand drap blanc, la figure cachée par un masque de crin noir, rappelle par sa présence l'Orient, les houris, les almées, ce qu'on serait toujours tenté d'oublier à Alexandrie; partout des constructions européennes, de mauvais goût, il est vrai, mais européennes; partout des becs de gaz, des promenades plantées en quinconces et ornées de fontaines en simili bronze; partout des affiches annonçant les débuts de mademoiselle *Amanda*; c'est à croire qu'on n'a pas quitté la Cannebière; il n'y a pas jusqu'aux dattiers rachitiques et aux aloès au feuillage glauque et ridicule qui semblent annoncer l'entrée d'un casino quelconque.

La vie d'hôtel est exorbitante à Alexandrie, — pourquoi? Parce qu'il est de convention que l'Égypte doit être le pays le plus cher du monde, malgré la fertilité du sol et l'abondance des récoltes fournissant aux demandes d'une forte exportation. Il est admis qu'on ne vient pas en Égypte pour changer d'air ; les aventuriers qui peuplent le Caire et Alexandrie en disent tout le mal possible et cherchent à s'excuser de vivre dans un pays auquel le soleil pourtant réserve ses meilleurs rayons, le ciel son plus beau bleu, et la terre sa plus grande fertilité. Les fellahs sont d'excellentes gens, beaux, sobres, patients, travailleurs ; ils s'inquiètent peu comment va le monde. Le grand malheur de l'Égypte, c'est le gaspillage. Les ressources du pays servent à enrichir quelques individus insatiables. Le milieu dans lequel on vit en Égypte est tout à fait extraordinaire pour un Parisien ; habitué à se mouvoir dans un grand centre, et méprisant les tripotages dont il ignore l'influence vénéneuse, au premier abord il est stupéfait de ce qu'il entend ; Français, Anglais, Italiens, Grecs, Levantins, Arméniens, il apprend l'histoire de tous, même celle des mauvais jours, et son étonnement est au comble en voyant deux individus dont il a entendu la confession réciproque assis le soir à la même table ; il se croit l'objet d'une mystification, mais bientôt il s'aperçoit que le sens moral cède le pas à l'intérêt, et qu'il n'est pas toujours nécessaire de s'estimer pour s'associer. Nul ne peut savoir ce qui se dépense de ruse, de finesse, de talent, d'observation, de connaissance du cœur humain, dans cette société : on vit en plein Balzac.

A Alexandrie comme dans toutes les villes d'Orient, le moment le plus difficile à passer pour le voyageur nouvellement arrivé, c'est la soirée. Il n'y a pas de théâtre, les cafés chantants sont horribles, et l'on aurait honte d'y être vu ; les rues ne sont ni assez éclairées ; ni assez garnies de magasins pour permettre la flânerie ; de sorte qu'après dîner nous ne savions trop comment gagner l'heure du sommeil. L'air était tiède et la nuit superbe ; une promenade en voiture découverte était la meilleure solution, d'autant plus que nous devions partir le lendemain matin de bonne heure pour le Caire. Il fallait donc ou ne pas visiter la ville d'Alexandrie, ou la voir au clair de lune. Après avoir traversé rapidement ce qu'on appelle les quartiers élégants, nous pénétrâmes dans un dédale de routes plantées d'arbres, et bordées de rares maisons. Puis la voiture s'arrêta au milieu d'une place assez vaste. Les grandes dalles que nous sentons sous les pieds nous font penser que nous sommes dans un cimetière ; au milieu se dresse une haute silhouette noire : c'est la colonne de Pompée ; est-elle en bronze, est-elle en marbre ? ne me le demandez pas, il fait trop nuit pour distinguer quoi que ce soit. Par conscience de voyageur, nous faisons le tour du piédestal ; les chiens dont nous dérangeons le sommeil s'éloignent en grognant et en hurlant de cette façon sinistre qui est l'apanage des chiens errants. Un cortége s'avance vers nous, un domestique enveloppé dans un abba déguenillé et tenant à la main une lanterne, suivi de deux fantômes blancs. Quel joli Decamps c'était là ! En regagnant notre voiture, nos oreilles sont frappées par les sons d'une musique étrange, mélange de petite flûte et de tambourin. Notre guide nous apprit que c'étaient des nègres venus pour célébrer une des nuits les plus saintes du Rhamadan. Nous entrons. La chambre construite en palmes de dattiers a pour plancher un sol humide et noirâtre et pour éclairage quelques veilleuses répandant plus d'odeur et de fumée que de clarté ; çà et là quelques escabeaux boiteux, quelques lambeaux de tapis, un petit *manga* contenant de la braise à demi éteinte, et des pots remplis d'une liqueur fermentée, composent le mobilier, complété par quelques ustensiles de ménage et par des narguilés. Au moment où nous pénétrons, la musique fait rage, et l'enthousiasme de l'assemblée est à son comble, à en juger par ses cris et ses trépignements; mais il nous est impossible de rien distinguer, tant la fumée est épaisse. Notre présence n'interrompt pas la fête; seulement un vieillard assis près d'un tonneau nous fait signe de nous asseoir. Nous acceptons, car, en nous accroupissant, nous échappons à la fumée que la porte ouverte empêche de descendre au delà d'une certaine hauteur. Après quelques instants, nos yeux s'accoutument à cette atmosphère, et nous pouvons regarder la société dans laquelle nous nous trouvons. Elle se compose d'une quinzaine de nègres; les uns, assis en cercle, boivent, fument, font de la musique; plongés déjà dans l'ivresse, ils ne voient, ni n'entendent rien; les autres dansent avec frénésie et ne s'arrêtent que lorsque le souffle leur manque. Notre présence n'est pas remarquée, et la musique ne s'interrompt pas un seul instant. Ce spectacle avait quelque chose de sauvage et d'original. On avait le sentiment que ce n'était pas simplement une orgie, et que ces forcenés accomplissaient quelque rite sacré. Malgré nous, nous étions saisis d'une certaine émotion. La mise en scène était merveilleuse et nous frappait d'autant plus par le contraste soudain avec l'Europe que nous venions à peine de quitter. Le reste de la promenade se ressentit de cet épisode; chacun de nous cherchait à graver dans sa mémoire les principaux traits de la scène à laquelle nous venions d'assister.

En revenant, on nous montre, derrière un mur ruiné, une autre silhouette noire : l'aiguille de Cléopâtre. Toujours par conscience de voyageur, nous descendons de voiture, et faisons le tour de l'enceinte; en rentrant on nous apprend que l'aiguille de Cléopâtre est un obélisque en tout semblable à celui de la place de la Concorde, mais moins bien conservé.

En sortant d'Alexandrie, le chemin de fer traverse de belles plaines, de riches cultures, mais le paysage n'a rien d'exceptionnel; les chameaux et les dattiers, ces fils du soleil, en font tous les frais.

Mais nous voici arrivés sur les bords du Nil. Le paysage devient admirable, tant il est calme, serein, digne. Ce n'est ni la Turquie, ni l'Arabie, ni la Perse, c'est la Bible; les hommes, les animaux, les plantes elles-mêmes ont quelque chose de solennel, et le nouveau venu est surtout ému par le sentiment religieux qui plane sur cette contrée. Le fleuve que l'on traverse porte un nom si écrasant! Le Nil, c'est Sésostris, Moïse, Alexandre, saint Louis, Napoléon, c'est-à-dire tout ce que l'humanité a produit de grand, d'exceptionnel. Cette plaine de verdure est tachée de place en place par un village aux briques effritées, par un palais aux couleurs chatoyantes, un minaret aux formes élancées; il suffit d'un lambeau d'étoffe flottant au vent pour faire un tableau.

Le Nil se promène en maître dans cette plaine; il laisse couler ses eaux sans s'inquiéter de la route, car il n'est pas pressé d'arriver; peu lui importe le nombre de circuits; il est le bienvenu partout, et chacun cherche à le retenir le plus longtemps possible. Quant au chemin de fer, c'est autre chose; pour lui, *time is money*. Le plus petit coude se traduit par un excédant de combustible; aussi, laissant le fleuve à sa paresse et le traversant chaque fois qu'il s'écarte de la ligne droite, il finit par arriver sans lui au Caire.

La ville se montre peu à peu ; on aperçoit d'abord le sommet des minarets de la mosquée Méhémet-Ali qui domine la citadelle, ensuite les toits ; puis les lignes se multiplient, les détails deviennent distincts, et enfin on embrasse dans un coup d'œil le panorama complet de la ville. Malheureusement, le jour de notre arrivée, nous avons manqué ce spectacle ; la brume, d'abord épaisse, se changea en pluie. Dans les pays secs on désire la pluie comme à Brest le soleil. Cependant, comme rien n'est organisé au Caire contre l'humidité, si l'averse dure seulement plusieurs heures, elle devient très-gênante, les rues mal pavées tournent au cloaque et exhalent des odeurs exécrables ; à l'intérieur des maisons, les toits mal entretenus laissent filtrer l'eau ; on ne sait comment se vêtir : si l'on se couvre davantage, on étouffe ; si l'on garde les mêmes vêtements, on s'enrhume. Les moyens de locomotion habituels deviennent inacceptables. On oublie cependant ces misères en regardant les jardins. Les dattiers, les orangers, les bananiers semblent renaître sous la pluie ; les feuilles se débarrassent de leur enduit de poussière, les branches relèvent leur tête alanguie par la sécheresse, les fleurs redoublent d'éclat, et de bonnes senteurs printanières montent au cerveau.

Le Caire est une ville d'une grande étendue, mais peu peuplée et dont l'enceinte renferme plus de terrains vagues que de maisons. Cependant le Mousky, l'Esbekieh et les rues adjacentes habitées par le commerce indigène sont assez fréquentés ; partout ailleurs on rencontre ou des ruelles inaccessibles, ou des boulevards plantés d'arbres le long desquels se trouvent les villas des Européens et des fonctionnaires égyptiens. La plupart de ces maisons sont bâties dans le goût italien, toits plats ornés de statues, balustrades, vérandas ; il est inutile de s'appesantir sur ces constructions que tout le monde a vues partout.

L'intérieur des maisons est des plus simples : pas ou presque pas de meubles ; par terre, des tapis anglais de basse qualité ; sur les murs, des papiers d'auberge, un divan circulaire recouvert de perse ou d'algérienne, un ou deux fauteuils en bambou canné, de mauvaises tables recouvertes de moquette tachée sur lesquelles errent un pot à tabac ébréché, quelques feuilles de papier à cigarettes et une demi-douzaine de petits plateaux de cuivre destinés aux débris des fumeurs. Tel est l'ameublement ordinaire des appartements de réception au Caire.

Tous les autres détails de la vie extérieure sont en rapport avec cette simplicité, et sauf la table, toujours abondante, hospitalière et soignée, l'étranger n'apercevrait nulle part aucune trace de luxe. Les équipages sont modestes, le plus souvent même de louage ; une calèche découverte démodée, traînée par deux chevaux attelés avec des harnais trop larges ;

un cocher mal vêtu, sans livrée, sale, se tenant de côté sur son siége, à la manière des cochers de fiacre. A peine arrêté devant une porte, cet automédon descend, débride ses haridelles et vide devant elles un sac de luzerne fraiche — qu'il avait ficelé derrière la voiture.

La domesticité n'est pas aussi nombreuse en Égypte que dans le reste de l'Orient, et rien n'est moins luxueux que la tenue des serviteurs. Un fez le plus souvent déteint et déformé, une vieille tunique à la turque, des chaussures éculées et ignorant l'existence du cirage. En voyant cet état de choses, on est amené à se demander en quoi consiste le luxe proverbial de ces contrées, et pourquoi la vie est plus chère au Caire qu'ailleurs; quelque grande que soit la part faite au gaspillage, elle ne suffit pour expliquer l'anomalie qui consiste à payer ce que l'on n'achète pas.

La poule aux œufs d'or de l'Égypte, c'est sa population agricole; elle se nomme fellah. Sobres, courageux, laborieux, ces hommes sont propres à tous les travaux; depuis la plus haute antiquité ils ont fouillé le sol sacré de l'Égypte avec un soin et une patience admirables, sans jamais exhaler une plainte, sans succomber au découragement; les mauvais jours passent sans les affaisser, les bons sans les enivrer; la politique leur est étrangère; ils préfèrent la misère à la révolte; courbés sur leur sillon ou attelés à une roue d'irrigation, ils ne désirent rien, sinon leur pain quotidien, et le comble du bonheur pour eux consiste en une piécette d'argent enfouie sous terre dans un vieux pot; c'est là toute leur prévoyance. Pourvu que le collecteur en ignore l'existence, et ne vienne pas leur arracher cette suprême ressource pour payer les intérêts usuraires d'un banquier juif ou arménien !

Il ne faudrait pas croire que le fellah soit abruti par la misère, ni qu'il ait les instincts stupides du nègre qui cesse de travailler dès qu'on cesse de le fouetter. Non, le fellah travaille parce qu'il a été créé pour gagner son pain à la sueur de son front. Il n'est pas abruti par la misère, parce qu'il n'a pas de besoins : un peu de farine et d'eau, quelques légumes, voilà sa nourriture ; un caleçon et un turban de coton bleu ou blanc, voilà son costume. Tels on voit les fellahs sur les bas-reliefs de Carnac, tels ils sont aujourd'hui; ce sont les mêmes formes élégantes et vigoureuses, le même profil aigu, le même nez, les mêmes oreilles ; jamais les fellahs ne sont mélangés à la classe conquérante, et je défie de trouver parmi eux la moindre trace de nègre.

La vie du Caire est la plus charmante du monde ; le climat y rend tout facile. Nous avions fait coïncider notre arrivée avec les fêtes du Baïram, pendant lesquelles le vice-roi quitte son palais de Gizeh et va habiter la citadelle de Mehemet-Ali, d'où l'on domine toute la ville; c'est là qu'ont lieu les fêtes officielles. Les consuls de toutes les puissances, les Européens employés au service égyptien, les dignitaires de l'État et les chefs des divers clergés, les grands négociants étrangers ou indigènes se mettent en mouvement et sillonnent le Mousky et l'Esbekieh en portant les costumes les plus divers. Ici ce sont des uniformes brillants d'or et de broderies, constellés de décorations, là le vieux costume oriental tout couvert de cachemires et d'armes ciselées; c'est un des spectacles les plus gais que l'on puisse voir. J'ai toujours aimé les cortéges, même ceux du Cirque olympique; aussi étais-je enchanté d'en voir un véritable, éclairé par le soleil de l'Égypte. Nous suivons le mouvement, et, campés dans une calèche découverte, nous sommes aux premières loges pour jouir du *coup d'œil*. Arrivés à la citadelle, comme nous ne sommes pas de la fête, nous profitons du moment où tout le monde est au *Salam* pour aller admirer le panorama dont on jouit de la terrasse de la mosquée Mehemet-Ali. C'est réellement féerique; à vos pieds s'étale la ville du Caire revêtue de ses habits de fête; les places ressemblent à une fourmilière où tout s'agite, se coudoie; les cris, adoucis par l'espace, arrivent à l'état de murmures apportés par la brise. La ville est entourée d'une ceinture de verdure, au milieu de laquelle se déroule le Nil comme un immense serpent jaune; plus loin, c'est le désert, dont l'horizon n'est arrêté que par les pyramides projetant leur grande ombre, et semblant dans leur immobilité protéger et dominer le paysage. L'homme le plus insensible aux beautés de la nature, le plus rebelle aux fantaisies de l'imagination, en un mot, le plus sceptique, serait impressionné par ce spectacle. Un monde nouveau assaillit la pensée ; on est à mille lieues de l'Europe et de la vie moderne, et sans transition on est transporté en plein rêve. C'est bien là l'Orient avec l'éclat de sa lumière, son tohubohu de couleurs et son parfum de poésie ; c'est le Nil avec son histoire que deux noms dominent, Moïse et Bonaparte, et enfin les pyramides, témoins immuables de tout ce passé de gloire et de misère.

Je ne sais combien de temps nous serions restés à contempler ce spectacle, si notre cicerone ne nous eût tirés de notre rêverie pour nous montrer la place où les mameluks furent massacrés, et la terrasse du haut de laquelle un de ces malheureux se lança avec son cheval pour échapper au poignard des meurtriers. Profitant de notre surprise et de son premier succès, notre guide nous entraîna au lieu appelé Puits de Joseph, endroit dont le nom seul est intéressant. Ce puits très-profond est taillé dans le roc, et tout autour règne une galerie circulaire à balustrades à jour, qui conduit en pente douce jusqu'à la source.

Mais le bruit des tambours annonce la fin du *Sa-*

lam; nous reprenons vite notre poste d'observation. Le vice-roi se rend chez la grande princesse, veuve d'un des vice-rois précédents. Le cortége gagnerait à la suppression des jockeys de Daumont qui semblent sortir de chez Brion malgré le fez dont on les a cachetés. Un bon point aux cavaliers de l'escorte : bien réussis ces chevaux qui veulent tout dévorer et ne tiennent à terre que par leurs queues. Et ce vieil eunuque à chairs pendantes et blafardes qui promène sur la foule son regard hébété, conservant cependant encore un atome de cruauté, comme il ferait bien dans une féerie ! Mais pourquoi ces bottines vernies ? Avant d'entrer dans cette carrière, ne doit-on pas renoncer à tous les moyens de séduction ? Otez vite ces chaussures qui jurent dans le cortége. Un de mes amis prétend que le chameau est un animal antédiluvien égaré dans notre siècle ; ne pensez-vous pas que l'eunuque est un peu dans le même cas ? Après tout, le soleil est un grand magicien ; il masque tout, et par sa présence il fond toutes les disparates et tous les tons heurtés.

Après le cortége du vice-roi, voici venir celui de la grande princesse ; c'est superbe d'audace et de sans-gêne. Arrivent d'abord un certain nombre de cavaliers à l'air mystérieux et important ; ils écartent la foule et font rebrousser le flot humain. En un instant la rue est vide.

Quelques minutes s'écoulent dans un silence solennel, puis paraît le second groupe, composé de seïs rapides et tout haletants ; leurs pieds nus retentissent sur la terre comme les doigts sur un tambour de basque ; ils sont suivis par un grand coupé à housse attelé de six chevaux conduits à grandes guides et entouré par un peleton d'eunuques chamarrés de dorures, de plumes, de pierreries, d'armes étincelantes. Les stores mal fermés laissent apercevoir deux fantômes blancs, sur le devant deux adorables têtes d'enfants. Mais voici des gamins qui forcent la consigne et poussent des hourras frénétiques ; une main blanche, un peu grasse, à doigts effilés, à ongles légèrement teintés de henné, soulève le store et laisse échapper une pluie de piécettes d'argent ; les cris cessent comme par enchantement, les gamins se précipitent à la curée, et lorsqu'ils se relèvent, le cortége a disparu, emportant la main blanche, mais laissant un souvenir au spectateur étranger. Heureux pays où l'on ne connaît pas la désillusion de la satiété et où le roman n'a pas nécessairement de dénoûment. Personne n'a mieux compris ce charme que Gérard de Nerval ; toutes les pages qu'il a consacrées à l'Égypte sont empreintes de ce sentiment. Entrevoir la beauté sous forme d'apparition, d'ange ; rêver un idéal, et être sûr que jamais la réalité ne viendra en effacer le souvenir, n'est-ce pas là une délicieuse poésie ?

Quiconque n'a pas essayé de la flânerie en Orient

ne saurait comprendre son charme. On vit littéralement en plein air; chacun accoste les passants, leur raconte ses plaisirs et ses peines, fait ses affaires dans la rue, et s'interrompt pour interpeller un fellah ou dire une gauloiserie à une jeune fille qui s'enfuit en riant. Si un ami passe, on fait arrêter sa voiture, on monte avec lui, et l'on va à Shoubrah où l'on n'avait rien à faire. Vers le coucher du soleil, ce mouvement cesse, et la ville s'endort. Il n'y a pas de soirée comme dans les villes d'Europe.

Il faut bien dire un mot des monuments du Caire; même quand on n'est pas archéologue, on est tenu d'admirer la belle mosquée dite Sultan Hussein, les tombeaux des califes Kazer-el-Nil et Shoubrah. Quant aux grandes pyramides, elles servent de but à une excursion plus longue, mais si souvent décrite qu'il est inutile d'en donner une description de plus.

La promenade à âne dans la ville arabe, au clair de lune, est un des plaisirs du Caire. Les rues prennent des aspects étranges; chaque mousharabi, chaque stalactite, chaque coin de maison a un air de mystère. Les rares passants semblent des êtres fantastiques; on espère rencontrer le calife Haroun al Raschid et son vizir sous des habits de mendiants. Le son d'une guitare accompagnant un chant guttural vous transporte en plein pays des rêves. Tout à coup la rue s'éclaire de torches, un cortége vous entoure, vous bouscule; à peine remis de la première surprise, vous regardez : tout a disparu ! C'était une noce ou quelque pacha attardé. Le silence est rétabli et n'est plus troublé que par le pas de votre monture, ou par les cris répercutés à l'infini des veilleurs de nuit, ou bien encore par le chant des muezzins qui appellent les fidèles à la prière, longtemps avant que l'aurore n'ait blanchi le ciel.

L'Esbekieh n'est jamais absolument désert ; il y a toujours des voitures qui stationnent à la porte des hôtels garnis ; et les ânes couchés pêle-mêle avec leurs conducteurs dorment sans s'inquiéter de l'avoine du lendemain. Heureux pays, où l'imprévoyance n'est pas un vice et où la misère est rarement une souffrance ! Les économistes blâmeront cette société où le travail n'est pas en honneur et où le vagabondage est un *desideratum;* ils critiqueront un état de choses qui permet aux places publiques de servir de dortoir à toute une population qui naît, vit, meurt sans que jamais personne songe à l'inscrire sur des registres, ayant pour logis la voûte du ciel, pour vêtement les haillons qu'elle trouve en naissant, vivant d'aumônes, et ne sachant ni où ni comment elle va. Comme dans la chanson, la gaieté est son seul bien : bien qui lui vient du soleil. La lumière rend les haillons pittoresques, et par une nuit chaude et sèche la meilleure chambre à coucher ne vaut pas un coin en plein air.

Cette vie n'est point faite pour celui qui dans

chaque homme suppute un capital, qui ne comprend et n'estime dans l'existence que l'accomplissement d'un devoir, et enfin qui considère l'oisiveté comme un crime, et l'insouciance comme une folie. Qu'il reste en Occident à panser les plaies incurables de notre paupérisme, et à moraliser, s'il le peut, nos populations ouvrières qui, ne connaissant de la vie que les amertumes et les souffrances, la traversent l'écume à la bouche et la haine au cœur. Mais vous tous qu'une étincelle d'enthousiasme réchauffe encore, venez en Égypte. Poëtes, philosophes, artistes, savants, vous tous amants de la contemplation, qui sentez et pensez plus que vous n'agissez, accourez... L'Égypte est la terre promise des poëtes ; là, vous trouverez une nature admirable dans son inaltérable stabilité. Chacune de vos pensées éveillera un souvenir ; à chaque pas vous recueillerez les traces de ceux qui vous ont précédés sur cette belle terre, et l'ont imprégnée de leur personnalité indélébile. Aux bords du Nil, on vous montrera l'escalier que la mère de Moïse descendit lorsqu'elle confia au fleuve le berceau de son fils. Un peu plus loin, c'est l'arbre à l'ombre duquel se reposa la Sainte Vierge, puis la Thébaïde et ses solitaires, dont quelques couvents cophtes ont gardé la tradition. Alexandrie et son école, enfin l'antiquité et ses mystères. L'Égypte a eu de tout temps le don d'attraction, et nul être véritablement grand n'a paru dans l'univers sans que cette terre privilégiée n'en conserve les traces et ne nous montre ces hommes et leur génie sous une forme nouvelle et particulière. L'Alexandre d'Égypte n'est pas plus l'Alexandre de Macédoine que le Bonaparte des Pyramides n'est le Napoléon d'Iéna ou de Moscou.

La période de son histoire dont l'Égypte a gardé le moins de souvenir est peut-être la plus poétique et la plus séduisante. Je veux parler de celle des premiers siècles de notre ère, lorsque la science, la foi, l'ascétisme s'étaient donné rendez-vous dans la Thébaïde. Le flot mahométan a tout enseveli, tout détruit, et après avoir été le centre de la philosophie gréco-chrétienne, Alexandrie et le Caire devinrent un des centres les plus actifs de l'Islam et du fanatisme musulman. Les croisades n'aboutirent qu'à des défaites, et toute la vaillance et la foi de saint Louis échouèrent contre ce rocher sémite. Il a fallu que Méhémet-Ali vînt pour nous rouvrir les portes de ce pays. Aujourd'hui, comme pour affirmer le contraste, il n'y a pas de contrée où les Européens reçoivent une hospitalité plus somptueuse et plus complète. Nos idées, nos lois font irruption partout; le Nil est sillonné de barques aux pavillons étrangers. A chaque pas, sur les bords du fleuve sacré, s'élèvent des machines à vapeur destinées à remplacer les fellahs dans les travaux d'irrigation. Ici c'est une sucrerie, là on égrène le coton, un peu plus loin on distille les résidus des cannes à sucre.

Mais rentrons. La nuit s'est écoulée dans cette promenade; il fait grand jour, et nous devons prendre un peu de repos avant de continuer nos pérégrinations. Parmi les choses à voir au Caire, il faut citer les derviches tourneurs dont Théophile Gautier a donné une description si saisissante dans son livre sur Constantinople. Mais pour bien comprendre cette institution, il ne suffit pas de lire cette description, qui, tout exacte qu'elle soit, laisse cependant un *desideratum*. Théophile Gautier est un peintre, et non un philosophe; il décrit ce qu'il voit en maître consommé, il dit combien de temps dure cette valse frénétique, il photographie le costume, la figure, les poses des derviches; mais il ne cherche pas pourquoi ces hommes se livrent à ces extravagances, ni par quelle suite d'idées ils sont amenés, sur un air de valse, au dernier degré de l'extase religieuse. D'où viennent-ils? qui leur a appris ces chants singuliers? sont-ce des musulmans? quelle est leur patrie, leur langue? où vont-ils?

M. de Gobineau répond à une partie de ces questions dans son livre : *Trois ans en Asie*, dans les chapitres qu'il consacre aux Nosaïri et aux Alevi. Mais si jamais, après avoir lu ces deux auteurs, l'occasion se présente d'assister à une de ces scènes, n'y manquez pas. Qu'il s'agisse de derviches tourneurs, d'Assaoua, d'Alevi ou de Mirza; que ce soit en Algérie, au Maroc, en Égypte, en Syrie ou en Perse, vous serez singulièrement remué par leurs cérémonies. Les uns tournent au son d'une musique fortement rhythmée, jusqu'au moment où ils tombent épuisés, et cette valse enivrante dure un peu plus d'une heure; on dirait, à voir passer cette ronde frénétique, immobile à force de rapidité, que tous ces hommes n'appartiennent plus à la terre. La tête jetée en arrière, les bras tendus en croix, le regard fixe, la poitrine haletante, ils tournent jusqu'à ce que leur corps épuisé refuse de tourner davantage : ils s'affaissent alors; le charme est rompu, l'extase évanouie; il ne reste plus qu'un humble derviche qui salue en se retirant.

En Algérie, Théophile Gautier vous montre les mêmes illuminés sous un autre aspect. Pour arriver à l'extase, les Assaoua chantent; c'est le prélude d'horribles mutilations dont les assistants ont peine à supporter la vue. En Perse, ils prennent le nom de Nosaïri, et leurs chefs s'appellent Mirza. Leur siége principal est aux environs de Kirmanshah, et un soir que je me trouvais dans leur village, j'ai assisté à leurs exercices religieux. Quand ils furent réunis, leur chef entonna une sorte de mélopée analogue à l'Azam des musulmans; seulement, au lieu de glorifier la gloire de Dieu et l'existence de son prophète Mahomet, c'est le nom d'Ali qui revient sans cesse sur leurs lèvres. De là le nom d'Alevis que le peuple donne à leur secte... Peu à peu, le rhythme se précipite, le chant devient saccadé, rapide, rauque ; puis l'un d'eux se lève, prend des charbons ardents, les met dans sa bouche, dans son sein, sous ses pieds, sans discontinuer de crier : Ali ! Ali ! C'est alors un délire général ; tous se lèvent et imitent le chef. Quelques-uns, transportés d'enthousiasme, de frénésie, se couchent sur le foyer, se mettent dans la fournaise ; mais les charbons s'éteignent, les chants se ralentissent, puis cessent tout à fait ; le silence succède au bruit. Tous les auteurs de cette scène s'affaissent à côté les uns des autres, et leur recueillement n'est troublé que par des soupirs sonores, semblables à ceux d'une harpe qu'on vient de quitter. Le chef prononce alors cette admirable prière qu'ils disent tous et dans tous les pays, et qui constitue pour ainsi dire le lien entre toutes ces manifestations si différentes de formes ; c'est un mélange d'islamisme, de manichéisme et de *sabéisme*. Elle chante le pouvoir talismanique, cabalistique même du mot Ali. Ce mot est l'expression du souverain bien ; la réunion de ces trois signes, de ces trois sons, a la puissance de chasser l'esprit du mal, prononcé ou écrit ; ce nom par excellence écarte les dangers, arrête la douleur, procure des béatitudes ineffables. Ces derviches ont gardé de l'Islam une partie de ses formes extérieures, et d'ailleurs le gendre du Prophète ne s'appelait-il pas Ali ?

Tout en affirmant aux dépens de leur chair la toute-puissance du nom d'Ali, ils conviennent que d'autres réunions de sons jouissent d'une influence salutaire. *Ou!* (lui) *Allah!* (Dieu) *Issa!* (Jésus) sont des mots privilégiés. Comme les Orientaux, quand ils s'y mettent, sont capables de caser dans leur cerveau les croyances les plus opposées reliées encemble par un raisonnement si subtil qu'il échappe à notre positivisme, ces mêmes derviches croient à la migration des âmes et se rattachent à cette grande école d'Avicenne que nous appelons néoplatonisme.

La société orientale vit de contrastes. Il est donc tout simple de parler des almées après les derviches tourneurs. Les danseuses égyptiennes sont célèbres depuis l'antiquité ; leur lasciveté est proverbiale, et aucun voyageur ne manque ce spectacle lorsqu'il a l'occasion de le voir. Mais ce n'est pas chose facile ; les vraies almées sont rares au Caire depuis le jour où Saïd-Pacha prit contre leurs déportements le parti radical de les exiler toutes dans la haute Égypte. Il ne reste plus au Caire que celles qu'en terme de théâtre on appellerait des premiers sujets. On ne peut les voir que dans la plus haute société. La plus célèbre, la plus parée, la plus courtisée, et, comme toujours, la moins jeune de ces hétaïres vient d'Algérie. Son costume est d'une richesse et d'une élégance inouïes ; c'est un mélange de sequins, de broderies, de pierreries, de cheveux, de velours cramoisi, de brocard bleu ciel, de tulle, de gaze argentée, qu'il serait impossible de détailler; mais l'ensemble est ravissant. Son vis-à-vis est une belle fille de sang géorgien, dont les traits sont empreints de noblesse et de fierté, mais qui manque un peu de grâce féminine; le violet domine dans sa toilette; sa coiffure est une merveille : figurez-vous une petite calotte en drap d'or occupant le sommet de la tête et laissant échapper un flot de petites nattes de cheveux arrêtées par des sequins de toutes les grandeurs et de toutes les provenances; quelques plis de gaze s'échappent du casque et adoucissent les transitions. Dans le corps de ballet j'aperçois encore une grosse femme jaune dont les chairs tremblotent comme une gelée au rhum, et une grande jeune fille à la chevure ardente, à la figure hautaine, aux sourcils réunis; elle partage son temps entre la danse et la musique. L'orchestre est composé de quelques instruments à cordes et de trois ou quatre tambours de basque frappés par de vieilles sorcières qu'on croirait échappées de quelque sabbat.

L'assemblée est nombreuse et choisie, car notre hôte appartient à la meilleure société. Les artistes boivent un peu de raki, pour se mettre en train, et le ballet commence; il s'exécute par couples; le pas ni l'air ne varient jamais, et tout l'intérêt réside dans un tressaillement des hanches et de la poitrine. Cette danse sensuelle jusqu'à l'inconvenance manque de gaieté, les archets grincent sur les mêmes cordes, les vieilles glapissent les mêmes vers, et les danseuses se trémoussent sans changer de place; les verres de raki se succèdent, et l'atmosphère imprégnée de fumée de tabac alourdit les yeux; les objets apparaissent à travers un nuage bleu et lilas, une somnolence générale s'empare de tout l'être; mais bientôt l'ivresse atteint les danseuses et les musiciens; ils dansent et chantent pour leur propre compte; acteurs et spectateurs à la fois, ils s'applaudissent, s'encouragent, et l'assistance, dans son kief, assiste, sans y prendre part, même comme curieux, à une vaste orgie. La table du souper est mise au pillage, le vin de Champagne achève l'œuvre du raki; les instruments font rage, les musiciens se mêlent à la danse, et le désordre est complet lorsque le bouffon fait son entrée. Il se livre aux contorsions les plus extravagantes, débite les chansons les plus épicées; tout ce monde a perdu la tête; c'est alors que s'exécute le fameux pas de l'abeille; cependant les bougies tirent à leur fin, les lampes pâlissent, l'aube blanchit les vitres, quelqu'un ouvre une fenêtre, et le rêve s'envole avec la fumée des chibouques. Il ne reste qu'un grand mal de tête et une envie folle de dormir, de fuir ces âcres senteurs; on jette un paletot sur ses épaules, on se blottit au fond d'une voiture et l'on rentre chez soi harassé, énervé. Chaque soir, cette orgie se renouvelle dans quelque maison de la ville, et cependant j'entends dire que la beauté de quelques-unes de ces femmes résiste vingt ans à cette débauche perpétuelle.

Nulle part l'hospitalité n'est plus somptueuse qu'en Égypte; aussi le vice-roi voulut-il bien, sur la demande de Nabar-Pacha, nous autoriser à prendre un train spécial pour visiter le Delta et la basse Égypte. Notre excursion devait comprendre Zagazig et Mansourah, et nous faire parcourir environ quatre cents milles. Partis de grand matin, nous arrivons à Zagazig pour déjeuner, après avoir toutefois subi un accident assez rare. Nous allions très-vite, et la locomotive, lancée à une vitesse de quinze lieues à l'heure, semblait voler, lorsque notre mécanicien aperçut sur la voie deux chameaux se prélassant sous une charge de charbon de terre, avec cet air grave et comique qui leur est propre; l'un d'eux était monté par un paysan parfaitement endormi par la marche cadencée de l'animal. Les sifflets les plus aigus, les plus répétés, les plus impérieux furent impuissants à le réveiller. S'arrêter était impossible. Le mécanicien arabe, après avoir poussé un *inshallah* sonore, lança sa machine à toute vitesse et arriva comme un boulet sur l'obstacle. Le tampon de la locomotive accrocha le second chameau et le projeta hors de la voie avec tant de bonheur que nous en fûmes quittes pour une forte secousse. L'homme ni le premier chameau n'avaient pas été atteints, et 'un portant l'autre, ils allèrent à la fourrière réfléchir à la nécessité de se conformer aux règlements de police.

Zagazig tient une place importante dans les rapports des commissions sanitaires et jouit de la plus mauvaise réputation. C'est le dernier refuge de la peste, et le choléra y sévit parfois avec violence. Cette petite ville, habitée en grande partie par des Grecs, n'offre rien de curieux au voyageur ; c'est l'entrepôt des cotons du Delta, et la tête de ligne du réseau des chemins de fer de la basse Égypte. Quelques cheminées d'usine, le canal qui amène les eaux du Nil, des baraques en bois et trois ou quatre minarets, voilà la ville.

Zagazig est à proprement parler la porte de la basse Égypte ; le pays que nous avions traversé depuis le Caire ne donne qu'une faible idée de la richesse et de la fertilité des terres basses. Nous étions au milieu de février ; la terre semblait un tapis de verdure, et l'œil n'embrassait dans son regard que cultures et cultivateurs ; femmes, enfants, bestiaux, tout le monde était dehors. De grands bouquets de palmiers agitant leurs plumets au souffle de la brise servaient de fond au tableau et semblaient placés là pour empêcher la vue de s'égarer dans cette immensité de verdure. C'était une scène de la Bible ; des jeunes filles vêtues d'une longue chemise bleue, les cheveux enroulés avec un chiffon rouge ou orange, dont un coin flottait en guise de voile, la tête rejetée en arrière, la taille cambrée, attendaient, la jarre sur l'épaule, que leurs compagnes eussent abreuvé les troupeaux; des chameaux accroupis, des agneaux gambadant autour de leurs mères, de grands buffles à la mine farouche, au crâne aplati, au beuglement sauvage, encombraient les abords des puits entourés de massifs de tamariscs. De temps à autre, un rire frais et sonore prouvait qu'en Égypte comme ailleurs la jeunesse des champs est insouciante et joyeuse.

De Zagazig à Mansourah, il faut trois heures en s'arrêtant à chaque station. Le nouveau kiosque du vice-roi montre ses balustrades blanches et ses toits brillants, longtemps avant qu'on soit arrivé.

Je n'avais pas encore rencontré de ville ayant conservé autant de caractère oriental que Mansourah; les rues sont étroites, tortueuses, sales, encombrées de passants et d'immondices, d'ânes, de chiens errants et galeux. Le costume européen, le fez même ont disparu pour faire place aux culottes dont le fond tombe jusqu'à terre, aux ceintures bariolées, aux cafetans de couleur éclatante, aux longues robes de chambre étroites et sans taille. Les maisons sont mystérieuses, sombres, biscornues; les mousharabi s'entassent pêle-mêle avec les stalactites de plâtre et les poutres découpées à jour. Les fenêtres sont rares, petites, exactement grillées. Ici, un reste de peinture; là, un lambeau d'étoffe, une borne en marbre sculpté et ornée de caractères dorés, à moitié enfouie dans la boue, fait face à une boutique basse, sombre, sans devanture, et dont le volet relevé en saillie avance jusqu'au milieu de la rue et menace d'éborgner les passants. Le tableau est complet, rien ne manque au décor, pas même les panonceaux aux armoiries peu connues, annonçant la présence d'un corps consulaire de fantaisie.

Après mille peines pour sortir de ce labyrinthe, nous arrivons sur une place ombragée par d'énormes sycomores, l'arbre par excellence du Levant, plantés en quinconce. Sur une des faces se dresse le palais de Mehemet-Ali. L'intérieur est une merveille de conservation, et jamais je n'avais vu un morceau aussi complet de cette architecture. Le rococo turc a été abandonné depuis une quarantaine d'années; il a été tué par le goût des villas européennes, et comme les Turcs ne réparent jamais rien, il en résulte que la plupart des constructions de ce style tombent déjà en ruine, et qu'il est difficile de se faire une idée exacte de ce genre d'ornementation. Par un heureux hasard, le palais de Mansourah a échappé à ce sort; il a été entretenu avec soin; son état de conservation est parfait; rien n'y manque; pas un clou n'a été arraché, pas une brique ne s'est brisée. L'intérêt est concentré dans les deux pièces principales, qui à chaque étage ont vue sur le Nil. L'escalier intérieur est en marbre blanc, poli comme une traîne de satin, mais veiné d'orange comme l'est l'albâtre oriental. Sur les parois des murs on a peint des ornements arabes en bleu, rouge et or; la salle du premier étage est construite en rotonde avançant sur le fleuve; un divan circulaire, placé au devant des fenêtres, permet à chacun des visiteurs d'admirer la vue sans être gêné par son voisin. C'est certainement un des paysages les plus enchanteurs que l'on puisse voir. Nulle part le Nil n'est plus beau; entouré de verdure, il semble couler au milieu d'un jardin. La salle est pavée de briques émaillées, formant des arabesques bleues sur fond blanc; les murs sont décorés dans le même goût d'une peinture à la colle. Le principal motif de ce décor est une série de pendules figurées de toutes les formes et dans toutes les positions; malgré le ridicule de ce sujet, l'ensemble est charmant, tant les arabesques s'enroulent avec grâce et tant l'artiste a mis d'habileté et de hardiesse dans leurs évolutions. Un grand bassin d'albâtre, placé au milieu de cette salle et taillé en rocaille, achève d'orner cette chambre qui n'a pour meubles, outre le divan dont je viens de parler, que quelques siéges en bois incrusté de nacre. A côté est une salle de bains en marbre blanc, puis une petite porte, basse et dissimulée dans une encoignure, conduit dans cette autre partie de la maison que l'on appelle harem, c'est-à-dire l'endroit défendu.

Mais le principal attrait de Mansourah ne réside pas dans ce palais, quelque bien conservé qu'il puisse être, et le pèlerinage à la prison de saint Louis est bien autrement important. La tradition a gardé intact le souvenir de ce grand roi, aussi vénéré en Égypte que parmi nous. On nous mena d'abord visiter la mosquée contre laquelle la prison est adossée; elle est petite, pauvre, mal située, et n'attirerait aucun regard, n'était son antiquité et les souvenirs qui s'y rattachent. Cette mosquée est précédée d'une cour entourée d'un cloître à arcades ogivales; les piliers sont bas et massifs, les toits lourds et à saillies très-prononcées; aucune sculpture ne décore ni la porte extérieure ni le cloître. Quant à la mosquée elle-même, nous ne l'avons vue que du dehors; dans un angle se trouvait une école remplie d'enfants, à la façon de Decamps; un vieux mollah à barbe blanche, turban bleu, abba brun, babouches jaunes à la poulaine, contrastait par sa gravité avec la dissipation de ses élèves. En sortant, on nous fit circuler au milieu d'un pâté de maisons et dans un dédale de ruelles obscures; on nous fit escalader un mur en ruine, d'où l'on plongeait dans une petite cour sombre, humide, triste, environ dix pieds carrés. « C'est là ! » nous dit le guide.

En effet, en recueillant nos souvenirs, il nous semble que Joinville raconte que la maison où le roi était retenu prisonnier était à côté d'une mosquée, et qu'il était souvent troublé dans ses oraisons par le chant des muezzins appelant du haut des minarets leurs coreligionnaires à la prière, en répétant cette phrase odieuse aux chrétiens : « Il n'y a de Dieu que Dieu, et Mahomet est son *prophète*. » L'ancienneté de la mosquée est indiscutable aussi bien que la vétusté de tout ce pâté de masures qui datent toutes de la même époque. Il n'y a donc rien d'impossible à ce que notre *cicerone* nous ait dit la vérité. S'il en est ainsi, les rois prisonniers à cette époque n'avaient pas leurs aises, et quelque ascète que fût saint Louis, il devait regretter les ombrages de Vincennes et sa belle chapelle de Paris.

Au retour, nous traversâmes un bazar, dont les voûtes assez élégantes renferment tout ce que l'on trouve en général dans les établissements de ce genre, c'est-à-dire un assortiment complet de quincaillerie, de bimbeloterie, de faïences, de verreries communes, de cotonnades peintes de Manchester, de draps russes ou allemands et d'allumettes de l'inévitable polak. De place en place, de grandes travées ouvrent sur des cours carrées dites caravansérais, où habitent les marchands plus sérieux. Ces cours sont pleines de caravanes, de mulets et de chameaux chargeant ou déchargeant des ballots. Cinq ou six heures après, nous étions de retour au Caire et assis autour d'une table servie avec luxe. Nous devisions des péripéties de l'excursion, l'une des plus intéressantes que l'on puisse faire en Égypte.

Nous avions encore quelques jours à passer en Égypte avant de rejoindre à Suez la malle de Chine. Pour les employer, Nubar-Pacha nous proposa une excursion dans la haute Égypte, sur un bateau du vice-roi. Grâce à la rapidité de ces steamers, nous avions le temps de remonter jusqu'à Thèbes et de visiter les points les plus curieux du littoral.

La haute Égypte attirait toutes nos sympathies, et nous fûmes enchantés de l'offre de Nubar-Pacha; l'installation, comme de raison, était excellente, et si l'on pouvait se plaindre de quelque chose, c'était de son trop grand luxe. Cuisinier et maître d'hôtel français, cave de choix, argenterie superbe, cabines excellentes témoignaient d'une hospitalité qu'on trouve rarement hors des contes de fées. Un aide du maître des cérémonies était là pour nous éviter jusqu'à l'ombre d'un souhait.

Le Nil est capricieux, ses eaux limoneuses changent souvent de cours, de sorte qu'il n'est pas prudent de naviguer la nuit. Chaque soir, au coucher du soleil, nous nous arrêtions donc, et ne reprenions notre course que le lendemain matin. Notre première halte fut près des petites pyramides dites de Zakhara. Du point où nous étions mouillés, on voyait encore le Caire avec ses minarets et sa citadelle d'un blanc d'argent se détachant sur l'indigo du ciel : c'était un splendide panorama qui nous fit oublier les petites pyramides, d'ailleurs trop éloignées de la rive pour que nous puissions les visiter. La seconde journée passa comme un rêve. La navigation sur le Nil est une admirable chose ; ce fleuve sans égal déroule ses ondes au milieu de la contrée la plus fertile. La nature est calme, recueillie, solennelle, imposante même, et l'idée des anciens Égyptiens de considérer le Nil comme le fleuve par excellence paraît toute simple, comme celle des Indiens d'adorer le Gange. Des bouquet de tamarisces, des bois de palmiers, çà et là quelque village éclatant de lumière et tranchant sur le vert des cultures qui l'entourent, voilà tout le paysage, et cependant il n'est pas monotone ; il suffit d'un fellah qui travaille, d'une bande de hérons qui s'ébattent sur la rive, ou d'un *dahabieh* descendant nonchalamment le courant, pour l'animer. Un flot de pensées envahit le cerveau ; de temps à autre on échange une parole avec ses voisins, parole répondant plutôt à une idée intérieure et personnelle qu'à celle de l'interlocuteur, et la journée s'écoule sans qu'on s'en aperçoive.

Le second soir, nous dépassâmes un peu Beni-Souëf. Au milieu de février, les nuits sont encore fraîches sur le Nil, et parfois il s'élève un vent terrible ; cette nuit-là, il faisait rage, et nous fûmes obligés de nous enfermer dans la cabine, de tuer le temps en nous racontant des histoires et surtout, ce qui est la grande ressource des voyageurs, en parlant des absents. Quiconque n'a pas habité l'étranger ignore le charme de ces conversations ; parler de ses amis, c'est presque être au milieu d'eux ; c'est un lieu commun sans banalité, un terrain neutre pour exposer ses sympathies, et, faut-il l'avouer ? déclarer ses antipathies. Des amis on passe aux simples connaissances, et peu à peu on finit par parler des indifférents et même des inconnus. On serait bien surpris d'apprendre que sur un point quelconque du globe, trois individus ont passé la soirée à discuter vos qualités et vos défauts, et ont mis autant de chaleur dans l'attaque ou dans la défense que s'il s'agissait du choix d'un gendre.

Le lendemain, vers quatre heures du soir, nous arrivions à Minieh, grande usine appartenant au vice-roi. Cet immense établissement consomme toutes les cannes à sucre des environs, sert de débouché aux produits agricoles du district, et occupe toute la population de la ville. L'usine est tenue avec ordre, et nous avons été surpris de la régularité avec laquelle elle fonctionnait.

Dans le port de Minieh nous avons trouvé deux steamers à l'ancre, portant deux hauts fonctionnaires égyptiens. L'hospitalité est tellement dans les mœurs du pays que, apprenant notre arrivée, ces deux personnages vinrent eux-mêmes s'enquérir avec une grâce parfaite si nous avions besoin de quelque chose et se mettre à notre disposition comme ciceroni. Ils nous montrèrent la fabrique dans tous ses détails, et nous expliquèrent le bien qu'elle faisait à la province, en termes simples et convaincus. Cette démonstration nous réconcilia presque avec cette usine, dont les cheminées pourtant sont d'un effet déplorable dans ce superbe paysage. Notre cuisinier et notre cave étant, et pour cause, les meilleurs, ce fut sur notre bateau que nous nous réunîmes pour dîner. L'un de nos hôtes, ingénieur hydrographe, a fait ses études en France, et sort de l'École polytechnique. Notre rencontre lui fut fort agréable, car lui aussi, il aimait à parler des autres ; sa vie se passe sur le Nil à inspecter les différentes prises d'eau, et malgré ses goûts occidentaux, il est constamment obligé de vivre à la turque ; aussi paraissait-il très-satisfait de se retrouver à une table européenne bien servie, et de pouvoir reposer son esprit en causant de choses étrangères à son service. Grâce à lui, nous passâmes une charmante soirée.

Notre quatrième étape fut *Siout,* où nous arrivons après une longue et fatigante journée. Le soleil était déjà couché depuis plusieurs heures, mais la campagne était éclairée par un clair de lune si argenté que nous résolûmes d'accompagner jusqu'à la ville, distante de deux ou trois kilomètres, notre *effendi,* qui avait une affaire au télégraphe. Siout est une ville habitée en grande partie par une colonie grecque. Les boutiques nous fournirent des ressources que nous étions loin d'espérer : plomb de chasse, cartouches, que sais-je? une foule de petits riens oubliés au départ, et dont la privation est sensible en voyage. Quant à la ville, elle m'a laissé le souvenir d'un village oriental aux rues tortueuses et étroites, aux maisons fermées comme des couvents, n'ayant d'autre ouverture sur la rue qu'une porte basse surmontée d'un mousharaby supportant, suivant l'usage turc, un cartel bleu foncé sur lequel se détache en caractères dorés le verset du Coran : « Bismillah el rahman el rahim », *au nom du Dieu le clément, le miséricordieux.* Un bazar d'autant plus sombre que l'obscurité de ses voûtes faisait contraste avec le clair de lune, prenait des aspects étranges sous la lueur oscillante de petites lampes placées de loin en loin. Je me rappelle encore un beau pont jeté sur un canal d'eau dormante; les grandes ombres des maisons, des arches du pont, des arbres de la rive, se projetaient comme autant de taches noires sur le miroir argenté des eaux. Le chant des muezzins, interrompu par le cri des chacals auxquels répondaient les hurlements des chiens citadins; çà et là des tombes couronnées de leur turban, puis dans le ciel la silhouette de minarets élancés... Enfin, un de ces décors orientaux que l'on rencontre partout, et qui pourtant n'est jamais banal. Il était près de minuit quand, montés sur des ânes que, suivant l'expression pittoresque d'un de nos matelots, nous avions *frétés* en ville, nous retrouvions notre bateau.

A partir de Siout, les bords du Nil changent d'aspect. Le fleuve se rapproche des montagnes dites chaîne arabique, et parfois même les côtoient. Les cultures deviennent plus rares, le paysage plus agreste, les coteaux sont complétement dénudés, et les terres brûlées par le soleil prennent un coloris chaud et brillant; c'est le prélude aux grandes choses que l'on va voir et, pour ainsi dire, la préface de la haute Égypte. Les montagnes sont couvertes de petites grottes artificielles, ayant servi dans l'antiquité d'habitations aux vivants et aux morts. Dans un des endroits où le fleuve côtoie tout à fait les parois de la montagne, on aperçoit un couvent cophte très-ancien, qui surplombe le Nil. Il est si élevé que c'est à peine si les yeux peuvent distinguer quelques détails de l'architecture. Les moines sont constamment au bord de l'eau. Dès qu'un bateau est en vue, ils se précipitent à la nage et viennent implorer la charité des voyageurs. C'est un singulier spectacle de voir ces hommes sans aucun vêtement, errant sur la rive; on se croirait au milieu des peuplades sauvages de l'Océanie, et cependant ce sont des religieux chrétiens qui, m'a-t-on assuré, ne manquent pas d'instruction. Autrefois, avant que les eaux du Nil n'aient frémi sous la puissance de la vapeur, ces parages étaient infestés de crocodiles; mais le bruit des steamers leur a déplu, et ils ont émigré au-dessus de la première cataracte. Notre commandant, vieil habitant du Nil, nous a raconté qu'il n'était pas rare autrefois de voir un de ces malheureux moines disparaître tout à coup au milieu du fleuve, laissant derrière lui une traînée sanglante.

Un peu avant Girgeh, la plaine s'élargit, et le fleuve entoure de ses deux bras une île dont la végétation est merveilleuse. Nous stoppons dans le port de cette bourgade, après le soleil couché. Le Nil, comme chacun le sait, déborde périodiquement, entraînant avec lui le limon qui fertilise les terres et les rend si productives. Cette inondation est attendue avec impatience; c'est ce qui explique l'absence d'habitations sur les bords du fleuve. Pour se garantir des eaux, il faudrait élever un quai, et les terres voisines, privées de leur nourriture, resteraient stériles. On nous avait assuré qu'il y avait à Girgeh une chapelle dont la construction remontait au premier siècle de notre ère. Aussi notre premier soin, en arrivant, fut-il de nous munir d'un conducteur: Personne ne savait de quel endroit nous voulions parler; à la fin cependant un gamin prétendit connaître cette chapelle, et se chargea de nous y conduire. Nous montons sur des ânes, et après une promenade assez longue, on nous arrêta devant une porte d'assez piètre apparence; un moine italien vint à notre rencontre et nous souhaita la bienvenue. Il nous fit monter un interminable escalier en bois roide comme une échelle, et nous fit pénétrer dans une sorte de colombier qui lui sert de logement. Après nous avoir offert l'inévitable tasse de café, il consentit à nous laisser redescendre et à nous montrer sa chapelle, dont l'antiquité ne doit pas remonter au delà de 1830. Le même gamin nous retrouva à la porte, et nous dit : « Puisque ce n'est pas ici, allons chez les cophtes. » Comme il s'agissait d'une charmante promenade au clair de lune, par une température délicieuse, et que nous n'avions rien de mieux à faire, nous allâmes chez les cophtes. Là nous fûmes reçus par toute une assemblée de cophtes. De beaux turbans, des vêtements bien amples et supérieurement drapés, de splendides barbes blanches, un cloître dont les arcades semblaient taillées dans une draperie de soie bleue, tant elles ressortaient bien sur ce ciel sans nuages; une jolie chapelle moderne ornée de peintures agréables, sympathiques, à la façon byzantine : tout ce décor, et l'excellent accueil, nous firent trouver notre excursion charmante.

Le lendemain, vers les trois heures de l'après-midi, nous étions à Keneh.

M. Bisharrah, gros négociant cophte, agent consulaire de France, possède une grande maison, bâtie dans le style italico-levantin, où il nous offrit l'hospitalité. Mais avant de nous installer dans ce palais et de jouir des douceurs d'une fête orientale, nous allâmes visiter le temple de *Denderah,* le mieux conservé des temples antiques de la haute Égypte, probablement parce qu'il est le plus moderne, puisqu'il fut édifié par les ordres de Cléopâtre. Denderah est situé sur la rive droite du Nil, à dix kilomètres environ de Keneh. On traverse le fleuve sur un bac. Cette excursion avait d'autant plus d'intérêt pour nous que ce temple, vu son état de conservation, est celui qui donne l'idée la plus complète de l'art égyptien. Le cadre de cet ouvrage ne comporte pas de dissertation sur l'archéologie. Nous n'entretiendrons donc pas le lecteur des détails de cette construction, et nous nous bornons à constater l'impression qu'elle produit sur des voyageurs qui, comme nous, sont transportés rapidement du Caire en haute Égypte, et dont les yeux ni l'esprit n'ont pas été préparés à ce spectacle par des transitions graduées. Au premier coup d'œil, on n'est pas frappé par les dimensions de cet édifice, et l'on ne se rend pas compte de sa grandeur. La première impression que l'on ressent est celle de la lourdeur de la construction ; ces fûts de colonne, mesurant plusieurs mètres de diamètre, tandis que leur hauteur ne dépasse pas quarante ou cinquante pieds; ces chapiteaux, en forme de têtes de palmier, étalés sans grâce; ce toit plat et épais, qui étouffe et écrase le monument; ces grandes murailles droites, lisses, sans saillies et sans autre ornement que des hiéroglyphes ou des sujets hiératiques gravés dans le granit; cette porte, haute, étroite, carrée, produisent un ensemble qui ne séduit pas; à l'intérieur, des murs épais, des salles obscures, hautes et étroites, qui paraissent nues, froides, tristes, malgré les hiéroglyphes qui les couvrent de la base au sommet; des couloirs pareils à des souterrains. Tout cela glace le visiteur, éteint son enthousiasme et le porte à la tristesse et à l'effroi. Cependant, peu à peu, les yeux s'accoutument à l'étrangeté du spectacle, et l'esprit, faisant retour sur lui-même, comprend que l'architecte a produit l'effet qu'il voulait produire, et que cet effet est conforme au sentiment inspiré par l'étude de la religion égyptienne : religion froide, mystérieuse, ne parlant ni au cœur ni aux sens, mais dogmatique, intolérante, absorbante, dominante, incomprise de la plupart de ceux qui la pratiquaient et imposée aux masses par un clergé aussi jaloux du temporel que du spirituel. Ces prêtres usaient de la terreur imprimée par les mystères du temple pour obtenir une soumission aveugle et absolue.

Si, sortant du domaine philosophique et religieux,

on se place exclusivement au point de vue de l'art et
de l'esthétique, on comprend vite que la nature a
forcé le goût de l'architecte. La haute Égypte est une
plaine immense, et les montagnes qui l'entourent
manquent d'élévation; elles font l'effet d'un terrassement artificiel élevé en vue de défendre la plaine.
Dans la campagne, pas un arbre isolé, pas une
bâtisse saillante; les forêts de palmiers sont toutes
d'égale hauteur, de telle sorte que la plaine, les
palmiers et l'horizon forment trois plans toujours
invariables. Toute la beauté du paysage réside dans
la force et la fertilité du sol, dans la couleur de
la verdure, dans l'éclat de la lumière, dans la
pureté du ciel, dans l'étendue des lignes et dans
leur fixité inébranlable. Un style architectural, élégant, élancé, soigné dans ses détails, eût juré dans
ce milieu, ou tout au moins eût été placé dans des
conditions défavorables, tandis que les lignes froides,
nettes et longues des monuments égyptiens sont en
harmonie avec la nature. La grosseur des fûts de
colonne, l'épaisseur des toits et le poids des matériaux sont en rapport avec l'idée de force, de puissance,
d'immobilité qu'inspire ce pays. Quant à la multiplicité des hiéroglyphes gravés sur les murs (je me
sers à dessein de cette expression pour bien faire
comprendre le peu de saillie des sculptures), elle
donne le vertige; c'est une débauche de tous les
signes hiératiques connus; c'est bien là l'ornemen-

tation qui convient à un temple où l'on adore des dieux divisés en catégories comme l'était la société égyptienne elle-même, où l'on élève des autels à des dieux mâles, à des dieux femelles, à des dieux générateurs, à des dieux auxiliaires, où trois cent soixante-cinq mille démons se disputent l'humanité, où des dieux terrestres issus de dieux célestes avaient leur place, ou enfin tout était dieu, jusqu'aux animaux et aux légumes, et où, pour se servir de l'admirable expression du poëte,

... quatre mille dieux n'avaient pas un athée.

Que d'ibis, de bœufs, de crocodiles, d'hippopotames !

L'imagination est glacée au souvenir de ces mystères qui furent respectés pendant des milliers d'années par une société terrorisée à l'idée des supplices qu'une désobéissance au clergé pouvait attirer sur les têtes des dissidents.

Avant de quitter Denderah, il ne faut pas oublier de visiter les terrasses du monument. C'est là seulement que l'on peut apprécier les matériaux employés par les architectes égyptiens. Ce sont d'énormes blocs de granit dont les dimensions défieraient même nos machines à vapeur et nos crics les plus puissants. Comment, par quels procédés les hommes d'alors, dont les connaissances en mécanique nous paraissent si inférieures aux nôtres, pouvaient-ils exécuter des travaux devant lesquels nos entrepreneurs reculeraient? La perfection des joints, la netteté des arêtes, la rectitude des lignes prouvent surabondamment qu'ouvriers et architectes, maîtres dans leur art, savaient aussi bien concevoir des plans que les exécuter. L'étude ou même la simple vue de l'antiquité a cela d'attrayant quelle se montre partout et toujours supérieure à notre attente. Les monuments assyriens, grecs, égyptiens frappent d'étonnement et d'admiration, et les visiteurs sont tout naturellement amenés à croire que des hommes capables de construire de pareils palais, de pareils temples, de pareils tombeaux n'étaient pas ignorants des autres sciences. L'histoire nous parle de périodes lugubres durant lesquelles les hommes, exclusivement occupés à s'entre-tuer, ont laissé perdre en quelques années le fruit des travaux de cent générations peut-être. Puis, quand la boucherie a assez duré, on voit paraître un siècle de renaissance qui, dans l'orgueil de son triomphe, voudrait croire qu'il a tout trouvé, tout inventé, tout approfondi, et qu'avant son avénement les ténèbres n'avaient jamais été dissipées. Il a fallu une époque de critique comme la nôtre pour rétablir avec justice et précision la part de chacun dans l'œuvre de la civilisation et rattacher par des inductions, lorsque les faits matériels viennent à manquer, les anneaux de la chaîne rompus naguère par des traditions vagues et souvent mensongères.

La nuit vint nous surprendre avant même d'avoir pu regagner la maison de M. Bisharrah, et ce fut au clair de lune que nous repassâmes le bac. Notre hôte nous attendait avec impatience pour commencer la fête dont nous étions le prétexte et à laquelle il tenait au moins autant que nous.

Keneh est la Corinthe de la haute Égypte. Entrepôt extrêmement fréquenté, cette ville est devenue très-riche par le commerce de grains, et naturellement elle est le centre du luxe et des plaisirs mondains de cette contrée. Sur une population de vingt mille âmes, on prétend qu'il y a six mille courtisanes et deux mille musiciens et bouffons. Les négociants et les fonctionnaires font vivre cette population dont Saïd-Pacha, dans un moment de mauvaise humeur, dota cette cité, et tous les étrangers qui passent servent de prétexte à une fête. Nous avons déjà raconté une de ces orgies; il est inutile de revenir sur le même sujet.

Le soir, en regagnant notre bateau, nous récapitulions les incidents de la journée, et, à chaque instant, cette phrase revenait comme le refrain d'une chanson : « Il faut avouer que M. Bisharrah est le modèle des hôtes. »

Le lendemain, nous nous réveillions à Thèbes. Trois étrangers, venant sur un yacht du vice-roi, ne pouvaient être que des gens très-qualifiés, et, comme la foule ne craint jamais les exagérations, elle rêva en nous les plus hauts dignitaires. J'étais occupé à choisir ma monture, lorsque j'entendis la conversation suivante. Un étranger s'approcha d'un de mes compagnons et, me désignant du doigt : « C'est bien le prince? — Lui-même, répondit mon ami, mais il garde le plus strict incognito. » Ces paroles fixèrent mon choix sur un cheval dont la selle était recouverte d'une housse rouge. Une fois perché sur ma rossinante, je me faisais illusion à moi-même. Un reste de pudeur cependant m'empêcha de saluer la foule ébahie à la vue d'un si beau prince.

On comprend sous la dénomination générale de Thèbes, Louqsor, Karnac, les tombeaux des rois, les palais, en un mot toutes les ruines qui se trouvent accumulées sur les deux rives du Nil. C'est le point où se donnent rendez-vous les touristes du monde entier, parmi lesquels les Anglais et les Américains sont en majorité. Ce ne sont plus des familles, mais des tribus entières qui se déplacent et envahissent les ruines, surtout pendant l'hiver. On rencontre des smalah composées de quinze individus fraîchement débarqués d'une dahabieh où ils étaient empilés comme des harengs. On ne peut s'arrêter devant un bas-relief ou regarder une colonne sans être bousculé par quelque vieille lady s'installant pour prendre un *schetch* à la sépia, toujours le même, se répétant à toutes les pages de l'album, et convenant à tous les pays et à tous les climats. Rien de plus drôle que l'espièglerie du regard des jeunes Arabes qui tiennent un parasol sur la tête du peintre pendant la composition de son *pudding*. De temps en temps, il jette un coup d'œil sur l'œuvre et vous regarde ensuite en ayant l'air de vous dire : « Si vous pouviez voir comme c'est bouffon ! »

La solitude et le calme seraient cependant bien nécessaires pour visiter ces ruines, et en graver le souvenir dans sa mémoire. La grandeur et la poésie de ces monuments stupéfiants sont au-dessus de tout ce que l'imagination a pu rêver. Mais comment se laisser aller à la douceur de la contemplation lorsque, à chaque pas, on se heurte à une colonie de *philistins* et de *snobs,* dont les observations saugrenues et les remarques bourgeoises, font sur votre tympan l'effet d'une clarinette du Pont-Neuf égarée dans l'orchestre du Conservatoire? Le peu de temps que nous avions à consacrer à Thèbes excluait toute idée d'étude sérieuse, et ce que nous avons pu rapporter de cette rapide excursion, ce sont des impressions, des sensations, des souvenirs. Ne me demandez pas combien de colonnes a tel palais, combien de cours, de couloirs, de salles. Je ne saurais le dire, et je vous répondrais en vous racontant les aventures de lady Gordon, en vous parlant de la maison bâtie et habitée par les commissaires scientifiques, venus à la suite de Bonaparte et qui furent les premiers explorateurs de ces ruines, ainsi que le prouve le magnifique livre-album édité par Panckoucke. Les noms de ces savants sont gravés partout, et leur maison appartient encore à la France et sert soi-disant de maison consulaire. Dans ce moment, elle était habitée par lady Gordon, grande dame anglaise, veuve d'un grand juge, dont la santé est si délabrée que la chaleur du Caire ne suffit plus à la réchauffer, et elle vient à Thèbes comme ses compatriotes de Londres viennent à Nice ou à Cannes. Son temps est consacré aux bonnes œuvres. Elle s'est fait l'avocat des fellahs et cherche à faire arriver les justes plaintes qu'ils élèvent contre leurs autorités locales jusqu'aux oreilles du vice-roi. Aussi lady Gordon, si elle voulait parler, serait à même, mieux que qui que ce soit, de renseigner sur l'état administratif de ces populations.

Quoique nous ne soyons qu'à la fin de février, le soleil est déjà très-chaud, et la promenade en plein midi manquait de charmes; mais, par contre, les nuits sont délicieuses et, vues par un beau clair de lune, les ruines de Louqsor et de Karnac forment le plus beau tableau que l'on puisse voir. C'est si beau qu'on passerait sans fatigue toute la nuit en contemplation ; ainsi nous fîmes pour échapper à l'horrible supplice qui nous attendait dans nos cabines, envahies par des myriades de moustiques. Ils sont si nombreux qu'on serait tenté de croire qu'à l'imitation des humains et des hirondelles, ils viennent passer l'hiver à Thèbes.

Pour le simple touriste, l'excursion au tombeau des rois est la plus indispensable. La route pour s'y rendre est admirable et traverse presque toutes les ruines éparses sur la rive gauche du Nil. L'air est d'une pureté inouïe, et permet de distinguer si facilement les objets éloignés qu'on se trompe à chaque instant sur les distances, on croit toucher au but qu'on mettra plus d'une heure à atteindre. Après avoir quitté la plaine et s'être engagé dans une gorge de montagne, on arrive devant une caverne dont l'ouverture peut avoir six pieds carrés. Aussitôt, des *ciceroni*, parlant un idiome composé de toutes les langues connues, s'emparent de vous, vous arrachent à vos montures, vous mettent une bougie à la main et vous entraînent dans un escalier dont les marches sont si encombrées de gravats que c'est un problème difficile que d'échapper à une chute. Peu à peu, l'obscurité se fait, et l'on parcourt, à la lueur des torches, une vingtaine de salles taillées dans le roc. Les peintures qui décorent les parois des murs sont aussi fraîches que si elles étaient terminées d'hier. Les unes représentent de longues processions de personnages noirs sur un fond bleu ou brique, et montrent au visiteur tous les détails de la vie des anciens Égyptiens; dans d'autres peintures, les allégories religieuses remplacent les scènes de la vie journalière.

Cela ressemble à de la peinture grecque et étrusque. Une grande pureté de lignes, une grande hardiesse de pinceau, de la netteté et de la dextérité dans l'exécution, beaucoup de profils, de draperies plaquées ; pas d'ombres portées, mais des teintes plates tranchant les unes sur les autres sans aucune transition. Tels sont les caractères principaux de cet art qu'on peut parfaitement juger, grâce à l'état de conservation inouï de ces peintures. Cependant c'est le tombeau de Sésostris, qui date de quatre mille ans ! Et ces souterrains connus depuis l'antiquité, fouillés et refouillés, ont été le théâtre des plus sanglants événements !

Les salles les plus reculées sont les plus ornées. Dans cette excursion, tout concourt à exalter l'imagination : la beauté du site, l'ancienneté des souvenirs historiques, l'immensité de l'entreprise, le nom de l'ordonnateur de l'œuvre. Celui que ce spectacle laissera froid peut renoncer à voyager, car nulle part il ne trouvera un cadre plus *empoignant*.

En sortant de ces souterrains, nous fûmes assaillis par toute la population des tentes environnantes, qui cherchait à se défaire en notre faveur de ses antiquités : scarabées, débris de poteries, médailles, tout un petit bazar d'objets de fantaisie connus en Orient sous le nom générique d' « antiques ». On nous offrit même une momie d'enfant, encore entourée de ses bandelettes.

Gare à ceux qui se lancent dans la voie de ces achats! les enfants de Sem sont de terribles marchands, et j'ai entendu parler de cargaisons de curiosités égyptiennes fabriquées au faubourg Saint-Denis, et expédiées à ces industriels qui savent les placer avantageusement. Pour ne pas décourager ce commerce national, nous nous accommodons de quelques brimborions, qui auront toujours pour nous le mérite d'un souvenir.

Au retour, on nous fit passer à travers une quantité de ruines, mais nous n'avions pas le temps de nous y arrêter, et, contents de ce que nous avions vu, nous regagnâmes notre bateau le plus vite possible, car il s'agissait d'être au Caire à jour fixe, et de ne pas manquer le steamer qui devait nous emporter en Chine. La descente du Nil aux basses eaux offre toujours quelque chance d'accidents; les bancs de sable se déplacent, et l'on est tout étonné de trouver le passage qu'on avait laissé libre la veille complétement obstrué le lendemain. On reste quelquefois engravé dans un banc de sable jusqu'à la prochaine crue des eaux.

Il fut très-heureux pour nous d'avoir pris ces précautions, car nous n'avions pas quitté Thèbes que la série des accidents commença. Les premiers ne furent pas très-graves, et, après quelques efforts du cabestan, nous parvenions facilement à nous remettre en route. Mais « tant va la cruche à l'eau qu'à la fin elle se casse ». C'est ce qui nous arriva le lendemain matin à la pointe du jour. Nous ressentîmes une forte secousse, et tout fut dit. Malgré la gravité des circonstances, nous ne pûmes nous empêcher d'éclater de rire de la façon tragique dont notre *méhémandar* et notre commandant prirent cet accident. Tout fut mis en œuvre, les cordes, le cabestan, la machine, surtout les cris et les invocations qui jouent un si grand rôle dans les travaux orientaux. Les mots *Allah, Mohammed, Mashallah,* se croisaient sans que notre bateau se décidât à remuer. La journée s'avançait, et nous songions déjà à nous faire débarquer et à entreprendre les quarante ou cinquante lieues qui nous séparaient du Caire sur des ânes, lorsqu'enfin parut à l'horizon la fumée d'un autre steamer qui se trouvait être un remorqueur. Il nous jeta des cordes pour nous dégager, mais ses efforts ne furent pas couronnés de succès. Ce que voyant, nous prîmes le parti de quitter notre bateau et de monter sur le remorqueur jusqu'au Caire. Cette résolution fit le désespoir de notre commandant. Il dut cependant s'y soumettre. Notre transbordement prit les proportions d'un naufrage, tant on mit de précipitation à l'accomplir. Notre nouveau steamer était un marcheur remarquable et nous amena au Caire sans autre incident.

La rapidité avec laquelle nous descendions le fleuve ajoutait au charme du paysage en empêchant la monotonie du spectacle.

Enfin, il fallut nous arracher aux délices de l'Égypte et continuer notre course vers des contrées inconnues. La manière dont nous avions été reçus en Égypte nous avait si bien attachés à ce pays qu'il nous fut impossible de partir sans éprouver un serrement de cœur.

Le métier de voyageur serait bien plus agréable, si l'on pouvait se bronzer le cœur à ce point de quitter les êtres sympathiques que l'on rencontre sur son chemin sans éprouver le moindre regret, mais il perdrait beaucoup de ses émotions. On laisse un pays où tout a paru charmant, les hommes et les choses, où l'on a reçu l'accueil le plus cordial, le plus affectueux, sans savoir ce que sera le lendemain et si ce n'est pas le tour des mauvais jours. Mais aussi, lorsque, revenu au foyer, on remonte dans le passé, le souvenir de ces mauvais jours disparaît; on oublie la faim, les pauvres gîtes, les fatigues; on pardonne aux populations barbares ou dégradées que l'on a rencontrées les colères qu'on a éprouvées à leur vue; l'heure où l'on a désespéré de ses croyances en voyant une à une toutes ses illusions se détruire, tous ses rêves s'évanouir, toutes ses aspirations se changer en utopies, est déjà si lointaine qu'on n'y veut plus penser; tandis que les rares instants passés au milieu d'êtres intelligents et sympathiques restent gravés dans la mémoire parmi les plus heureux, et quand on en retrouve le souvenir, on ne regrette ni ses fatigues ni même ses rhumatismes.

A peine le chemin de fer est-il hors du Caire qu'il entre dans le désert. Ceux qui pour la première fois le traversent trouvent un certain intérêt à ce spectacle. Les phénomènes du mirage, les ondulations du terrain causées par les déplacements du sable à l'époque des tempêtes, la solitude absolue, l'absence de toute vie animale ou végétale, tout cela étonne, saisit, je dirai presque, charme; mais celui qui a passé de longues semaines dans ces contrées maudites, n'ayant pour gîte qu'un mauvais caravansérai et pour boisson que l'eau saumâtre des citernes, ne se laisse plus prendre à la poésie du désert et apprécie le progrès qui permet de le traverser en quelques heures.

Il est à peu près cinq heures lorsque nous arrivons à Suez. Une visite à notre consul, surveiller le déballage de nos paquets et leur embarquement, faire quelques petites emplettes en vue de la longue traversée qui nous attend, et la nuit était venue. Suez offre, je crois, peu de distractions aux voyageurs. C'est une ville levantine, bâtie à la façon italico-orientale et n'ayant qu'une importance de transit; aussi, à part quelques consuls et les agents des grandes compagnies maritimes, le reste de la population est-il assez peu intéressant. D'après les rapports que nous avons entendus, Suez renferme une population flottante dont la dégradation et l'immoralité sont révoltantes et n'ont pas d'analogues dans les bas-fonds des ports européens. Ces êtres, métis de Malais, de Chinois, de nègres, de Portugais, vivent de la mer et de la navigation; leur principal centre est à Suez, parce que c'est là qu'ils trouvent le plus facilement un emploi, mais on les retrouve dans tous les ports de l'Inde et de la Chine.

II

DE SUEZ A HONG-KONG

En mettant le pied dans la chaloupe qui est là toute prête à nous conduire à bord du paquebot, nous sentons un serrement de cœur inexprimable, car cette fois c'est le départ irrévocable, définitif, le commencement de l'inconnu. Heureusement la nuit est sombre, et chacun peut dissimuler son émotion dans les ténèbres. Peu à peu la terre s'éloigne de nous, et bientôt nous n'apercevons plus que quelques points lumineux dont le nombre diminue à chaque coup de rames. Nous passons à côté des bâtiments mouillés dans le port; de grandes silhouettes noires tachetées de lanternes vertes et rouges, c'est tout le souvenir que nous en ayons conservé. Enfin nous accostons l'échelle du *Dupleix,* et quelques instants après je me trouve assis dans un salon en face d'un dîner. La fatigue l'emporte sur la faim, je me retire dans ma cabine, où je ne tarde pas à m'endormir d'un sommeil si profond que je n'entends ni le bruit du cabestan remontant les ancres, ni les sifflets de manœuvre. Le lendemain matin, le premier son qui me réveille, c'est cette mélodie si connue sur les côtes de la Méditerranée :

I

Il part, le navire
Qui doit m'emporter,
Et mon cœur soupire
De te quitter.
Addio, Teresa, addio,
Al mio ritorno,
Ti sposero.

II

Je ne sais encore
Si le bâtiment
Vogue vers l'aurore
Ou vers l'occident.
Addio.

III

Mais dans l'espace
Que je parcourrai,
Si quelque homme passe,
Je t'écrirai.
Addio.

Un matelot, occupé à sécher le pont, chantait cette romance que je n'ai jamais entendue sans en être ému, car c'est tout un poëme dans sa forme naïve : *Si quelque homme passe, je t'écrirai;* voilà bien l'insouciance du marin, et s'il écrit, ce sera comme dans la chanson du conscrit :

> Mes chers parents,
> Je vous écrirai souvent,
> Souvent, bien souvent,
> Pour vous demander de l'argent.

Lorsque l'on quitte son pays, sa famille, ses amis, pour aller au loin, si loin que l'imagination refuse d'assigner une mesure à la distance que l'on va parcourir, il y a toujours un moment où les chances de non-réussite se dressent comme des spectres menaçants et poussent au découragement : le mauvais temps! la maladie! la misère! l'oubli! Alors le cœur se serre, on regrette la décision prise; pourquoi courir le monde ? Les absents n'ont-ils pas toujours tort? Les parents, les amis s'accoutument à l'éloignement, et après cinq ou six ans, si l'on revient, on ne rencontre plus que des mains indifférentes à presser. Vos amis vous trouvent ennuyeux et s'inquiètent de connaître le chiffre de vos gains, tremblant d'entendre réclamer leur appui. Le temps ne vous a pas épargné, vos cheveux ont blanchi, votre teint bruni. Vous n'êtes plus celui qu'on a aimé.

Pendant que vous couriez le monde, votre correspondance n'accusait ni les rides de votre front ni le hâle de votre visage. On vous voyait toujours le même, jeune, élégant peut-être, quelquefois poétisé par l'attente; aussi que de désillusions au retour! Vous troublez de nouvelles habitudes; votre place au foyer a été prise depuis longtemps, et l'on s'efforce de vous faire comprendre que vous gênez. Les années qui viennent de s'écouler ont renouvelé les cercles; les habitudes ont changé, et il est impossible de retrouver le livre de l'existence à l'endroit où vous l'aviez laissé; bien des feuillets, hélas! ont été tournés depuis votre départ; exiger qu'on recommence la lecture semble une tyrannie intolérable.

L'amour, l'amitié, l'estime de telle ou telle personne sont les mobiles les plus puissants de la vie. On cherche à acquérir la gloire, la fortune, non pour la gloire ou la fortune, mais pour montrer sa valeur à quelques-uns ou à quelqu'une; tout dans la vie se résume donc dans le choix des idoles; si elles sont dignes de l'adoration, rien de mieux, on marche d'un pas ferme et rapide vers ce but suprême, le perfectionnement; mais si les illusions s'envolent, et laissent découvrir, à la place d'un dieu, une pierre ou un soliveau, le désespoir s'empare de l'âme, et, semblable à un navire qui a perdu sa boussole, on erre au gré de la tempête et des flots, à moins d'être d'une trempe assez solide pour se mettre au-dessus des douleurs humaines et de pouvoir, comme le matelot, s'écrier : « Je ne sais encore si le bâtiment vogue vers l'aurore ou vers l'occident. Addio, Teresa. A mon retour je t'épouserai, mais reviendrai-je ? j'en doute, car je ne suis plus attaché au clocher qui m'a vu naître, au champ où dorment mes ancêtres ; je suis devenu un citoyen du monde, et n'ai plus qu'une passion : la curiosité. » Malheur à celui qui, obligé de voyager sans cesse, ne peut arriver à cette indifférence et subit chaque jour les mêmes angoisses, les mêmes douleurs. Il faut avoir la philosophie de ce grand seigneur du dix-huitième siècle, qui, au retour d'un long voyage aux Indes, retrouve toutes ses idoles devenues vieilles femmes, et conserve cependant assez de présence d'esprit pour dissimuler son impression sous cette phrase polie : « Comme j'ai vieilli ! »

Pour changer le cours de mes idées et refouler la tristesse et le découragement qui commencent à m'envahir, je m'habille à la hâte et je monte sur le pont où m'attend un spectacle nouveau. L'arrière est encombré de siéges de toutes les formes, au milieu desquels on peut à peine se frayer un passage ; une grande tente garantit du soleil ; des domestiques chinois, ornés d'une queue et en bas de toile blanche, circulent au milieu des groupes, apportant du feu à l'un, du thé à l'autre ; tandis que des matelots malais aux larges chapeaux de paille, au corps de singe, aidés de nègres couverts de haillons pittoresques et voyants, se livrent aux divers travaux de la manœuvre. A l'avant du navire, le spectacle est encore plus étrange; le pont est jonché de cages à poulets, de parcs à moutons, de boîtes à lapins; quelques bœufs maigres et manifestant par leur beuglement l'horreur que leur cause la navigation, la cuisine où règne une animation extraordinaire, et enfin les matelots qui ne sont pas de service et les passagers *de pont,* tout cela forme une fourmilière vraiment étonnante. Comment tous ces êtres peuvent-ils vivre et se mouvoir dans un espace aussi restreint, et quelle admirable chose que la navigation à vapeur... par le calme! Ce spectacle est si nouveau, si original, qu'une journée ne suffit pas à m'en rassasier. Quatre-vingt-dix passagers de première classe, véritable tour de Babel où sont entassés Français, Anglais, Hollandais, Espagnols, Italiens, Allemands, appartenant à toutes les classes de la société, marins et militaires retournant à leurs postes, négociants vaquant à leurs affaires, missionnaires allant évangéliser les sauvages, femmes suivant leurs maris, et enfin diplomates servant à protéger tout ce monde et ayant la mission difficile de faire respecter par des gouvernements asiatiques les conventions et les droits des nations civilisées; étrange société où tous les intérêts humains sont représentés et dans laquelle nous devous vivre pendant plusieurs semaines, espèce de ville d'eaux où la foule est plus compacte et les relations plus inévitables. Le bureau du commandant est changé en bureau de renseignements.

« Quel est ce monsieur là-bas ?

— Lequel ?

— Cette jaquette blanche avec l'air si roide et des grands favoris.

— Ah ! c'est un officier anglais, M. X. Il retourne à Bombay.

— Et cette dame en noir ?

— C'est la femme d'un employé hollandais ; elle va à Batavia rejoindre son mari. »

Et ainsi de suite, on passe une revue générale. Un salut échangé à propos, une rencontre auprès de la mèche destinée aux fumeurs, décide de ces relations éphémères, et après deux ou trois jours on peut observer que les groupes sont formés toujours des mêmes éléments. Et les cancans et les *potins* de marcher leur train, comme si le pont du navire était devenu le centre d'une petite ville de province.

La mer Rouge est ordinairement calme, trop calme même, car, pendant les mois d'été, on y risque l'asphyxie, et il n'est pas rare que le commandant ne soit obligé d'interdire, même la nuit, le séjour des cabines. Au mois de février, rien de pareil n'était à craindre, et nous jouissions d'une température vraiment admirable. On perd rarement la terre de vue pendant cette traversée, et soit du côté de l'Afrique, soit du côté de l'Asie, on aperçoit presque constamment les sommets des montagnes. Le point le plus intéressant est le mont Sinaï, que l'on voit pendant plusieurs heures — dit-on. Le cinquième jour, nous passions devant l'île de Perim. Vue de près, c'est un lieu parfaitement insignifiant. Un rocher volcanique, quelques casemates, un drapeau anglais qui flotte au vent : voilà toute l'île. C'est une terre désolée, et je comprends que le gouvernement anglais soit obligé de changer sans cesse la garnison pour éviter les suicides occasionnés par le spleen qui dévore les malheureux enfermés dans cette forteresse ; quelques mois dans cet enfer sont suffisants pour vaincre la gaieté la plus invétérée et rendre fous les plus raisonnables : pas une herbe, pas une goutte d'eau, pas un animal, un soleil torride, et pour tout paysage quelques tas de charbon.

Le lendemain, un coup de canon tiré de notre bord nous réveille en sursaut et nous apprend que nous sommes arrivés à Aden. Après six jours de navigation, c'est une joie de descendre à terre ; aussi les plus paresseux eux-mêmes se hâtent-ils de se lever et de s'habiller, et bientôt il ne restait plus un seul passager sur le pont ; les petites barques indigènes qui entouraient le paquebot les avaient tous emmenés à terre.

La colonie d'Aden se divise en trois parties : la ville officielle ou New-Town est bâtie sur une petite éminence qui domine le golfe d'Oman. Les autorités anglaises et les consuls étrangers ont là leurs habitations. Cette ville, privée d'eau potable, est abreuvée par des machines distillatoires appartenant aux grandes compagnies maritimes ; c'est le lieu du monde où l'eau se vend le plus cher, et je crois qu'une famille hollandaise qui voudrait suivre les usages de la Haye et laver sa maison de la cave au grenier devrait, pour s'accorder ce luxe, avoir d'énormes revenus. Les maisons de ce quartier sont spacieuses et aérées; de larges ouvertures laissent pénétrer partout le moindre souffle de la brise; une énorme véranda entoure la maison et l'isole autant que possible des rayons du soleil. Quelques fauteuils en bambou, des *pankha*, énormes éventails attachés au plafond et manœuvrés par deux nègres, des nattes, composent l'ameublement.

C'est le pays chaud dans toute sa splendeur : un ciel d'une limpidité inaltérable et d'un bleu profond et laiteux comme celui d'une turquoise, une lumière blanche, éclatante, éblouissante; une sécheresse qui brûle les plantes dès qu'elles essayent de pousser, une chaleur variant de 30 à 40 degrés pendant neuf mois, et de 20 à 30 pendant les trois autres; en face, une mer teintée d'azur s'étendant à perte de vue, et derrière un rideau de montagnes volcaniques bleues, lilas, orange, qui séparent cette bande de sable de l'Arabie Pétrée. Tout autour du golfe serpente un route blanche et poudreuse assez bien entretenue, sur laquelle circulent de petits *dog-carts*, attelés de poneys à l'œil vif et mutin. Nous en prenons un pour visiter la vraie ville d'Aden; au milieu du trajet se trouve la ville noire, amas de huttes et de masures en branches de palmier, où grouillent pêle-mêle les débris de la colonie portugaise et les nègres de la côte d'Afrique. Les mariages ont été si fréquents entre les deux races qu'il est impossible aujourd'hui de distinguer l'une de l'autre; cependant les Portugais sont en général moins beaux de corps et ont l'air chétif et rabougri. Ces êtres, je répugne à les appeler des hommes, n'ont pour tout vêtement qu'une perruque. Les élégants du lieu ont mis le blond à la mode, spécialement le blond rouge, sans doute pour plaire à leurs maîtres. Ils obtiennent ce résultat en plongeant une partie de la dépouille d'un mouton noir dans de la chaux vive. Ainsi affublés, ils se promènent sur la place, fiers comme des paons. Les nègres sont généralement taillés en Hercule; leur agilité et leur force sont à peine croyables. Quant aux femmes, leur costume se compose d'un madras qui renferme leurs cheveux et d'un enfant suspendu à leur sein.

En quittant la ville noire, la route se dirige vers

la montagne, et après avoir gravi une rampe assez cailleuteuse et roide malgré ses nombreux lacets, on arrive à une poterne fortifiée, puis on s'engage sous un tunnel qui traverse la crête de la montagne; de l'autre côté de la passe, environ à deux kilomètres, se trouve la ville d'Aden : des casernes, des fortins, quelques *bungalows* pour les officiers, un certain nombre de *stores* tenus par des *Parsis*, comme on en trouve dans toutes les colonies anglaises de l'Asie, telle est la ville. Quoique à proximité du port de New-Town, les voyageurs ne prendraient pas la peine de la visiter, s'ils n'étaient attirés par la réputation des citernes construites par les Portugais et récemment réparées par les Anglais. Les indigènes leur ont donné le nom de *Puits de Moïse*, nom bien trouvé, car leur existence constitue presque un miracle. La sécheresse du climat d'Aden est exceptionnelle, et parfois plusieurs années s'écoulent sans qu'une goutte de pluie arrose le sol. A l'époque où les Portugais occupèrent ce point, la distillation était une opération difficile et coûteuse. Ils furent donc obligés, pour assurer leur subsistance, d'entreprendre la construction de vastes réservoirs capables de contenir l'eau indispensable à la consommation de plusieurs années. Pour obtenir ce résultat, ils transformèrent la montagne en un vaste entonnoir, en taillant toutes les aspérités des rochers et en cimentant toutes les crevasses. L'écoulement des eaux pluviales fut si savamment combiné que pas une goutte de ce précieux liquide ne se perd. L'eau ainsi amenée avec tant de soin se réunit dans de vastes bassins superposés les uns sur les autres, et n'y reste que le temps de se clarifier; elle tombe enfin dans d'immenses citernes souterraines, où, grâce à l'obscurité et au filtrage préalable, l'eau peut demeurer plusieurs années sans se corrompre.

La conception et l'exécution de ces travaux, entreprise gigantesque, indiquent une énergie et une intelligence qu'on a peine à se figurer chez les ancêtres des singes qui nous entourent. Cette montagne dont le roc a été poli comme une plaque de marbre, et les crevasses calfatées avec autant de soin que s'il s'agissait des joints d'un navire, produit un effet saisissant; il suffit d'un coup d'œil pour embrasser toute l'étendue et toute la grandeur de l'œuvre.

N'est-il pas singulier d'observer que celle des nations européennes dont la domination sur cette terre d'Arabie et de l'Inde a été la plus courte, est celle cependant dont le souvenir s'effacera le plus difficilement? Ses traces se retrouveront alors peut-être que l'Europe aura disparu, et n'est-ce pas une dérision du sort bien faite pour attirer l'attention des ethnographes, que de voir les descendants de ceux qui ont les premiers affronté les vagues terribles du cap de Bonne-Espérance, trouvé la route des Indes, assis leur domination sur toute la côte occidentale de la péninsule indienne, accaparé le commerce de l'Arabie et de la Perse, fondé les établissements d'Aden, de Mascat et d'Ormouz, dompté le climat le plus horrible, en un mot, fait en quelques années ce qui eût suffi à toute la vie d'un peuple, se promener nus, n'ayant pour vêtement qu'une perruque de Jocrisse ? La chute a été aussi rapide, aussi complète, aussi irrévocable que l'élévation avait été surprenante, admirable, irrésistible.

Aden n'est pas le seul point du globe où les débris du sang portugais, les héritiers de Vasco de Gama, soient réduits à un état abject de dégradation et de misère. A Goa et à Ormouz, on est affligé par le même spectacle. En Chine même, les Portugais, après avoir tenu le premier rang non-seulement par leurs armes et leur négoce, mais aussi par les vertus, la science, l'habileté des missionnaires qu'ils protégeaient, et dont les noms rempliraient à eux seuls toute cette époque, ont perdu aussi rapidement qu'ils les avaient conquises : richesses, puissance, vertus. Macao est le réceptacle de toutes les immondices de la Chine ; mais n'anticipons pas et revenons à Aden. Les Anglais ont réparé ces citernes avec le luxe qu'ils mettent à tous leurs travaux, et, détail intéressant à noter, les fuites du robinet ont permis de planter deux ou trois arbustes qui sont aussi étonnés de se trouver là que les visiteurs de les y voir.

Quand on a visité les citernes, il ne reste plus rien à voir à Aden, et le meilleur parti à prendre est de remonter dans sa voiture et de revenir à New-Town. En repassant le tunnel, on a un panorama magnifique; les côtes de l'Arabie ne ressemblent à rien, et quand on ne les a pas vues, il est impossible de s'en faire une idée. C'est la quintessence du pittoresque et de la couleur locale. Au milieu de cette nature étrange, Aden est lui-même un point exceptionnel, tant à cause du développement des fortifications établies par les Anglais, et faites surtout en vue d'effrayer et d'en imposer aux populations indigènes, qu'à cause de la désolation du site.

Il est vraiment extraordinaire d'observer combien les hommes acceptent avec facilité les opinions toutes faites, quoique souvent déraisonnables, et combien il est difficile de faire revenir sur une erreur. Il n'y a pas un marin, pas un militaire qui ne dise que, sans appui dans le pays, sans moyen de se ravitailler par terre, sans port, la ville d'Aden n'est et ne saurait être ce qu'on répète pourtant sans cesse, la clef des Indes. On peut embarquer un corps d'armée à Suez, lui faire traverser toute la mer Rouge, et le débarquer sur n'importe quel point de la péninsule, sans que les forts de Périm ou d'Aden puissent tirer un coup de canon. Si les Anglais n'avaient pas d'autre moyen de repousser l'invasion, il y a longtemps qu'ils auraient perdu les Indes. Aden n'a d'importance que comme relâche commerciale ; la distance entre Suez et les Indes est trop longue pour des steamers, à cause des masses de charbon qu'il faudrait embarquer. Aden se trouvait, par sa position, la relâche naturelle, et les Anglais s'en sont emparés pour y établir des docks, des machines de distillation et des dépôts de houille. Comme les populations arabes sont portées à la maraude et au pillage, les Anglais ont été amenés, pour se garantir des bandits, à fortifier leur conquête ; entreprenant ce travail, ils l'ont fait complet, et ont profité de l'occasion pour établir quelques défenses du côté de la mer. Ils ont réussi dans ce sens qu'Aden est à l'abri d'un coup de main, et qu'il faudrait un effort sérieux pour s'en emparer ; mais de là à en faire un Sébastopol, un Cronstadt, un Gibraltar, il y a un monde ; les forts d'Aden ne sont pas plus imprenables qu'ils ne sont un empêchement à la navigation à vapeur de la mer Rouge ; mais comme station pour une flotte, et comme point de ravitaillement, c'est une place précieuse.

Aden n'offre pour ainsi dire pas de ressources : quelques moutons, des poulets étiques, et un peu de poisson de mer. Quant aux légumes et aux fruits, on trouve ceux qu'on a apportés d'Alexandrie. Pour donner une idée de l'aridité de ce pays, un détail en passant. Les sous-officiers anglais essayent à force de soins, et en recueillant chaque goutte d'eau inutile à leur ménage, de créer de petits parterres, où ils sèment celles des plantes qui supportent le mieux la sécheresse. Le résultat qu'ils obtiennent est si peu apparent que, pour indiquer les allées de leur jardinet, ils les entourent, en guise de buis, d'une bordure de bouteilles vides de Soda water.

Les indigènes cherchent à vendre des plumes d'autruche et des sacs de café moka; il m'a semblé aussi apercevoir des marchands de cornalines et d'agates.

Le *Dupleix,* ayant fini ses affaires, appareilla vers les cinq heures, afin de regagner par la brièveté des escales le temps que la mousson contraire nous faisait perdre. Aden est jugé d'une façon diverse: ceux qui prisent avant tout et par-dessus tout la verdure, la végétation, les ruisseaux d'eaux courantes qui babillent avec les buissons de la rive et arrêtent leur cours pour écouter la chanson du rossignol ou contempler l'azur d'un myosotis, ont cette ville dans une telle horreur que j'entendais dire à un de nos compagnons de voyage qu'il préférait Madagascar ou Cayenne à Aden. Ceux, au contraire, que réjouissent l'éclat de la lumière, la sérénité du ciel, la beauté et la pureté des lignes, la variété des tons; ceux, en un mot, qui aiment la Calabre, la Grèce, la Perse, trouvent Aden superbe, et, tout en accordant que la vie y est peu confortable, consentiraient cependant avec plaisir à y passer quelques semaines. Le manque d'eau et l'absence de société sont les principaux inconvénients de cette ville, et cependant M. le baron de Crety, qui est à la fois agent consulaire de France et agent des Messageries impériales, vit là, au milieu de sa famille, et nous assura qu'il s'y trouvait très-bien; il nous donna comme preuve de cette opinion la présence de sa nombreuse famille qu'il n'avait pas hésité à appeler auprès de lui, tandis qu'il n'avait osé le faire pendant qu'il était à Saïgon.

Le trajet d'Aden à Ceylan est le plus long de tout le voyage : dix jours de mer sans voir la terre ! quel supplice ! quel ennui ! Tout devient un événement : un poisson volant qui, mesurant mal les distances, s'abat sur le pont; une voile à l'horizon, la fumée d'un steamer qu'on distingue à peine à l'aide des lorgnettes. Lorsqu'il passe assez près pour faire des signaux, la joie est à son comble. Nous avons un temps superbe, la mer est unie comme un miroir, et, le soir, le ciel le plus étoilé, le plus profond, s'offre à notre admiration; mais il fait chaud, la glace diminue, les légumes frais ont disparu et sont remplacés par d'insipides compotes de pigeons;

l'ennui, le manque d'exercice, font trouver la table détestable; on réclame contre le cuisinier, contre le service, contre le bateau, contre la machine; les derniers jours sont une terrible épreuve pour le commandant et le commissaire du bord : au premier, on impute tous les retards occasionnés par le courant, on l'accuse de tromper sur la vitesse du bâtiment, de faire un *loch* spécial pour les passagers. Quant au commissaire, on est implacable pour lui : on voudrait qu'il fît changer chaque jour le menu, qu'il rendît les poulets gras, le bœuf savoureux, les pigeons moins fréquents. Pourquoi n'y a-t-il pas de fruits, de salade ? Malgré ces plaintes, on fait, pour passer le temps, cinq repas par jour : le matin, à sept heures, on prend le thé; à neuf heures et demie, le déjeuner; une demi-heure de gagnée; à midi et demi, le *lunch;* à cinq heures, le dîner, et enfin à huit heures et demie, le grog; et, comme on n'a plus aucune distraction à attendre, qu'on s'est vautré sur tous les fauteuils du bord, et qu'on a épuisé tous les charmes du trictrac, on va se coucher. Le lendemain, on recommence la même vie, et ainsi de suite pendant dix jours. Le mouvement de l'hélice, même par la mer la plus belle, se fait toujours sentir par une trépidation qui rend l'écriture à peu près impossible, et la lecture très-difficile pour ceux qui craignent le mal de mer, et les condamne à l'oisiveté la plus absolue.

Enfin, le maître d'équipage nous montre une aiguille à l'horizon et nous dit : « Voilà Ceylan ! » Et chacun de courir à sa lorgnette et de la braquer sur le point désigné ; mais nous ne distinguons rien. Vers les onze heures du soir, nous stoppons près du phare, car il est impossible d'entrer dans la rade de Pointe-de-Galle la nuit, et surtout sans pilote. Le lendemain matin, le coup de canon, signal de notre arrivée, appelle tous les passagers sur le pont.

Le premier coup d'œil sur Ceylan est vraiment extraordinaire, surtout par le contraste avec Aden : autant l'un est sec, aride, lumineux, autant l'autre est vert, fertile, sombre. On ne voit que cocotiers, bananiers, bambous, lianes ; c'est une orgie de végétation ; les arbres et les plantes semblent vouloir disputer le terrain à la mer. Ceux qui détestent Aden sont dans le ravissement, dans l'extase ; mais ceux qui regrettent la couleur de ses montagnes et la lumière qui les détachait si nettes sur le bleu du firmament trouvent le cocotier bien grêle pour porter un si gros fruit, et comparent sa tige à un plumet de corbillard. Les bananiers des serres sont aussi beaux que ceux qui poussent en pleine terre. Quant aux lianes, on n'ose les regarder sans effroi ; que de serpents et d'insectes venimeux elles doivent abriter ! En somme, tout cela est mesquin, petit, sans poésie, sans majesté, et ne porte en aucune façon à l'imagination ; c'est une déception. On se radoucit cependant à l'idée des plantureuses provisions de fruits et de légumes mis à la disposition du commissaire du bord ; que d'ananas, de bananes, de mangles on va manger ! Qui de nous n'a lu le *Robinson Crusoë*, et ne s'est régalé avec lui de lait de coco, ne s'est promené dans des forêts habitées par les singes et les perroquets ? Eh bien, ce rêve est devenu une réalité, qu'il ne tient qu'à nous d'expérimenter ; aussi admirateurs et détracteurs sont-ils d'accord sur ce point : descendre à terre le plus vite possible, car enfin on ne saurait oublier que ce sol que nous allons fouler, c'est celui de l'Inde, et ce mot à lui seul renferme toutes les promesses.

Nous arrivons à terre et ne sommes assaillis ni par les portefaix demandant à grands cris à porter nos malles, ni par ces *ciceroni*, interprètes de bas étage que l'on rencontre en général dans les ports du Levant, où ils se chargent de tout montrer aux voyageurs ; le débarcadère est désert. Nous nous lançons au hasard et traversons tout de suite une porte bâtie dans le goût du dix-septième siècle, et nous pénétrons dans la ville, où nous ne trouvons que de grandes allées désertes et envahies par les herbes ; un peu plus loin cependant, nous arrivons à un boulevard coupé en équerre par d'autres rues également macadamisées ; les maisons sont rapprochées les unes des autres, mais basses et écrasées par un énorme toit. Nous rencontrons quelques passants, des officiers anglais en petite tenue blanche, des cipayes et des indigènes. Il faut une attention soutenue pour distinguer à vingt pas un homme d'une femme. La coiffure est la même pour les deux sexes : les cheveux sont relevés à la grecque, moins les boucles ; le chignon est retenu par un peigne d'écaille. Quant au vêtement, il se compose d'un pagne noué autour du corps, et ressemblant assez aux tabliers des garçons de café; tout le buste est nu ou recouvert d'une longue chemise en mousseline presque collante. Les gens aisés sont coiffés d'un turban blanc. Le type des hommes est élégant, mais efféminé ; les formes sont distinguées, les attaches déliées et fines, la jambe mince et nerveuse, les hanches saillantes, le cou un peu long, enfin l'original d'une miniature indienne : rien de fort, d'énergique, de mâle ; mais de l'élégance, de la distinction, et quelque chose de doux, de sympathique dans l'expression de la figure, le regard un peu voilé, le teint mat et cuivré, et la barbe rare et en pointe. Quant aux femmes, celles que l'on rencontre dans les rues sont hideuses. Cependant tous les Singalais n'appartiennent pas à la même race.

Pointe-de-Galle est la capitale de la province du Sud et contient à peu près dix mille habitants; l'étendue de la ville comporterait une agglomération plus considérable; aussi les rues sont presque désertes. Nous finissons néanmoins par trouver la maison de M. Auber, notre agent consulaire. Il nous offre l'hospitalité la plus cordiale et nous propose de profiter de la fraîcheur relative du matin pour faire une promenade hors de la ville; on nous amène un dog-cart traîné par un poney de bonne apparence et conduit par un indigène dont la chevelure suinte l'huile rance, et la bouche, le betel.

Nous suivons la route qui entoure l'île comme une ceinture, à ce que nous annoncent les poteaux que nous rencontrons écrits en langue anglaise; nous traversons le marché au poisson qui jouit d'une réputation bien méritée : tout le mouvement mercantile de la ville est concentré sur ce point, et sans l'odeur de la marée, on resterait la journée à étudier les types de tous ces êtres réunis. Nous sommes tout de suite dans la campagne; de temps à autre le toit d'un *bungalow,* noyé dans un océan de verdure, indique la présence de l'homme, qu'on serait tenté d'oublier dans ce dédale de forêts. En fait de nature équatoriale, Ceylan ne laisse rien à désirer; la végétation a tout envahi; elle fait la richesse de l'île et alimente presque exclusivement son commerce : il suffit de nommer le canellier, le cocotier, le caféier, les palmiers, le bambou, l'ébénier; en fait d'arbustes, les rhododendrons, les lianes; en fait de plantes, le riz, les orchidées, les fougères. Un mis-

sionnaire avec qui je causais de l'île de Ceylan m'a affirmé que la flore de cette contrée contenait deux mille huit cent trente-deux genres, c'est-à-dire à peu près le trentième de la flore connue. Le gazon, les arbres, les ronces servent de piédestal aux fleurs à couleurs vives, à formes gracieuses, à tiges élancées ; c'est un magnifique décor, et cependant, comme le fait si bien observer M. Marcoy dans ses *Études sur le Brésil :* « En regardant au point de vue
« décoratif ce splendide fouillis de végétaux, et le
« comparant pour la centième fois peut-être à la
« forêt tropicale telle que l'interprètent nos paysa-
« gistes, j'ai reconnu pour la centième fois aussi que
« le texte et la traduction, l'original et la copie diffé-
« raient essentiellement. A quoi cela tient-il ? A une
« chose bien simple, à ce que la plupart des pein-
« tres et des décorateurs, n'ayant jamais vu la nature
« qu'ils étaient appelés à rendre, ont cru pouvoir y
« suppléer en reproduisant l'intérieur d'une serre
« chaude où presque toujours les palmiers de l'Inde
« coudoient les cactus du Mexique ; de là dans leurs
« œuvres cet arrangement symétrique qu'on ne
« trouve jamais dans une forêt tropicale. »

Cette remarque est parfaitement juste ; on commet toujours l'erreur de représenter une forêt vierge inondée de soleil et de lumière ; le feuillage des arbres est parfois doré comme celui d'un chêne des bois de Compiègne aux premières atteintes de l'au-

tomne. La vraie forêt tropicale n'a jamais cet aspect.
Le vert domine et déteint sur tout : la terre est verte,
l'horizon est vert, le ciel est vert ; le soleil ne peut
pénétrer cette voûte de verdure ; l'atmosphère est
chaude, humide, morbide ; on se sent au milieu
d'une décomposition et d'une *recomposition* perpétuelles ; on est saisi d'effroi à la pensée de s'écarter
de la route et de s'enfoncer dans ce *fourré;* on craint
de rencontrer un serpent ou même un de ces insectes venimeux qui se plaisent dans ces étuves. On
n'ose cueillir une fleur, un fruit, de peur de toucher
à un de ces poisons terribles, foudroyants, et la promenade devient une torture.

Les routes de l'île de Ceylan sont admirablement
entretenues ; on dirait, tant leurs courbes sont harmonieuses et leurs pentes adoucies, qu'on circule
dans des allées de parc. Le premier sentiment, que
j'appellerai de conservation, surmonté, le spectacle
qu'on a sous les yeux ne manque pas de charme.
Cependant on doit vite s'en fatiguer et regretter le
bleu du ciel et la profondeur des horizons des pays
moins favorisés par la végétation.

Les pays équatoriaux, malgré l'exubérance de la
verdure, l'élégance des arbres, le parfum et la couleur des fleurs, malgré les perroquets, les oiseaux
de paradis, les éléphants, malgré les ananas, les bananes, les mangoustans, n'auront jamais la poésie ni
n'exciteront jamais l'enthousiasme et la sympathie

comme la Provence, l'Italie, la Grèce, l'Égypte, car ce sont là les contrées véritablement aimées du soleil.

Notre promenade terminée, il ne nous restait plus rien à faire à Ceylan, et pour employer le temps jusqu'au départ du paquebot, nous reçûmes les marchands de bric-à-brac qui se présentaient à notre porte. Dans toute l'Asie, ces industriels ont les mêmes habitudes; ils flairent l'arrivée des voyageurs, et, sans leur laisser le temps de s'informer, fondent sur cette proie, comme le faucon sur le lièvre, afin de profiter de leur inexpérience pour conclure quelque marché avantageux. A Pointe-de-Galle, ils cherchent à vendre des ivoires, depuis le simple morceau de dent d'éléphant jusqu'aux boîtes les plus travaillées. Ils offrent également des objets d'écaille, des marqueteries avec incrustations de nacre, des pierres précieuses de qualité inférieure, des cannes en bois exotiques, des boîtes tissées avec de la paille de riz. Après bien des débats, ils parvinrent à nous colloquer quelques brimborions de peu de valeur, et partirent enchantés de leur journée, malgré la modicité de notre offrande. J'ai cru reconnaître quelques types juifs, mais les Arabes de la côte persique ressemblent tellement aux enfants d'Israël qu'il est permis de se tromper.

Grâce aux *pankahs,* grands éventails suspendus aux plafonds et manœuvrés par des coulis indigènes à l'aide d'une poulie; grâce aussi à la glace que des navires américains apportent en abondance, la chaleur de Pointe-de-Galle est tolérable dans les appartements; mais dès qu'on met un pied dehors, on est baigné de sueur. Cette chaleur humide et constante mine les tempéraments européens et occasionne des maladies de foie auxquelles le régime alimentaire que les Anglais transportent partout avec eux n'est pas non plus étranger.

Nous rentrâmes sur le *Dupleix* avec plaisir; nous espérions y respirer un peu de brise. Le pont du navire était littéralement encombré de fruits; chacun des passagers avait sa provision d'ananas, de bananes, d'oranges et même de noix de coco, l'un des fruits les plus nauséabonds qui existent; fort difficile à casser, il contient un lait douceâtre et visqueux dont le mauvais goût n'est dépassé que par la saveur rance du fruit lui-même, espèce de blanc-manger ressemblant à un savon de barbier de village. Au reste, il ne faut pas se faire d'illusion sur les fruits des tropiques; ils sont loin de valoir ceux des climats tempérés; les oranges elles-mêmes perdent à la trop grande chaleur leur parfum, et deviennent fades et sèches sous l'action d'un soleil trop ardent.

Cette petite diversion d'une journée à terre avait remis tout le monde de bonne humeur; on avait de nouvelles idées à échanger, des impressions à se communiquer; la table était couverte de fruits nouveaux, de légumes frais ; l'eau frappée était en abondance ; enfin le confort était renouvelé, et il en avait besoin.

La traversée du golfe du Bengale est souvent mauvaise ; mais la mer nous fut clémente, et sauf les courants qui contrariaient notre marche, tout allait pour le mieux ; la mer était d'huile, comme disent les marins provençaux ; mais il faisait très-chaud, et l'on ne savait plus où se mettre pour éviter la transpiration. Enfin, voici le détroit de Malacca, nous voyons la terre à tribord et à bâbord ; mais quelle température d'étuve ! la chaleur est accablante, pas un souffle d'air, l'humidité pénètre tout. De temps à autre le ciel s'obscurcit, les nuages s'amoncellent de tous les points de l'horizon et crèvent sur nous en versant des torrents de pluie ; en quelques minutes le pont est inondé, tous les *taux* sont transpercés, et les trous qui servent de gouttières ne peuvent suffir à l'écoulement ; on se hisse sur les bancs, sur les chaises, sur les balustrades, et l'on préfère cette position de *chat perché* à une station dans le salon où les pankahs ne suffisent plus à renouveler l'air. Cette scène recommence quatre ou cinq fois par jour, et parfois la nuit devient si obscure que l'on est obligé de stopper de peur d'aller à la côte. Dans la mer Rouge nous avons éprouvé la quintessence de la chaleur sèche ; ici c'est le *nec plus ultra* de la chaleur humide ; le moindre mouvement devient impossible, et les vêtements les plus légers paraissent doublés de fourrure. La navigation dans ces parages est vraiment pénible. La côte que nous longeons est plate et uniforme, les files de cocotiers se succèdent sans interruption ; nous sommes trop loin pour distinguer les détails du paysage, dont cependant on peut apercevoir l'exubérance végétale. La mer charrie des troncs d'arbres, et ces îlots improvisés sont souvent habités par des nuées d'oiseaux aquatiques ; le courant entraîne avec lui toutes espèces de détritus qui vont je ne sais où, féconder d'autres terres.

Le canal se resserre de plus en plus et devient très-animé ; nous croisons six ou sept vaisseaux de guerre anglais, et nous passons au milieu de myriades de barques indigènes montées par des Malais, qui font la pêche en temps ordinaire et la piraterie lorsque l'occasion est bonne, et qu'ils sont sûrs de rester les plus forts.

Plus nous avançons, plus la chaleur augmente, et la veille de notre entrée à Singapour, nous croyons presque notre dernière heure arrivée. La matinée nous récompense de nos peines passées ; il est impossible de voir quelque chose de plus pittoresque et de plus riant que l'entrée de Singapour. Les rives sont couronnées de petites collines boisées, la végétation tropicale est à son apogée, les crevasses des rochers recèlent les cultures d'ananas.

Le ciel est pur et ne manque ni de lumière ni d'éclat, quoiqu'on ne puisse en aucune façon le comparer au ciel d'Égypte ; il s'exhale de la terre une humidité chaude, malsaine, qui active la nature et lui permet de se livrer avec une activité fébrile à son éternel travail.

Nous jetons l'ancre à l'entrée du premier port ; une butte nous cache la ville ; nous débarquons à quai et tombons entre les mains d'une nuée de cochers de fiacre qui se disputent nos personnes ; la plupart de ces individus, métis indo-malais, n'ont pour tout vêtement qu'un pagne. L'un de nos persécuteurs obtient la victoire et nous introduit triomphalement dans son *char numéroté*. Quant à lui, il continue à courir à côté de son cheval tout en le conduisant. La route lui paraissant bonne quelques instants après, il se hisse sur le brancard, et en redescend pour éviter chaque voiture qu'il rencontre. Décidément voilà un cocher prudent ; il trouve suffisant d'exposer sa voiture et ses pratiques aux hasards d'un choc sans courir lui-même les mêmes chances.

La route que nous suivons ressemble à une tranchée entre deux murailles de verdure ; çà et là nous rencontrons quelques-unes de ces habitations que les Anglais appellent des *bungalows,* sans doute par amour de la couleur locale et pour ne pas se servir de l'expression nationale *cottage.* Ces maisons sont, comme celles de Ceylan, basses et protégées par de grands toits que soutiennent d'immenses vérandas quadrangulaires.

Voici enfin la ville. Le premier quartier que nous traversons est celui des Chinois; vu son importance, on l'appelle pompeusement la ville chinoise. Ce sont de grands boulevards coupés perpendiculairement par d'autres boulevards et par des canaux d'eau croupissante, qu'on croirait placés là exprès pour entretenir les fièvres. De chaque côté des rues, une suite de boutiques borgnes renfermant autant de produits européens que de produits exotiques. Nous rencontrons une jolie pagode à toits contournés et à tuiles vernissées. La présence des Chinois se révèle par une odeur musquée qui s'exhale des passants et par le parfum peu agréable de poisson pourri qui sort de certaines portes avec la même force que la chaleur d'une bouche de calorifère. Il y a peu de mouvement; les maisons sont régulières et d'une architecture monotone : même alignement, même hauteur, même toiture grise; il n'y a pas le plus petit mot pour rire. Enfin nous quittons cette rue, et, après quelques petits détours, nous entrons dans une place qui fait face à la mer, et dont un des côtés est occupé par une grande bâtisse qui tient un peu de tous les genres d'architecture et ressemble surtout à un gâteau de Savoie. Les drapeaux y sont; il ne manque que les deux colombes tremblotantes. Il paraît que c'est la maison de ville; la place est bien choisie. Le panorama est superbe, et sitôt que la mer apporte un souffle de brise, il est pour ce palais. Sur une autre face de ce square se trouve l'hôtel d'Europe, où l'on veut bien, après négociations toutefois, nous recevoir ; bon déjeuner, bon dîner, mais une horrible chaleur et une note aussi élevée que la température, voici le bilan de notre séjour dans cette auberge.

Malgré l'ardeur du soleil, nous devons à nous-mêmes de visiter la ville ; nous commençons par le quartier chinois, où nous faisons la connaissance d'un monsieur fort poli, mais un peu déguenillé, qui nous offre ses services de *cicerone*. Il parle chinois, anglais, français, et nous fait visiter plusieurs magasins où nous trouvons plus d'objets européens que d'articles chinois. Quelques boutiques de porcelaine commune, des pièces de soie écrue et des pantoufles de paille tressée constituent l'élément pittoresque et indigène de ces *stores*. L'impression qui nous reste de la première ville chinoise que nous visitons est celle d'un affreux dégoût ; tous les gens que nous rencontrons sont puants et malpropres ; ils n'ont aucune grâce, ni dans le costume, ni dans la démarche.

Voyons maintenant le quartier anglais. Nous entrons dans un grand temple gai comme le protestantisme. La chaire où le ministre lit la Bible et probablement ses homélies est couronnée d'un *pankah;* est-ce pour que la brise emporte ses paroles au loin, ou bien veut-il convaincre son auditoire de l'inutilité des mortifications ? Un clergyman se faisant éventer par des esclaves pendant qu'il officie, voilà une bouffonnerie qu'on ne tolérerait pas au catholicisme. Allons, messieurs les ministres protestants, convenez-en, vous n'êtes faits ni pour évangéliser, ni pour moraliser vos ouailles. Vous débitez la parole de Dieu comme une aune de calicot, et vous tenez indifféremment l'article bible ou l'opium de *malwa*. Vous êtes d'excellents marchands, mais, croyez-moi, pour moraliser vos vaincus, appelez des missionnaires catholiques et installez des sœurs de charité. La vie des ministres protestants n'est pas faite pour convaincre les autres de la nécessité de l'abnégation et de la charité; leurs femmes, absorbées par le soin de leurs propres enfants, n'ont pas le temps de recueillir ceux des autres, et, du reste, elles sont trop esclaves du confort de leur *home* pour sacrifier une parcelle du superflu aux besoins des pauvres Indiens. Il ne suffit pas de distribuer des bibles pour convertir le monde, il faut joindre l'exemple au précepte.

En sortant du temple protestant, nous montons en voiture et visitons le Jardin botanique. Un des gouverneurs de Singapour a eu l'heureuse idée de créer sur une colline, à quelques milles de la ville, un parc dans lequel il a réuni toutes les essences du règne végétal des forêts voisines, le tout entremêlé d'allées sablées et de grandes pelouses bien vertes, aux contours gracieux, aux courbes savantes ; c'est le plus ravissant parc que l'on puisse rêver. On peut y passer de longues heures fort agréables à étudier toutes les richesses botaniques qu'il renferme. Quant à nous, Juifs errants de métier, à peine pouvons-nous jeter un coup d'œil sur les choses ; la plupart de nos jugements sont le résultat de la première impression souvent si trompeuse ; tel lieu est bien éclairé le jour où nous y passons, nous en concluons qu'il est agréable, et le souvenir qui nous en reste est gai et souriant comme un rayon de soleil. Ainsi, pour nous, Singapour est une ville jouissant d'un beau climat, quoique très-chaud ; c'est le plus sec des pays équatoriaux que nous ayons vus ; le port est animé, la mer d'un beau bleu ; la ville annonce des habitudes de luxe, mais elle ressemble à une nécropole ; les rues sont désertes, les maisons fermées ; on doit s'ennuyer à périr dans ce beau pays.

Le soir, en regagnant notre bateau, nous devisions sur la tristesse de cette population qui n'avait même pas pour elle l'excuse du dimanche, jour si fastidieux dans tous les pays anglais, et nous ne savions à quoi attribuer ce phénomène qui fait contraste à la gaieté du site. Il eut peut-être suffi de passer huit jours à Singapour pour trouver la solution de cette anomalie, mais nous n'y sommes restés qu'un jour, et nous n'avons parlé à personne.

En sortant de Singapour, le *Dupleix* se trouva allégé de tous les Hollandais qui bifurquaient sur Java et des Espagnols de Manille. Parmi les nouveaux venus se trouvait un abbé ; sa santé minée par le climat meurtier des tropiques ne lui permettait plus de se livrer aux travaux apostoliques ; il espérait qu'un déplacement lui redonnerait quelques forces, et nous disait tout naïvement qu'il allait passer quelque temps en Cochinchine pour hâter sa convalescence. Singulier moyen que de se jeter dans le feu pour éviter la chaleur.

La traversée entre Singapour et Saïgon est la plus courte de tout le voyage, et le golfe de Siam nous fut aussi propice que l'avaient été l'océan Indien et le golfe du Bengale. L'entrée de la rivière de Saïgon, mauvaise pendant la nuit, nous occasionna quelque retard, et nous passâmes plusieurs heures à attendre, au pied du phare du cap Saint-Jacques, un pilote. La rivière de Saïgon, qui n'est à vrai dire qu'un bras du Cambodge, est une masse d'eau superbe ; elle peut supporter les bateaux du plus fort tonnage et même les vaisseaux de haut bord, et, à son embouchure, le fleuve est si large qu'on navigue longtemps sans apercevoir les deux rives. Un peu plus haut le fleuve traverse des forêts de palétuviers qui sont d'un aspect monotone ; cet arbuste des pays chauds ressemble aux aunes qui bordent nos ruisseaux; seulement le feuillage en est plus épais et a cette consistance qui est le propre des arbres à feuilles persistantes. Cette forêt a aussi des carrefours; mais au lieu d'allées et de routes, ce sont des canaux qui les forment. A la marée, tous ces conduits sont pleins, et même l'eau déborde de tous côtés, de telle sorte qu'on a l'air de naviguer au milieu d'une inondation.

La montée du fleuve dure environ huit heures et ne s'accomplit pas sans une certaine difficulté, tant les tournants sont nombreux et courts; mais on voit la ville assez longtemps avant d'entrer; de loin la vue est assez jolie; mais dès qu'on a mis pied à terre, les désillusions commencent. Les rues sont désertes, les chaussées existent, mais des deux côtés des trottoirs ce sont des bois et des champs. On rencontre à peine quelques maisons clair-semées. Le touriste a vite fini sa visite; quand il a vu les casernes et les maisons bâties dans le goût anglo-indien des *bungalows,* l'établissement de la Sainte-Enfance, le collége des missions étrangères, l'hôpital militaire, malheureusement trop rempli, le couvent des carmélites, la cathédrale, chef-d'œuvre de mauvais goût, et enfin le quai, sur lequel se prélassent tous les cafés et toutes les boutiques de vermout qui encombrent la colonie, le susdit touriste n'a qu'une chose à faire, s'en aller au plus vite. Ah! j'oubliais, à quatre heures, la musique de l'amiral fait entendre un certain nombre de valses et de polkas qui attirent toute la colonie ; c'est un signal de ralliement auquel se rendent les officiers de terre et de mer qui forment la garnison.

En écoutant la conversation de ces messieurs, on est vite au courant des inconvénients de la Cochinchine ; l'un nous racontait une aventure arrivée quelques jours auparavant à deux hommes de sa compagnie ; ces deux individus furent assaillis par un tigre pendant leur promenade ; l'un d'eux fut mangé sur l'heure, l'autre eut le temps de se hisser sur un arbre où il resta vingt-quatre heures avant de se décider à redescendre et à rentrer en ville. Un autre officier énumérait le nombre de malades de sa compagnie ; tous portaient sur le visage l'empreinte de l'ennui et de la souffrance. Le climat de la Cochinchine est le plus meurtrier de tous ceux que nous venons de traverser. La chaleur est fatigante au possible. Pendant les vingt-quatre heures que nous passons à Saïgon, la transpiration ne nous a pas abandonnés un instant. Nous avions accepté l'hospitalité des prêtres des Missions étrangères ; les détails que ces missionnaires nous donnent sur leur état sanitaire sont navrants. La moyenne de l'apostolat de ces martyrs ne dépasse pas cinq ans. Les constitutions assez robustes pour résister au delà de ce terme n'appartiennent guère qu'à ceux arrivés en Cochinchine après l'âge de trente-cinq ans. Il paraîtrait ressortir de ce fait, dont l'autorité ne saurait être mise en doute, que le climat de Saïgon est moins meurtrier pour les hommes faits que pour les jeunes gens. En écoutant ces pieux ecclésiastiques, on ne sait lequel des deux sentiments doit l'emporter, de la pitié ou de l'admiration. Ils ressemblent à des cadavres ambulants; la maigreur extrême de leur figure, jointe à la pâleur de leur teint et à leur regard morne et résigné, donne à leur tête un caractère d'ascétisme capable d'étonner Ribeira lui-même.

Pour dire tout le dévouement, toute l'abnégation, toutes les vertus dont on nous raconte les résultats, il faudrait un volume. Que ceux qui veulent s'édifier sur la valeur du catholicisme prennent la peine d'étudier ce côté de la religion. De l'Inde au Japon, au milieu des populations les moins sympathiques du globe, sous un soleil de plomb et un climat meurtrier, ils rencontreront partout des missionnaires catholiques; rien ne les rebute. Abreuvés de dégoûts par les hommes qu'ils cherchent à sauver et à moraliser, brisés par les obstacles de toutes sortes, souffrant parfois de la faim, domptés par la fièvre, ils n'exhalent jamais une plainte ni un regret; le découragement ne saurait les atteindre; à les voir, à les entendre, on dirait les gens les plus heureux de la terre, et pour connaître les souffrances qu'ils endurent, il faut se trouver mêlé à leurs affaires et entrer dans les détails intimes de leurs œuvres. On comprend alors la grandeur du sacrifice et l'élévation de ces vertus surhumaines. Depuis des siècles que cet état de choses dure, on ne saurait trouver la moindre défaillance à signaler. Hommes et femmes ont donné l'exemple des vertus et de la charité les plus désintéressées, et le seul reproche qu'on puisse leur faire, c'est l'excès du zèle qui les porte à courir au-devant du martyre et à se servir de cet argument sanglant pour affirmer leur confiance dans le triomphe du christianisme.

L'immense majorité de ces missionnaires appartient à la France, ce pays des idées généreuses et des dévouements sublimes, qui non-seulement sait donner le jour à de pareils hommes, mais aussi faire les sacrifices d'argent nécessaires à l'accroissement de leurs œuvres.

Mais revenons à la Cochinchine et à Saïgon. En face du collége des missionnaires se trouve le couvent des carmélites; on se demande par quelles vicissitudes ces pauvres religieuses se trouvent jetées sur cette terre inhospitalière. Quoi qu'il en soit, elles y restent, mais rien n'égale leur misère, si ce n'est leur persistance à chanter les louanges de Dieu. De l'autre côté, se trouve l'établissement de la Sainte-Enfance, la plus belle maison de Saïgon sans contredit; et puis je cherche en vain quelque autre monument à signaler.

On s'accorde généralement sur la prospérité de la colonie; la domination française est définitivement établie depuis l'annexion des quatre provinces, et les indigènes, gens aussi doux et dociles qu'ils sont repoussants d'aspect, ne cherchent en aucune façon à fuir notre joug. Quelqu'un disait en parlant d'eux: *cette purée d'hommes;* le mot est juste et fait image. On les dit aptes aux travaux agricoles, même sous ce climat meurtrier. Les émanations empoisonnées des rizières ne les atteignent pas, et l'étendue de ces cultures, l'espoir de la colonie, s'augmente sensiblement chaque année. Savoir si la Cochinchine sera un pays prospère, si son marché deviendra assez important pour attirer les négociants, et si son climat pourra être amendé, tels sont les problèmes qui doivent occuper les arbitres de la colonie et qu'un séjour de vingt-quatre heures ne nous permet pas d'aborder. Ceux qui voudraient étudier ces questions feront bien de lire les ouvrages de M. Aubaret, dont la compétence sur cette matière est incontestable.

L'*Annuaire de Saïgon* donne cependant quelques renseignements intéressants. Ainsi la population de Saïgon serait, en 1876, d'après les documeets officiels, de 1,042,287 âmes, ainsi dénombrées :

Européens.	585
Indigènes inscrits.	68,358

Non inscrits	1,115,555
Chinois	18,965
Malabares	374
Indiens	323
Malais Tagales	81
Turcs et Arabes	46

Les forces de terre et de mer qui gardent la colonie ne sont pas comprises dans cette énumération.

L'impression que nous emportons de Saïgon est celle de la tristesse. Le climat est meurtrier, les rues désertes, le port manque d'animation, et les gens que l'on rencontre ont tous l'air d'être atteints d'une maladie de foie. Comme dans toutes les colonies françaises, c'est l'élément militaire qui domine; toutes les administrations sont entre les mains de la marine.

La descente de la rivière ne nous paraît pas plus agréable que l'ascension, et les forêts qui la bordent ne gagnent pas à être revues; c'est platement laid.

La seule distraction que l'on ait provient des bandes de singes qui habitent les arbres de la rive; parfois le bateau s'approche si près d'eux qu'ils peuvent s'accrocher à un cordage. Ce sont alors des courses étonnantes; les matelots cherchent à les saisir, car la présence de ces hôtes à bord est un danger, les singes, au contraire, cherchent à rester et se réfugient dans la mâture, où il faut une grande agilité pour les suivre.

En sortant du fleuve, un reste de la mousson du nord se fit sentir assez vivement pour mettre notre bâtiment en branle. Le tangage et le roulis ne sont point mes amis; je leur cède la place et me retire dans ma cabine, d'où je ne sors que dans le port de Hong-kong.

III

HONG-KONG ET CANTON

Nous arrivons encore le soir à Hong-kong. Seulement, cette fois, nous ne sommes pas obligés de stopper en-dehors du port où l'on peut entrer à toute heure du jour ou de la nuit. Il fait très-obscur, et l'on ne distingue rien que les feux des navires mouillés à côté de nous et la lumière scintillante des becs de gaz dessinant les rues. Il est trop tard pour songer à descendre à terre ; à demain donc la visite de la ville. Nous nous couchons avec la satisfaction de gens qui ont accompli une longue tâche, car nous entrevoyons la fin de cet interminable voyage. Hong-kong est encore loin de Pékin, mais enfin c'est déjà la Chine.

Le lendemain, de grand matin, car on est matinal

dans les pays chauds, le navire est assailli par les visiteurs. Le *Dupleix* devant rester douze jours au bassin pour nettoyer sa coque, les passagers furent transbordés sur le *Phase*. Quant à nous, horriblement fatigués par cette terrible traversée, nous nous décidons à suivre la fortune du *Dupleix* et à employer ces douze jours à visiter Hong-kong, Canton et les environs. Nous assistons au départ de nos compagnons, dont nous voyons les malles transbordées avec un fracas peu rassurant pour leur contenu. On ne saurait dire tout ce que contient un grand steamer; pendant une douzaine d'heures, tout l'équipage fut occupé à manœuvrer le treuil à vapeur et à sortir du ventre du bâtiment des monceaux de marchandises.

Notre première matinée à Hong-kong se passa à recevoir la visite de ceux qui avaient à faire à nous : consuls, évêques, négociants se succédèrent, et quand tout fut fini, nous nous installons dans une de ces barques chinoises appelées *sampan*, sur laquelle et de laquelle vit toute une famille chinoise. Les habitants de Hong-kong, j'entends les Chinois, ont la plus triste réputation ; ils passent pour être les premiers pillards du monde, et l'on nous avait farci la tête d'anecdotes plus ou moins effrayantes. « Ne sortez jamais sans vos revolvers, nous disaient les uns; voyez plutôt ce qui est arrivé à M. C... pour avoir négligé cette précaution ; arrêté par des malfaiteurs aux environs de la ville, il fut, n'ayant aucun moyen de défense, terrassé et dépouillé de tout ce qu'il avait sur lui. Prenez garde aux sampans si vous revenez le soir à bord du *Dupleix*, et ne souffrez jamais un Chinois au gouvernail; il vous assommera par derrière et jettera votre cadavre à la mer après l'avoir dépouillé. » — « Pourquoi vous embarrasser d'armes? répondaient les autres. Avez-vous donc oublié l'histoire de cet officier de marine sorti en plein jour et en uniforme pour faire visite à son consul, arrêté dans une rue de Hongkong? On lui prit ses armes, ses épaulettes, sa bourse, sa montre, et cela avant qu'il eût eu le temps de pousser un cri. » Mais tous les narrateurs finissaient leurs histoires par une critique sévère de la police locale, dont ils blâmaient la trop grande douceur. Les autorités, afin d'attirer les Chinois, ont fait un système de la tolérance, à ce point qu'un boulanger chinois qui a voulu, il y a quelques années, empoisonner toute la colonie en mélangeant de l'arsenic à sa farine, fut acquitté, parce que, dirent les juges, il était impossible de trouver des témoins affirmant avoir vu opérer le mélange, certain du reste, puisque le pain soumis à l'analyse chimique contenait de fortes doses d'arsenic.

Les malfaiteurs chinois sont traités par les autorités chinoises avec la plus excessive rigueur et condamnés aux supplices les plus atroces. Les légistes chinois partent de ce principe que les souffrances physiques sont le seul moyen efficace d'arrêter et d'effrayer leurs concitoyens, et de les empêcher de tuer une femme pour lui voler ses boucles d'oreilles. La législation anglaise a les tendances opposées et préfère les travaux forcés à la peine capitale. Les bandits chinois, sûrs d'éviter la mort et la souffrance, n'hésitent plus à commettre un crime qui les fait conduire aux galères. Bien nourris, bien logés, vêtus convenablement et soumis à un travail régulier, mais en somme très-bénin, ces individus préfèrent presque le bagne à la liberté. Les Chinois ne connaissent pas le point d'honneur; ils ne conçoivent même pas ce sentiment, et rien, excepté les coups, ne les arrête sur la pente du crime; de telle sorte que la peine des travaux forcés telle que nous l'appliquons, étant bien plus redoutable par l'infamie qu'elle inflige que par la souffrance physique, n'exerce aucune terreur sur l'esprit des Chinois et ne saurait les détourner du crime.

La rade de Hong-kong est superbe. La mer est bleue comme la Méditerranée, le ciel clair et lumineux, et les côtes élevées, agrestes et pittoresques; on sent qu'on s'éloigne des parages équatoriaux. La ville s'élève en amphithéâtre sur une colline aride et pierreuse, où naguère il ne poussait pas un brin d'herbe; aujourd'hui, les pentes adoucies permettent la circulation des voitures, et partout des maisons, qui sont des palais, se sont élevées comme par enchantement; un grand boulevard part du quai et monte en lacets jusqu'au sommet de la montagne. La première partie de cette voie, qui porte, si je m'en souviens bien, le nom de Victoria road, est entièrement occupée par des magasins de toutes sortes; l'aspect des étalages et le prix du moindre objet donnent une haute idée du luxe de cette colonie. Cependant il est utile de noter que le bon marché de la main-d'œuvre chinoise se fait sentir d'une façon sensible, et quelquefois il y a un écart de 50 pour 100 entre deux objets identiques, l'un fabriqué en Europe, l'autre imité en Chine. Quant au bibelot chinois connu sous le nom d'article de Canton ou de chinoiserie de pacotille, il est d'un bon marché surprenant, et l'on a beau marchander, on obtient toujours un rabais même sur le prix offert.

Le climat de Hong-kong est chaud, très-chaud même pendant l'été, qui commence dès avril; aussi est-il impossible de circuler à pied durant le jour; d'un autre côté, les rues ne sont pas toutes carossables, et quelques-unes sont de véritables escaliers; on a donc recours aux chaises à porteurs; pour un dollar par jour, deux hommes vous portent depuis le matin jusqu'à l'heure du coucher, et s'estiment heureux de ce salaire, car, malgré le bon marché de la main-d'œuvre, la population est si dense en Chine que beaucoup de bras restent inoccupés.

Énumérer les monuments de Hong-kong serait assez difficile, car, à proprement parler, il n'y a pas de monuments, mais seulement des établissements particuliers. Les plus beaux sont ceux de la maison Jardine Mattheson, et ceux qui appartenaient à cette célèbre maison John Dent, dont la fin a été aussi bruyante que la vie.

Le nouveau venu en Chine, s'il n'a déjà entendu parler de ces factoreries, est stupéfait du luxe étalé par les Européens établis dans les ports du Céleste Empire. Pendant les dernières années, avant la guerre de 1858 et pendant celles qui ont suivi 1860, il suffisait d'entreprendre une opération commerciale quelconque pour la réussir et réaliser des bénéfices considérables. Cette facilité de gagner de l'argent a engendré des phénomènes analogues à ceux qui se sont produits en France à l'époque de Law. Des gens arrivés en guenilles se réveillaient le lendemain possesseurs de millions, et cela par le seul fait d'une spéculation heureuse sur un terrain ou sur un lot d'opium. L'ivresse suivait le succès; rien n'était assez beau, assez cher pour ces nouveaux enrichis; de là des folies à peine croyables. L'un bâtissait un palais somptueux, l'autre faisait venir des chevaux de course d'Angleterre; celui-ci mettait sa maison sur un tel pied de luxe qu'il pouvait sans ridicule dire : « Le jour où je serai obligé de regarder à deux cent mille francs près les dépenses de ma maison, je quitterai la Chine, car alors la vie y sera insoutenable. » On parlait de whist à cinq cents francs la fiche, de fauteuils d'orchestre à cent vingt-cinq francs et de souscriptions de charité constituant à une veuve une fortune que son mari eût mis quarante ans à gagner à Londres ou à Marseille.

Hong-kong est la ville de Chine qui est le plus en contact avec l'Europe; c'est donc là surtout qu'il faut étudier la vie des Européens en Chine. Pendant longtemps Hong-kong a été la résidence de tous les chefs de ces énormes maisons de commerce que l'on appelait les « prince merchants ». L'ouverture des ports, la concurrence allemande, le besoin de surveiller de plus près ses intérêts ont changé cet état de choses, et aujourd'hui, en 1877, il ne reste plus à Hong-kong que le dépôt des matières d'or et d'argent appartenant aux grandes banques qui préfèrent avoir leur capital à l'abri d'un coup de main et sous la protection des canons anglais.

De tout ce luxe d'autrefois on ne voit plus que les ruines. Presque toutes ces grandes maisons ont sauté les unes après les autres, entraînant avec elles des pertes irréparables, et les quelques *firms* qui ont résisté ont dû changer leur manière de faire et rompre avec les habitudes fastueuses du passé; cependant un de ces luxes a survécu, celui de l'hospitalité. Nulle part on ne l'exerce sur une plus grande échelle ni avec plus de tact et de bonhomie; votre hôte vous met tout de suite à l'aise; il vous indique une chambre, vous apprend l'heure des repas, vous montre les domestiques chargés de votre service, et tout est dit, il ne s'occupe plus de vous, il va à ses affaires et vous aux vôtres. En dehors de cet hôte, tous les autres membres de la colonie sont aux petits soins pour le *guest;* ce ne sont que dîners, pique-niques, amusements de toutes sortes. Pendant notre séjour dans les différents ports, il n'y a pas de chose qu'on n'ait essayée pour nous distraire : loges aux théâtres, courses en bateau, chasses à tir, promenades en voiture, représentations de saltimbanques japonais, qui depuis ont fait les délices de Paris avec leurs papillons de papier voltigeant au gré du souffle d'un éventail, et leurs toupies dansant sur la corde.

La seule ombre au tableau, c'est le dîner anglais : d'abord il est mauvais, à notre point de vue du moins; ensuite il est interminable, et le désespoir est complet quand, après avoir subi un défilé de dix-huit ou vingt plats, au lieu de pouvoir se lever et respirer l'air, commence la cérémonie du *pass wine* qui dure encore deux heures.

L'état du commerce occidental dans l'extrême Orient est assez singulier et mérite l'étude des économistes. L'importation et l'exportation des marchandises vont en augmentant chaque année, et cependant les faillites se succèdent avec une rapidité effrayante. On n'ose aborder une personne que l'on n'a pas vue depuis quelque temps, de peur d'apprendre sa ruine. Des syndics en ont été parfois réduits à offrir 1 pour 100 aux créanciers; d'autres ont eu recours à des manœuvres blâmables pour donner aux créanciers européens le temps de se couvrir et de faire subir tout le désastre au commerce indigène. De là des troubles de toute nature, clameur des négociants qui rejettent sur l'impéritie de leurs consuls les fautes qu'ils ne devraient attribuer qu'à leurs propres erreurs; clameur des Chinois qui crient qu'on les égorge; clameur des consuls qui ne savent à qui entendre; clameur des banques européennes qui ne savent plus à qui se fier. Tels sont les malheurs produits par une spéculation sans limite ni frein, et d'autant plus dangereuse qu'elle joue non sur des valeurs financières ou industrielles, mais sur des matières premières soumises à toutes sortes de fluctuations indépendantes des calculs humains.

Nous avions installé notre quartier général à la chancellerie du consulat de France; c'est là que nous nous donnions rendez-vous et que nous nous attendions les uns les autres. Le chancelier avait un grand chien qui faisait notre joie; jamais animal plus indépendant n'a existé; il connaissait tous les amis de son maître et leur rendait des visites quotidiennes. Un matin, pendant que nous étions là, on lui apporte sa soupe qu'il refuse avec dédain, lorsque tout à coup son maître met sa casquette sur sa tête; aussitôt le chien manifeste sa joie et se met à manger gloutonnement, persuadé qu'on n'attend que la fin de son repas pour le mener à la promenade.

Le lendemain, c'était une scène non moins originale. Cette fois, c'est un capitaine de navire marchand qui en est le héros; il apporte une plainte contre son cuisinier. Il était impossible d'obtenir de cet artiste culinaire qu'il raclât le lard avant de le mettre dans la soupe, ce qui, ajoutait le capitaine, est très-indigeste. Le chancelier eut toutes les peines du monde à lui faire comprendre que ce n'était pas là un délit qui tombât sous le coup de la loi.

Avant de quitter Hong-kong, parlons encore de son hôpital, bâti par les négociants. On y reçoit, moyennant rétribution, les malades européens de toutes les nationalités. Une circonstance malheureuse nous amena dans cet établissement : un de nos domestiques fut pris d'une ophthalmie si grave qu'il fallut renoncer à lui faire continuer le voyage. Dans cet hôpital, nous avons rencontré un jeune Américain devenu fou à la suite d'une insolation; sa folie était horrible à voir; ni jour, ni nuit il ne pouvait demeurer en place. Cette promenade incessante, nerveuse, était fatigante, même pour les spectateurs. Cet hôpital est magnifique, bien aéré, largement et solidement construit; il ne lui manque qu'une chose, d'être un hôpital. Il n'est pas gratuit, et l'on n'y reçoit personne à moins de douze francs par jour; c'est simplement une maison de santé. Une personne à qui je faisais part de cette observation me répondit: « Deux dollars par jour ou gratis, n'est-ce pas la même chose? »

Derrière l'hôpital se trouve le cimetière, caché par un monticule. Le nombre de tombes que l'on y voit prouve que les débuts de la colonie ont été meurtriers. A côté de ce cimetière se trouve le champ de courses, l'un des plus jolis endroits de la Chine. Les Anglais sont incontestablement de vrais colons; en quelques années la ville a changé d'aspect. Au lieu d'une montagne dénudée, aride, rocheuse, on voit une ville de palais. Les rues, les quais, les promenades ont été improvisés, et une population nombreuse et cosmopolite est venue s'abattre sur ce point, tandis que Macao, situé d'une façon plus avantageuse et jouissant d'un climat unique pour le sud de la Chine, décroît de jour en jour; la population se disperse, et le commerce fuit ce port. Aujourd'hui, le marché de Macao n'est plus soutenu que par les opérations d'émigration, et aussitôt que ces cloaques auront été nettoyés, il ne restera plus aux Macaistes que l'expatriation ou la famine.

Mais si les Anglais sont bons colonisateurs, ils sont bien exclusifs, et je crois qu'aucune nation au monde ne professe plus complétement la doctrine qu'on est convenu d'appeler, en termes polis, la souveraineté du but; tous les moyens leur sont bons, et s'ils rencontrent sur leur chemin des voisins assez forts pour les aider, ils sollicitent leur concours, quitte à se réserver tous les bénéfices de l'entreprise. Personne mieux qu'un Anglais ne sait, pour se servir d'une expression vulgaire, tirer à soi la couverture. S'agit-il d'organiser un service quelconque de douane, de navigation, de télégraphe, la composition du personnel est cosmopolite au début; toutefois, on s'arrange de façon à ce que le chef soit Anglais, et que les meilleures places soient réservées par lui à des compatriotes. Quoi de plus naturel? les Anglais ne sont-ils pas tout en Chine? et puis c'est un hasard; il est vrai que le même fait, se reproduisant toujours dans les mêmes circonstances, finit par ressembler à un parti pris; mais à quoi bon être conséquent quand on ne vise que le but?

J'ignore ce que l'avenir réserve à la Chine et si jamais l'Europe entamera ce bloc de trois cents millions d'âmes et pourra créer à cette population des besoins suffisants pour alimenter l'industrie occidentale; mais ce que je puis affirmer, c'est que l'Angleterre mettra toute son énergie à garder le gâteau tout entier pour elle, et que la politique britannique sacrifiera tout à ce qu'elle croira être l'intérêt anglais ; je n'en veux pour preuve que les efforts qu'elle tente pour diminuer les droits appelés *likin* ou taxes intérieures qui, au fond, ne touchent sérieusement que les cotonnades. Le *Foreign office* aurait volontiers consenti à une augmentation des droits de sortie sur la soie, dont le commerce est plus spécialement entre les mains des Français, pour obtenir une concession sur les taxes intérieures, qui doublent le prix du *grey shirting*.

Le *Dupleix* nous remonta dans la rivière de Canton jusqu'à la ville de Wampou, station distante de Canton environ de quinze milles ; cette rivière, qu'on appelle indistinctement le fleuve des Perles, le Boca Tigris et la rivière de Canton, est une des plus belles du monde ; pour ceux qui n'ont vu que les fleuves d'Occident, même le bleu Danube, c'est un merveilleux spectacle. La rivière de Canton est navigable jusqu'à cette ville pour les navires du plus fort tonnage, et les flottes anglo-françaises purent, en 1858, remonter jusque sous les murs de la ville et la bombarder. Sitôt qu'on a franchi la barre qui se trouve à l'embouchure, on est en Chine. Le paysage ressemble à celui que l'on voit sur les vases, les éventails, les paravents chinois ; c'est cette teinte grise indéfinissable, qui tient de trois ou quatre nuances, teinte fausse, mais caractéristique du paysage que l'on a sous les yeux; les montagnes sont des collines; les rochers, des rocailles; les arbres, des arbustes; rien de simple, de naturel, de grand; les montagnes sont couronnées de dentelures ridicules, les rochers artificiels; quant aux arbres, plus ils sont biscornus, noueux, excentriques, plus ils plaisent aux Chinois; dans ce paysage, tout est petit, contourné, rabougri, grotesque, et les pagodes, jetées çà et là, achèvent d'imprimer le cachet à cette nature. Quant aux villages, leur nombre est incalculable; il semble que les routes soient des rues, tant les hameaux sont rapprochés les uns des autres. Ce coup d'œil sur la Chine vaut la peine d'être vu; car, avant d'avoir jugé par ses propres yeux, il est impossible de se faire une idée de la Chine, ce qui serait cependant facile, si l'on voulait croire à la véracité des peintures chinoises. Les artistes du Céleste Empire ont étudié avec soin la nature de leur pays et l'ont reproduite dans leurs œuvres avec une exactitude admirable. Mais, malgré tout ce que les voyageurs ont pu dire à cet égard, on s'obstine à chercher dans la peinture chinoise ce qui n'y est pas, c'est-à-dire une débauche d'imagination, une fantaisie, une charge, une caricature, tandis qu'au contraire il n'y a pas d'art plus réaliste. Le Chinois peint ce qu'il voit comme il le voit; aucun détail n'échappe à sa perspicacité et à sa patience; il mettra un an, s'il le faut, à peindre un décor, mais ce sera si exact qu'on pourrait compter les fils des étoffes, les pétales des fleurs, les plumes des oiseaux.

Les Chinois excellent surtout dans la représentation des fleurs ; cela tient à ce que la Chine est le pays du monde où l'on trouve les plus belles fleurs de serre et d'appartement.

Une navigation de quelques heures nous conduit à Canton, après avoir laissé le *Dupleix* à Wampou et terminé la route sur un steamer américain grand comme un trois-ponts et bondé de passagers chinois, que l'on a soin de garder dans un compartiment fermé par des grilles, car, à plusieurs reprises, des pirates, s'étant introduits comme passagers, ont commis des désordres et amené des catastrophes effroyables. Une fois, entre autres, ils ont tué tout l'équipage, et, après avoir échoué le navire à la côte, se sont emparés de l'argent et de l'opium qu'il contenait, puis ils s'enfoncèrent dans les terres, d'où on ne les revit plus jamais.

L'arrivée à Canton est remarquable par la quantité de jonques et de bateaux de toutes grandeurs que l'on est obligé de déranger pour se frayer un chemin. On n'a pas l'idée en Occident de quelque chose d'analogue à cette population qui, en Chine, vit sur l'eau ; on prétend que sur la seule rivière de Canton elle dépasse un million d'âmes. Je ne sais si ce chiffre est exact, mais le seul fait qu'il puisse être formulé indique la densité de ce peuple, dont l'existence entière s'écoule sur un bateau, dont l'unique cabine n'a pas plus de six pieds carrés ; il n'est pas rare qu'un *sampan* renferme une famille se composant du père, de plusieurs femmes et d'une dizaine d'enfants de tout âge. Le port de Canton est encombré, outre ces *sampans,* de jonques et de bâtiments européens ; les premières ont une forme antédiluvienne des plus réjouissantes ; elles portent sur le flanc un grand œil peint en noir, pour éviter la *jettatura.* Quant aux barques si connues en France sous le nom de bateaux de fleurs, il ne nous a pas été possible d'en visiter une seule ; pour quelques méfaits qu'il est facile d'imaginer, le vice-roi de Canton avait exilé toutes ces pécheresses ainsi que leurs cornacs. Nous en avons aperçu un de loin ; il ressemblait à ces bateaux de décoration que l'on voit dans les tableaux de Canaletti, ou mieux encore au char des blanchisseuses le jour de la mi-carême.

Malgré le pas gymnastique de nos porteurs de chaises, il nous fallut près de trois quarts d'heure pour gagner le consulat de France. Canton est la ville de la Chine du sud par excellence, et il est impossible de rien voir de plus chinois. C'est la plus populeuse des villes que j'ai visitées. Elle se compose d'un nombre infini de rues étroites, dallées avec de grands blocs de marbre brut. Toutes ces rues se ressemblent, et toutes les maisons qui les

Rue de Canton.

bordent sont identiques. Chacune possède deux boutiques sans devanture, contenant les produits de la Chine et séparées de leurs voisines par deux planches perpendiculaires et mobiles, peintes en noir et portant en caractères dorés une enseigne. On m'en traduit une assez pittoresque, qui décore la porte d'un rôtisseur : « Ici on trouve de la ficelle pour enfiler les sapèques. »

La ville de Canton exhale une puanteur dont je ne saurais trouver l'équivalent nulle part. Hommes, bêtes, maisons, tout sent mauvais ; c'est le parfum propre aux races jaunes, me dit-on ; je ne les en félicite pas, et c'est un triste privilége qu'ont là les races jaunes. Je veux bien croire que la race y soit pour quelque chose, mais je ne puis m'empêcher de trouver que l'ail joue un grand rôle dans la mixture, surtout les immondices dont la ville est encombrée et que des ânes emportent dans de grands paniers découverts. On ne peut songer sans frémir qu'au milieu de tous ces embarras le pauvre grison pourrait faire un faux pas.

Dans une boutique de rôtisseur, je vois un grand chien noir qu'on sort d'une marmite bouillante. On l'étale sur une planche, et un Chinois, à l'aide d'un grand couteau, se met à le racler, comme on fait en Europe pour un porc. Le temps de détourner la vue, et la besogne est faite. Deux ou trois pratiques, des mendiants, attendent, une écuelle à la main, la fin de l'opération. Pouah! Que les porteurs marchent lentement!

On aurait cependant tort de croire, comme on le fait en France, que la chair du chien soit la nourriture habituelle des Chinois, et qu'il existe un chien comestible que l'on élève comme des porcs ou tout autre bétail; il n'en est rien; seulement, la Chine étant le pays du monde où la population est le plus dense, l'agriculture, malgré l'habileté du Chinois, ne peut faire rendre au sol une quantité de grains suffisante à la nourriture de cette fourmilière, et les classes pauvres, affamées et ne mangeant jamais leur comptant, en sont réduites à essayer de toutes sortes de nourritures, même la plus repoussante. C'est ainsi qu'on mange du chien et même les immondices et les détritus jetés dans les tas d'ordures.

Un peu plus loin, c'est une boutique de poisson pourri dont l'odeur attire les chalands du quartier. Quelques pas encore, voici un marchand d'œufs gâtés, conservés dans la chaux, et puis une caravane d'ânes avec leurs paniers. Décidément, on ne saurait apporter trop d'eau de Cologne avec soi. Voici une boutique d'éventails, à la bonne heure, puis des soieries, des porcelaines, des bronzes; une foule compacte encombre les rues; nos porteurs ne cessent de crier: Gare! gare! C'est assourdissant, et il est grand temps que les trois pétards réglementaires nous avertissent de notre entrée au consulat.

Nous sommes si fatigués, si écœurés, si abasourdis, que nous gagnons à la hâte nos chambres, remettant au lendemain la visite de la maison. C'est la plus charmante bonbonnière chinoise. Une multitude de kiosques à toits contournés, jetés au milieu d'un jardin entendu à la manière européenne. Dans un climat froid, toutes ces cloisons en bois découpé, toutes ces tentures en papier de soie, ces vitres en corne et ces toitures ne garantissant que du soleil seraient peu pratiques, surtout si l'on ajoute que, chaque kiosque ayant au plus deux chambres, on passe la journée à aller de l'une à l'autre. Les meubles de Canton sont appropriés à l'architecture : ils affectent les formes les plus maniérées, les plus compliquées ; c'est une véritable dentelle de bois d'ébène. Le jardin est traité à l'européenne ; les arbres poussent sans être tourmentés ni soumis à des courbes ou à des nœuds factices. L'ensemble a cependant gardé un arrière-goût chinois. Les différentes parties du jardin sont séparées par des murailles, percées de ces fameuses portes, ovales et rondes, qui inquiètent tant les architectes européens, et dont l'aspect est agréable, quoique un peu ridicule.

Après notre longue traversée, nous jouissons de ces quelques jours de répit, comme les collégiens des vacances de Pâques. C'est si agréable de ne plus entendre piquer les heures, de dormir dans un lit large, et d'éviter l'humidité de la mer, sans compter l'avantage inappréciable d'être assis, couché ou debout sur un sol qui ne tremble pas, et de ne pas être obligé de choisir l'instant propice pour porter la fourchette ou le verre à la bouche, sous peine de couvrir son voisin de sauce ou de vin !

Vraiment, plus je navigue, et plus j'admire les marins. Quelle abnégation est la leur pour continuer un pareil métier ! Ils doivent constamment faire abstraction de leur système nerveux, sans compter que, pour eux, la navigation se complique du service, du quart, de la manœuvre, de telle sorte que, pendant des mois entiers, ils ne peuvent dormir tranquilles une nuit entière.

L'époque où nous visitons Canton est la meilleure; la chaleur y est tolérable, et des pluies récentes ont fait éclore le printemps; les arbres sont couverts de fleurs et de feuilles, et le gazon a cette teinte claire, si agréable et si gaie. Mais il ne s'agit pas de faire l'école buissonnière, et, avant de songer à nos plaisirs, il faut faire et recevoir des visites officielles. Après une conférence où ces graves questions sont discutées, il est convenu que j'irai, accompagné de notre consul et de son interprète, faire une visite au vice-roi pour lui annoncer notre arrivée, qu'ensuite il ferait la première visite à mon chef, qui lui serait rendue dès le lendemain. On régla le nombre de pétards tirés dans ces occasions; les vêtements furent l'objet d'une convention, et je ne jurerais pas que le nombre d'assiettes de sucreries servies à la collation ne fût réglé d'avance, aussi bien que leur couleur.

La conversation, dans ces circonstances, n'a aucun imprévu; elle se compose d'un certain nombre de questions concernant l'âge et le nombre d'enfants. A ce propos on nous raconte une jolie anecdote sur l'une des femmes du corps diplomatique se trouvant à une fête à laquelle assistaient quelques Chinois de distinction. L'un d'eux posa une des questions d'usage. L'interprète, chargé de la traduire, un peu inquiet de l'accueil qu'il recevrait, car ladite dame approchait de la quarantaine, âge que l'on n'aime pas à avouer, crut devoir entourer son discours de précautions oratoires, et dit : « Madame, je dois vous prévenir qu'en Chine l'usage veut qu'on se vieillisse toujours de quelques années. — Eh bien, répondit la victime, puisqu'il faut se vieillir, répondez que j'ai passé vingt-cinq ans. »

Mais revenons à notre visite. Je fus salué de six pétards. Par humilité, je dois confesser que la moitié au moins était en l'honneur de mon compagnon. Puis nos chaises s'arrêtent; je sors de ma boîte, et me trouve en présence d'une douzaine de hallebardiers qui auraient électrisé la salle dans une féerie. A quelques pas de là, quelques individus m'attendaient et se frottaient les poings en signe de réjouissance.

manquer de tout, que de rien demander à ses voisins. Tout changement lui semble une atteinte mortelle portée à son orgueil. Il fait donc, pour empêcher les Européens de s'établir chez lui, les mêmes efforts que ces derniers font pour y entrer ; de là une situation inextricable, dont la solution est nécessairement remise à la force. La Chine sera-t-elle avalée par l'Europe ? ou l'Europe sera-t-elle obligée pour la première fois de reculer en face de l'Asie ? Tels sont les deux termes du problème que l'avenir aura à résoudre. Problème difficile entre tous, car bien des circonstances peuvent venir se jeter à l'encontre des volontés humaines et les retarder, sinon les arrêter. Le premier obstacle est, sans contredit, la question ethnographique, qu'on ignore jusqu'à présent et avec laquelle il faudra compter. La Chine est-elle susceptible, dans l'état actuel de la race chinoise, d'acquérir une autre civilisation que celle dont elle jouit ? Depuis combien de temps cette civilisation existe-t-elle ? Combien de siècles a-t-elle mis à éclore ? A-t-elle été spontanée ? ou bien est-elle due à quelque révolution dont nous ignorons les ramifications ? Sont-ce des populations occidentales ou asiatiques qui opéreront la transformation ? Si l'Europe est pressante, impérieuse, le nombre de ses enfants n'est pas en rapport avec leur force, et agir sur trois cents millions d'âmes par voie de régénération de sang est impossible. Il n'en est pas de même des musulmans qui attaquent la Chine par l'ouest. Moins puissants que les Occidentaux, ils ne disposent ni de la vapeur ni de l'électricité, ils ignorent les fusils à aiguille, les conserves Chollet et les emprunts d'État; mais ils envahissent des provinces entières, les couvrent d'une population nouvelle qui, sous le rapport ethnique, est sans aucun doute supérieure aux Chinois, puisqu'elle vient de l'Afghanistan, du Thibet, des Indes. Leur force sera-t-elle suffisante pour conquérir la Chine, et, après la conquête, quelle sera leur politique vis-à-vis de l'Europe?

L'Occident n'a-t-il rien à craindre du contact des Chinois? La gangrène se gagne facilement, surtout parmi les blessés. La corruption effroyable des races jaunes l'attaquera plus ou moins. J'entends dire de tous côtés qu'un Européen, après un séjour de quelques années en Chine, est perdu moralement, intellectuellement et même physiquement, s'il ne vient se retremper dans la mère patrie. L'accroissement des rapports devrait accélérer cet état de choses. Voilà bien des problèmes que l'expérience seule peut permettre de résoudre, et cependant ces solutions sont indispensables à celle du premier problème. Il est impossible de prévoir les résultats de telle ou telle ligne de conduite, et une fois adoptée, il serait bien difficile de changer de politique. Ce que l'on peut affirmer dès à présent, c'est l'imminence de cette crise et l'agonie de la Chine des mandarins et des lettrés. Placée entre deux envahisseurs, elle ne saurait résister, et je crois, sans présomption, pouvoir affirmer que le Céleste Empire sera dans deux cents ans ou mahométan ou chrétien, à moins d'un partage entre ces deux courants. Quant à Confucius, à Laotze, aux mandarins, aux lettrés, ils ont fait leur temps. La Chine, sous cette forme, a produit tout ce qu'elle pouvait produire; il faut qu'elle change ou disparaisse, car il n'y a plus de place pour cette civilisation dans les temps modernes.

Une fois en règle avec l'étiquette chinoise, nous voici libres de nos mouvements, et nous pouvons nous promener dans la ville. Notre première excursion fut pour visiter les établissements religieux groupés autour de la cathédrale, que l'on construit. L'entreprise est gigantesque : bâtir une église dans le style gothique flamboyant, avec des matériaux de granit si dur que tous les instruments, imparfaits, il est vrai, dont se servent les Chinois, sont tout de suite émoussés; ce n'est certainement pas chose facile, et l'on arrive presque à prononcer le mot impossible, en comparant la grandeur du but à l'exiguité des ressources. Tous les fonds de réserve sont épuisés, et la charpente n'est pas encore placée. Enfin Dieu est grand, et Mgr Guillemin a la foi qui soulève les pierres. Il est incontestable que, terminé, ce monument sera d'un grand effet; il dominera toute la ville de Canton, et du haut de ses flèches élancées la croix pourra être aperçue de tous ceux qui révèrent ce signe. Rien de pareil n'existe en Chine; le seul monument remarquable élevé sur ce sol sera donc consacré à la louange de Dieu. A côté de la cathédrale s'élève non moins fièrement l'institution de la Sainte-Enfance; la visite de cet établissement est à la fois édifiante et instructive. Il est absolument faux que les Chinois tuent leurs enfants, mais il est vrai que dans un pays où la misère atteint des proportions fantastiques, et où l'on voit des populations manger les feuilles et même l'écorce des arbres, si les parents sont souvent forcés d'abandonner leurs enfants, ils acceptent cette extrémité avec une philosophie qui pourrait, sans sévérité, être interdite dans une société ayant un vestige de sens moral. Les Chinois savent très-bien que cet abandon équivaut à une condamnation à mort; que les cochons, les chiens, les oiseaux mêmes viendront dévorer la proie abandonnée à leur voracité; mais on aurait tort d'imputer aux Chinois le parti pris de se défaire de leurs enfants; leur pensée ne va pas si loin, et ils ont vis-à-vis de leur progéniture la même conduite qu'un chien à l'égard de ses petits. Avant la fondation de l'œuvre de la Sainte-Enfance, il n'y avait aucune ressource pour ces enfants, ils périssaient tous infailliblement; aujourd'hui ils courent la chance d'être ramassés par des chrétiens et transportés chez les sœurs. J'ai même entendu dire que les mères chinoises choisissaient de préférence les alentours des établissements chrétiens pour y abandonner leurs enfants. De ces petits êtres 90 pour 100 au moins meurent dans les premières vingt-quatre heures; cela s'explique par l'état d'épuisement qui a précédé l'abandon et par les maladies constitutionnelles de la grande majorité des gens du peuple dans les villes chinoises. Ceux qui échappent à cette première période s'élèvent assez facilement, à moins d'épidémies de petite vérole ou d'origine; ceux enfin qui sont assez robustes pour échapper à toutes ces crises sont pourvus d'un métier à l'âge adulte, et dotés si ce sont des filles. Les deux établissements où l'on peut le plus facilement constater les résultats de cette institution sont : 1° la maison de Canton, pour les enfants en bas âge; 2° l'établissement de Zig-ga-we, aux environs de Shang-haï, intéressant surtout au point de vue des adultes.

Je suis assez porté à croire que parmi les moyens employés par l'Occident en vue de moraliser et, disons-le, les Chinois ne nous entendent pas, de civiliser l'Empire du Milieu, l'institution de la Sainte-Enfance est un des plus habiles. Ceux qui croient à la possibilité de faire parvenir toute société au même degré de perfectionnement et à la propagation naturelle et illimitée des idées doivent considérer l'institution de la Sainte-Enfance comme le remède le plus efficace pour arrêter la décomposition de la Chine. En effet, chaque année, les maisons établies sur tous les points de l'empire jettent au milieu de la société chinoise plusieurs centaines d'âmes élevées dans des idées, dans des croyances, dans des habitudes différentes de celles de leurs concitoyens. Ces individus jouissent d'une supériorité notoire dans leur entourage ; ils se marient, ont des enfants qu'ils élèvent dans les mêmes idées, et là le caractère particulier des Chinois deviendra une arme contre eux, dans ce sens que le respect pour les ancêtres, qui empêche aujourd'hui de changer de mœurs parce que ce serait blâmer la foi de leur père, détourne les enfants des chrétiens élevés par la Sainte-Enfance de revenir à l'idolâtrie ou, ce qui ne vaut pas mieux, à la religion matérialiste de Confucius.

Malheureusement pour une autre école de penseurs, chaque peuple a le gouvernement qu'il mérite, et l'état ethnographique d'une société indique le degré de civilisation auquel elle peut parvenir. Personne n'a révélé aux Occidentaux les sciences qui assurent leur suprématie. Ces grandes découvertes sont l'œuvre individuelle de quelques grands génies. Mais ce qui constitue la supériorité d'une société, c'est moins de renfermer dans son sein un Cuvier, un Descartes, un Papin, que d'avoir en soi les éléments qui font germer les œuvres de ces géants et en trouvent les applications et les dérivés. Sans vouloir amoindrir le rôle de ces intelligences qui traversent le monde au milieu d'une auréole lumineuse, on peut dire que les grandes découvertes se font surtout parce qu'elles sont dans l'esprit de tout le monde, et combien de fois n'entend-on pas réclamer par les savants des quatre points de l'Europe la priorité d'une invention ! Le quinzième siècle n'a-t-il pas produit en même temps Christophe Colomb, Vasco de Gama, Cabot et Améric Vespuce, et le dix-septième, Descartes, Leibnitz, Spinosa, Malebranche ? La société chinoise a pu découvrir la poudre, l'imprimerie, quelques-uns même disent la boussole, mais elle n'a pu en tirer que les conséquences inhérentes à son état ethnique. La poudre a servi à faire des pétards et des feux d'artifice, et non à percer des tunnels ou à prendre Sébastopol. Quant à l'imprimerie, elle n'a de valeur réelle que par la mobilité des caractères, et les Chinois n'ont jamais connu ce perfectionnement. Enfin, si les marins du Céleste Empire ont inventé la boussole, ils n'ont su appliquer cet instrument ni à la découverte de l'Europe, ni à la découverte du cap de Bonne-Espérance.

Les jugements portés sur la Chine par les voyageurs sont généralement faux ; cela tient en grande partie à la difficulté de la langue chinoise. Quelques personnes poussées par la curiosité se sont livrées à l'étude de ce langage inextricable. Après quinze ou vingt années d'études patientes, continuelles, il est pénible d'avouer que toute cette peine a abouti à la connaissance d'un nombre plus ou moins grand de caractères et de sons. On cherche alors à s'excuser soi-même en exaltant les Chinois. C'est un peuple immense, sa civilisation remonte aux temps les plus fabuleux. A telle époque, il connaissait déjà l'imprimerie ; c'est le peuple pratique par excellence. Voyez combien ses institutions sont savamment combinées ; quelle justice dans ce gouvernement où toutes les places sont données au concours, où toutes les dignités, toutes les fonctions sont accessibles à tous ; c'est l'idéal que recherchent les sociétés modernes. Mais comment se fait-il, si les Chinois sont si intelligents, si supérieurs, qu'ils n'aient jamais pu échapper à la domination de leurs voisins, si inférieurs, disent-ils, en civilisation ? Pourquoi inventer la poudre et armer ses soldats de flèches inoffensives ? On dira sans doute que toute civilisation n'est pas conquérante, et qu'une société peut être arrivée à un état de quasi-perfection matérielle sans cependant être apte à défendre sa liberté : on citera les Perses sauvages envahissant l'empire assyrien, les Macédoniens s'emparant de la Grèce, et les Barbares balayant le Bas-Empire. Il y aurait beaucoup à répondre, mais passons. Admettons que les Chinois ne sont pas guerriers ; toute leur civilisation est pacifique ; c'est le peuple pratique par excellence, et toutes ses pensées sont portées vers le but utilitaire. Très-bien. — Voyons les résultats. Les Chinois ont-ils trouvé les lois de la vapeur? celles de l'électricité? — Non, certainement. — Les villes du Céleste Empire sont-elles bien bâties, chaudes en hiver, fraîches en été? — Non, l'architecture est restée à l'état enfantin. Pour les Chinois, la maison n'est qu'une tente à poste fixe; un certain nombre de poteaux soutiennent un toit lourd et écrasant : voilà l'extérieur; à l'intérieur et pour se garantir des intempéries des saisons, des cloisons de bois découpé recouvert de papier collé, des chambres sales, sombres, recevant la lumière à travers des feuilles de papier huilé ; pour plancher une natte, pour plafond du papier, pour meubles quelques siéges incommodes; comme chauffage une pelisse, et comme éclairage une chandelle plantée sur un clou dans une lanterne entourée de papier. Assistons-nous à un repas? Nous y voyons des mets répugnants, soit à cause de leur odeur, soit à cause de leur provenance; des entrailles d'animaux, des ailerons de requin, des nids d'hirondelles de mer, du poisson pourri, des œufs décomposés; comme condiment, de l'huile ou de la graisse rance, et comme base nutritive, du millet, du riz, du sorgho et de la farine de froment en petite quantité. Et cependant les Européens condamnés à la Chine savent trouver du pain excellent, du bœuf, du mouton, comme on n'en mange que dans les grandes villes d'Europe, de la volaille, du gibier, du poisson frais, que sais-je? tous les éléments d'une table de choix.

C'est sans doute alors dans leurs vêtements que les Chinois mettent leur luxe, leur confort. Ils trouvent avec raison les nôtres ridicules, mais qu'ont-ils à nous offrir en échange? Toute la Chine pauvre est vêtue, l'été, d'une chemise de coton blanc ou bleu et d'un caleçon pareil avec une natte de cheveux pour coiffure; l'hiver, le costume est le même, seulement la robe est ouatée ou remplacée par une touloupe en peau de mouton. La chaussure se compose de bas de calicot et de souliers d'étoffe avec une épaisse semelle en papier ou en chiffon. Quant aux femmes, l'accoutrement diffère sur deux points : 1° dans le peuple, elles sont coiffées à la *chinoise* et portent toujours des fleurs dans les cheveux; 2° leurs pieds, comprimés depuis l'enfance, sont réduits à l'état de moignons. Dans les classes aisées, la soie remplace le coton, et les fourrures fines, la peau de mouton; mais la couleur et l'épaisseur de l'étoffe sont réglées par un décret impérial. Mettre une pelisse avant que Sa Majesté ait daigné avoir froid, ou l'ôter avant que le soleil ait inspiré un nouveau décret, serait le comble de l'inconvenance; au reste, étoffes et fourrures sont fort belles et de couleurs éclatantes; mais pourquoi des bottes de satin noir avec d'épaisses semelles en papier? et pourquoi encore cette absence de linge d'autant plus regrettable que jamais un Chinois ne se lave? Tout cela est peu pratique et convient seulement à un peuple inactif comme le peuple chinois, qui ne travaille que pour manger; une fois repu, il s'endort sans songer au lendemain, ni au moyen d'améliorer sa situation.

Résumons-nous un instant. Villes remplies d'immondices et inhabitables pour des odorats délicats; maisons primitives et sans confort; nourriture dégoûtante et indiquant non la rudesse de l'homme préoccupé d'autres intérêts, mais une recherche dépravée, ce qui est le fait des nations peu civilisées; costume impropre au travail et exagérant les différences sociales; routes incarrossables et chariots impossibles à décrire en guise de voitures. Que reste-il donc aux Chinois comme signe extérieur palpable de cette civilisation dont on a fait tant de bruit? les pieds mutilés des femmes et les cadavres des mendiants morts de faim et de froid, qu'on enlève seulement lorsque l'odeur est devenue intolérable et que les chiens du quartier se sont repus.

Mais jetons un coup d'œil sur les arts, les sciences; peut-être serons-nous plus heureux. Et d'abord, il faut bien qu'on le sache, il n'y a pas dans toute la Chine un seul monument, pas un temple, pas une statue, pas un tableau; rien d'élevé, de grand; des poussahs en bois dorés, des animaux fantastiques à forme burlesque. Ne parlons pas d'esthétique, cette idée ne saurait être traduite en chinois. Quant aux arts industriels, c'est là le côté brillant de la Chine ; les poteries, les bronzes, les laques, les émaux cloisonnés méritent leur vogue; c'est incontestable ; mais on ne saurait sérieusement tirer d'un fait aussi restreint une conséquence aussi importante. De ce que les Chinois sont d'habiles décorateurs et fabriquent des porcelaines aux couleurs brillantes, aux formes curieuses, et des émaux où la patience et l'habileté de main de l'ouvrier ont plus de part que sa science ou son invention, il me paraît hasardé de conclure en faveur du plus ou moins de civilisation de la Chine. Mais enfin, si l'on s'arrête à ce critérium, serait-il en faveur de la Chine ? J'en doute, car alors il faudrait comparer les arts industriels de la Chine avec ceux des autres nations, et qui oserait donner le prix au Céleste-Empire ?

Quant aux grandes productions de l'esprit humain, à celles qui dénotent véritablement une supériorité, aux œuvres philosophiques, religieuses, littéraires, qu'a produit la Chine ? Confucius ? Mincius ? Laotze ? Mais avant de prendre le change sur ces grands noms, ne serait-il pas à propos de lire avec soin les ouvrages de ces prétendus sages ? Il est inutile d'être sinologue pour cela ; les traductions abondent, anglaises, françaises, allemandes ; on a l'embarras du choix. Confucius pose comme bien suprême, comme récompense suffisante du bien et de la vertu, le bonheur dont on jouit ici-bas; ne pas faire de mal à ses voisins, ne pas inquiéter leurs poules, fuir les querelles, les disputes; en un mot, faire les choses convenables, tel est le programme qu'il propose à l'humanité, et pour la tenter, il lui montre comme résultat l'aisance, la santé, la considération. Fuir les excès, non parce qu'ils sont une faute, mais parce qu'ils nuisent à l'harmonie générale. C'est Épicure, moins la grâce et l'atticisme de son langage et de ses mœurs. Quant à Laotze, il expose une sorte de panthéisme rudimentaire qui conduit à l'indifférence et de là au néant. Entre cette doctrine et le *nirvana* des bouddhistes, il n'y a qu'un pas à franchir, celui de la superstition, et il est vite fait par une population que rien ne saurait émouvoir, ni la beauté du bien, ni la simplicité, ni le sublime.

Est-ce enfin l'administration du pays qui doive nous arracher ce cri d'admiration qu'on nous demande? Examinons un peu : rien de plus compliqué, de plus tortueux, de plus vicieux que l'organisation chinoise, et les erreurs que l'on s'est plu à répandre en Europe, pour nous la montrer sous un jour favorable, sont si grossières qu'il suffit d'entrer en Chine pour les apercevoir. Lorsque nous parlerons de Pékin, nous nous étendrons un peu plus sur ce sujet.

La Chine est stationnaire depuis des siècles. Elle

a donné la mesure de sa capacité et est arrivée au degré de civilisation qu'elle pouvait atteindre. A aucun moment de son existence elle n'a pu entrer en lice avec les grandes civilisations occidentales, pas plus avec celles de l'antiquité qu'avec celles de nos jours. Elle a produit ses quatre sages dont on a fait si grand bruit et qui peu à peu descendent du piédestal qu'on s'était trop hâté de leur élever, mais elle ne compte parmi ses enfants aucun de ces génies qui honorent et leur pays et leur siècle, ni même aucune de ces générations patientes et modestes dont la vie s'écoule à classer les œuvres des prédécesseurs et à chercher les applications des grandes découvertes.

Les missionnaires espèrent que le christianisme régénérera cette société et lui imprimera le même mouvement ascensionnel qu'il a imprimé aux peuples aryans. C'est une idée grande et généreuse, digne en tout point de l'Occident; mais j'ai peine à croire que les Chinois qui n'ont pu conserver intégralement les préceptes de Bouddha deviennent jamais assez spiritualistes pour comprendre le christianisme; cependant, devant la nature divine de l'enseignement du Christ, je n'ai qu'à m'incliner et à espérer. Mais ce sera à coup sûr la plus grande preuve de sa toute-puissance s'il peut toucher une population vicieuse au dernier degré et n'ayant aucune vertu, car je ne saurais admettre comme telle le soin quelle met à cultiver la terre ; ce soin provient plutôt de la densité de la population et du besoin d'assurer ses subsistances. Le cœur, le courage, l'enthousiasme, l'honneur, tous ces sentiments qui portent l'homme à faire des prodiges sont inconnus aux Chinois; rien ne saurait les remuer. On dit qu'en face des supplices ils montrent un stoïcisme remarquable : c'est possible ; mais il faudrait savoir si le régime préventif des prisons n'est pas tellement atroce pour eux que la mort, même accompagnée des supplices les plus terribles, ne puisse être considérée comme une délivrance.

Les Européens craignent la douleur et la mort, parce qu'ils savent que l'une est un mal inutile et que l'autre est le commencement de l'inconnu; mais vienne un devoir, ils affronteront l'une et l'autre sans hésitation, et l'acte sera d'autant plus méritoire qu'il sera plus volontaire et plus raisonné. Le Chinois, au contraire, voit dans la mort le repos, dans la douleur une manifestation d'une puissance supérieure à la sienne ; aucun devoir ne pourra le contraindre à subir volontairement l'une ou l'autre; mais aussi il ne fera aucun effort pour se soustraire à un pouvoir qui lui semble irrésistible.

Parmi les promenades de Canton, il en est une d'un grand intérêt, c'est celle qui conduit à la brèche faite par les armées alliées en 1860. La brèche n'existe plus, mais la pagode à cinq étages qui servit de quartier général aux Français est encore debout ; du haut de la terrasse, la vue embrasse toute la ville de Canton, le fleuve, les rues, les jardins. Et dire qu'il a fallu un effort presque nul pour réduire toute cette ville et forcer cette population à accepter ce quelle hait le plus au monde, le contact et la supériorité des étrangers, des barbares, ainsi qu'ils veulent bien nous nommer ! Singuliers barbares qui savent commander aux éléments et n'hésitent pas à aller à quatre mille lieues de chez eux imposer leur volonté à trois cents millions d'âmes ! Le gardien nous dit : « Mais aussi comment vouliez-vous que nous puissions résister ? Vos canons envoyaient des boulets ; vos fusils, des balles, et vos soldats ne craignaient ni nos flèches ni nos piques. »

On devrait croire que l'expérience éclairant les Chinois, ils sont disposés à accepter franchement ce qu'ils ne sauraient empêcher, ou tout au moins à améliorer leurs moyens de défense. Eh bien, non ! Telle était la muraille avant l'attaque, telle on l'a rétablie ; elle était mauvaise, et les événements ont prouvé qu'il suffisait de quelques volées d'artillerie pour l'abattre ; n'importe, les Chinois commettront toujours les mêmes fautes, quitte à s'attirer les mêmes châtiments, et cela par orgueil ; ils déclarent d'avance que tout ce qu'ils font étant bien et ne pouvant être mieux, il est inutile et même nuisible de changer quoi que ce soit.

Une promenade à la campagne sous prétexte de chasse nous permit de remonter le fleuve et de longer ce qu'on appelle les concessions, c'est-à-dire le quartier habité par les Européens, espèce de colonie placée sous l'administration consulaire et échappant par là aux exactions des prétoires chinois. Canton perd de son imqortance; autrefois c'était le centre du commerce extérieur. Les premiers traités n'autorisaient que l'ouverture de ce port, et les étrangers devaient faire leurs opérations par l'entremise d'une compagnie de négociants chinois appelés les *hong*. Cet état de choses a duré jusqu'au moment où la France et l'Angleterre s'en sont fatiguées. Macao et Canton étaient alors les deux marchés de la Chine, et par contre deux des places les plus importantes du globe. Les traités de Tien-tsin et de Pékin, en ouvrant la presque totalité des ports de la côte et en détruisant le monopole des *hong,* ont annulé Canton.

Il est difficile de porter plus loin l'art de la broderie que ne l'ont fait les Cantonnais, qui, soit pour l'agencement des couleurs, soit pour l'élégance des dessins et la perfection de la main-d'œuvre, n'ont point de rivaux au monde. Les porcelaines sont moins intéressantes, et les produits actuels sont inférieurs à ceux de la plus infime fabrication française; la pâte est mal composée, mal pétrie, et contient une multitude de points noirs; l'émail est vitreux, les couleurs sans éclat, et le mauvais goût éclate dans le choix des couleurs et la disposition des sujets. Les céramistes modernes n'ont gardé aucune des qualités de leurs ancêtres; le rouge de pourpre, le bleu et le vert de cuivre sont prodigués sur les porcelaines modernes, laissant de côté le beau bleu de cobalt, les rouges de fer et de cuivre, et le vert de fer, qui ont fait la gloire des poteries de la dynastie des *Ming*. Les vases chinois, en perdant leurs couleurs, ont tout perdu; les vases monochromes sont presque tombés en désuétude, et, à l'exception de quelques céladons rouges produits par le bioxyde de cuivre, on n'en trouve plus. Adieu les vases *sang de bœuf, aubergine, clair de lune, bleu céleste;* toutes ces fabrications sont abandonnées. Un mot suffira pour dépeindre la porcelaine moderne: les vases exposés chez tous les marchands de thé et de chocolat de Paris sont choisis parmi les meilleurs produits modernes et sont payés fort cher, car une paire de vases de quatre-vingts centimètres de hauteur peut valoir de cinq à six cents francs.

Les porcelaines ne sont pas fabriquées à Canton, mais sur les bords des grands lacs qui avoisinent le Yang-tze-kiang, non loin d'Hau-keow; elles sont apportées à Canton, où sont les principaux ateliers de décoration. Les Chinois ne se font aucune illusion sur l'état de décadence de leur industrie; les prix qu'ils donnent pour les vases du temps des Ming ou de Tien-long sont la preuve du peu de foi qu'ils ont dans les produits modernes. Ils attribuent l'infériorité actuelle aux Taï-ping qui ont désolé et ravagé pendant plusieurs années les provinces où sont situées les fabriques ; on prétend même, mais je serais assez porté à croire que c'est une légende, que les ouvriers chinois, dont le succès est dû à l'usage des moyens empiriques, et qui doivent au hasard les découvertes qu'ils perpétuent par la routine et une grande dextérité de main, avaient inscrit sur de grandes plaques de marbre les différentes recettes de leur fabrication ; ces plaques, renversées et détruites par les rebelles, ont emporté avec elles toute la science des ouvriers chinois ; à l'heure actuelle ils ne se servent plus que des procédés connus de tout le monde. Si ce fait est vrai, les Taï-ping auront été les vandales de la céramique, et leur nom doit être livré aux gémonies, et cependant je vois quelque amateur sourire en songeant à certaine coupe *aubergine* ou à certaine gourde *clair de lune* de sa collection. Je vais augmenter la joie de ce collectionneur en ajoutant que les plus belles pièces ne se trouvent plus en Chine, mais à Paris, Londres, Lisbonne, Dresde ; il serait impossible d'acheter un objet de choix à Canton, et si de loin en loin il apparaît quelque coupe à la vitrine d'un marchand de curiosités, elle est vite enlevée par un richard de Hong-kong.

Pour rentrer à Hong-kong, nous prenons le bateau qui fait le service d'omnibus sur la rivière. On nous sert un déjeuner à rassasier Gargantua, et deux heures après un *tiffin* capable d'apaiser la faim d'un régiment de zouaves ; le soir nous assistons à un grand dîner : c'est à croire qu'on veut nous tuer par indigestion.

Enfin, après avoir dit adieu à tout le monde, donné force poignées de main et reçu un million de souhaits, le *Dupleix,* tout ragaillardi par son passage au bassin, nous emporte vers Chang-haï.

Famille chinoise se livrant à l'élevage des vers à soie.

IV

DE HONG-KONG A PÉKIN

Le canal de Formose nous fut clément, la mer resta unie comme une glace, et nous serions arrivés le troisième jour à notre destination, si un brouillard malencontreux n'était venu envelopper les îles Chusan et nous forcer à stopper jusqu'à l'arrivée du pilote. Nous profitons de cette circonstance pour descendre à terre ; c'est toujours le même paysage, les mêmes rochers contournés, le même ciel gris et les mêmes herbacées à teinte glauque comme l'olivier.

Dans la nuit on signale le pilote ; il monte à bord, et l'on se remet en marche. A notre réveil, nous naviguons dans des eaux sales et boueuses ; cela nous annonce le fleuve, dont nous ne distinguons cependant pas encore les rives. Peu à peu quelques points paraissent à l'horizon, puis des lignes, puis un paysage navrant de monotonie, une campagne verte et fertile, parsemée d'arbres contournés, de maisons grises et de sentiers tortueux, fréquentés par des hommes vêtus de cotonnade bleue et par des femmes aux pieds estropiés, et marchant sur leurs moignons.

Chang-haï est situé sur l'un des affluents du fleuve Bleu, le Wou-song, à douze milles environ du confluent des deux rivières. Il se trouve à cet endroit une barre qu'il est impossible de passer à marée basse, du moins pour les gros navires. Nous arrivons mal à propos et sommes retenus vingt-quatre heures en attendant la prochaine marée de jour. Pour tuer le temps, nous débarquons à terre; les uns vont à la chasse et déclarent au retour que nulle part ils n'ont vu tant de gibier; les autres se dirigent vers la ville de Wou-song.

La ville de Chang-haï est moins pittoresque que celle de Hong-kong; au lieu d'une colline, d'un amphithéâtre, d'une vue étendue, un fleuve à rives plates, des quais bien entretenus, mais point d'horizon, de panorama. La ville européenne est divisée en trois quartiers auxquels on donne le nom de concessions. Le premier est celui de la France; l'Angleterre vient ensuite; l'Amérique termine et est séparée de ses voisines par un canal sur lequel on a jeté un pont. Chacun de ces quartiers a sa police spéciale et est soumis aux lois du pays dont il porte le nom. La concession française est administrée par le consul général assisté d'un conseil municipal qui vote les impôts et règle le budget. Le *settlement* anglais est gouverné par le consul d'Angleterre ; la justice est rendue par le juge suprême, personnage très-important, qui peut non-seulement casser les jugements civils des consuls mais encore prononcer la peine de mort lorsque le jury a reconnu la culpabilité de l'accusé. Les Américains sont soumis à un régime analogue, avec cette différence que les pouvoirs suprêmes sont confiés au ministre des États-Unis résidant à Pékin. L'organisation de ces concessions et les rapports qui existent entre elles sont tout ce qu'il y a de plus compliqué, et je ne me charge pas d'élucider cette question. La concession française possède plusieurs beaux établissements : en première ligne, l'hôtel du consulat général, magnifique bâtisse, trop considérable même pour son but ; les Messageries impériales, et enfin la plus importante des compagnies maritimes locales, connue sous le nom Russell and C°. Les établissements religieux sont nombreux, mais payent peu de mine. Le *settlement* anglais est le quartier élégant ; c'est là que se trouvent les habitations des grandes maisons de commerce ; les Heard, les Jardine, les Dent, ont là des palais somptueux. Du côté américain on rencontre surtout des tavernes et des débits de gin à l'usage des matelots. Quelques *ship chandlers* font diversion ; somme toute, c'est le plus désagréable et le moins fréquenté des trois quartiers. Quant à la ville chinoise, elle est ce que sont toutes les villes chinoises, sale, nauséabonde et populeuse.

Le port de Chang-haï est fort animé, mais son climat est malsain ; cependant, grâce à de grands travaux d'assainissement, au drainage, etc., il perd chaque jour ses qualités mauvaises ; la rivière, soumise à la marée, a des atterrissements périodiques, et les berges surchauffées par le soleil tropical engendrent des miasmes pernicieux qui déciment la population. Les mois de juillet et d'août sont surtout redoutables ; les fièvres, les dyssenteries, le typhus et même le choléra font chaque année de nombreuses victimes. Le genre de vie adopté par les Européens en Chine est une des causes déterminantes de ces fléaux ; une nourriture trop abondante, trop riche, et l'abus des boissons alcooliques, engendrent une grande partie de ces maux.

Chang-haï est un peu déchu de son ancienne splendeur. Après l'expédition de 1860, la Chine fut une sorte d'Eldorado ouvert à l'Europe, et Chang-haï l'un des principaux centres de la spéculation. Les terrains acquirent une valeur fantastique bien supérieure à celle des terrains dans les capitales de l'Europe, et ces opérations firent la fortune de beaucoup d'Européens. L'histoire de cette époque est des plus tristes à étudier pour ceux qui croient à la nécessité de la moralité dans les transactions commerciales, et l'on pourrait citer plus d'un Chinois exproprié pour céder la place à un Européen, et payant le lendemain au nouveau propriétaire pour une année de loyer la somme reçue la veille comme prix de son immeuble. Les rebelles connus sous le nom de Taï-ping entouraient la ville. Sortir de l'enceinte des concessions, c'était la mort certaine ; le Chinois, entre deux extrémités également terribles, la mort ou la ruine, préférait la dernière.

Les visites officielles, les dîners, les réceptions occupèrent tout notre temps ; cependant nous passâmes une soirée dans un théâtre chinois où l'on donnait un drame historique et une comédie. Mais nous fûmes chassés par cette même odeur, mélange d'ail et de Chinois, qui nous poursuit depuis notre entrée dans le Céleste Empire, et nous oblige à fuir les foules. Les femmes ne paraissent pas sur les théâtres chinois ; elles sont remplacées par de jeunes garçons imberbes. Pour ceux qui ne connaissent pas la langue du pays, le théâtre offre peu d'intérêt, car la mise en scène est nulle et la musique odieuse ; quant à l'auditoire, il a assez l'attitude d'un public italien ; il cause, fume, rit, boit du thé, mange des gâteaux et se tait à certains moments pour écouter une tirade à effet ou applaudir une plaisanterie de son goût. Notons un détail burlesque en passant. Le public des théâtres chinois est installé comme celui des cafés chantants des Champs-Élysées, c'est-à-dire que chaque *société* est groupée autour d'une table sur laquelle sont placés les rafraîchissements et les friandises; le parterre se trouve donc divisé en couloirs dans lesquels circulent constamment des hommes portant des baquets d'eau bouillante; ils s'arrêtent à chaque table, et les Chinois, s'emparant d'un chiffon sale et puant qui surnage sur cette eau, se l'appliquent avec componction sur le crâne, la nuque ou même la figure : c'est la manière la plus élégante de se rafraîchir.

La vie de Chang-haï est aussi somptueuse que celle de Hong-kong; les dîners commencent, mais ne finissent pas : c'est une succession de plats, de ragoûts, de rôtis, de sucreries à n'en pas voir la fin. La cherté est extrême, et pour en donner une idée, je dirai que nos gens nous coûtaient quinze francs par jour à l'hôtel; il n'y avait pas à marchander; c'est le prix que l'on demande à l'hôpital protestant pour recevoir un malade.

Chang-haï est la plus cosmopolite des villes de la Chine, et l'élément anglais n'y est pas aussi prédominant que dans les autres ports. Cependant, ce sont les habitudes et les mœurs anglaises qui sont le plus généralement adoptées par les membres de la communauté européenne. Le sport, sous toutes ses formes, y règne en maître, et l'on retrouve tous les exercices corporels si en honneur chez nos voisins d'outre-Manche : jeu de cricket, de paume, de boules, courses de chevaux, régates, chasse à tir et à cheval ; tous ces plaisirs sont l'objet d'associations particulières qui toutes ont un lien commun que l'on appelle le « recreation fund », société qui jouit de revenus assez importants.

Les courses de chevaux à Chang-haï sont une fête publique, un « holy day »; toutes les banques, tous les comptoirs sont fermés, et la population entière ne s'occupe plus que de l'affaire importante du *betting*. Les chevaux que l'on fait courir sont des poneys mongols, race excellente, dont la vitesse est étonnante, si l'on considère que ces chevaux sont élevés sans soin dans les pâturages et que, jusqu'à l'âge de cinq ans, ils n'ont pas goûté un grain d'avoine. L'entraînement leur donne des qualités vraiment exceptionnelles, et l'on arrive à leur faire faire le mille en deux minutes dix secondes. Sous le rapport de l'imprévu, rien n'est plus amusant que ces courses. On achète en avril un cheval, complétement sauvage, mal soigné, mal peigné, ayant la crinière hérissée, le poil long comme celui d'une bête fauve, et, au commencement de mai, on vous présente un poney au poil soyeux et luisant, aux formes arrondies, aux jambes fines et nerveuses. C'est une véritable loterie, car les marchands, qui amènent du nord ces chevaux en troupeaux, les vendent au tattersall du lieu et ne permettent, sous aucun prétexte, qu'on les essaye. Du reste, tout essai serait inutile, car c'est le hasard seul qui décide de quelle façon l'animal supportera l'entrainement à la vapeur qu'on lui fait subir. Tel poney, au bout de quelques jours, tombe boiteux par l'excès du travail et d'une nourriture qu'il ne connaissait pas. Tel autre ne veut à aucun prix toucher au grain, tandis que quelques-uns de ses camarades le croquent à belles dents et s'en trouvent à merveille.

Enfin, le grand jour arrive. Tous les « gentlemen » légers sont l'objet des sollicitations des propriétaires d'écuries. Car il ne faut pas peser plus de cent cinquante-deux livres anglaises, selle comprise, pour pouvoir tirer parti de la vitesse de ces poneys. On règle le poids, non suivant l'âge, mais en raison de la taille du cheval : le poney au-dessus de quatorze mains est disqualifié.

La spéculation se mêle de ce divertissement, et des paris assez importants viennent quelquefois donner une valeur ridicule à ces animaux. Mais par contre, quand sa vitesse n'est pas suffisante, il finit misérablement dans les brancards d'un fiacre.

Non-seulement tous les Européens établis à Changhaï assistent à ces fêtes, mais une foule chinoise des plus denses obstrue les abords du champ de courses et pousse des hourras frénétiques au passage des chevaux.

La dernière course a spécialement le don de les exciter; c'est celle connue sous le nom de « mafou race ». Mafou veut dire palefrenier, et le dernier jour on organise pour eux une course sur les poneys les moins rapides. Cela rappelle absolument les courses de singes qu'on exhibait au vieil Hippodrome, et rien ne peut égaler le grotesque d'un Chinois déguisé en jockey avec sa queue volant au gré du vent. C'est du dernier comique. Toutefois, ils montent à cheval d'une façon très remarquable.

La chasse à tir joue un grand rôle dans l'existence des Européens établis en Chine. Les contrées dévastées par les Taï-ping ne sont pas encore tout à fait repeuplées, et le gibier a élu domicile dans les champs en jachère.

Comme la Chine du milieu est absolument sillonnée de canaux, et que ce sont les seules voies de communication du pays, les habitants de Changhaï ont fait aménager des barques indigènes avec un certain confort, de façon à pouvoir y passer plusieurs jours commodément.

Généralement, plusieurs amis se réunissent, emportant des provisions, et partent pour une expédition cynégétique.

Le jour on chasse, la nuit on navigue; de telle sorte que, chaque jour, on change de terrain, et, comme le gibier est des plus abondants, il n'est pas rare de voir revenir ces barques remplies de faisans, de cailles, de lièvres, de chevreuils et de gibier d'eau. Dans la saison, les bécassines arrivent par vols, et l'on peut en tuer une centaine dans la journée ; les bécasses sont plus rares.

Au demeurant, la Chine est le pays de la chasse par excellence, et nous aurons l'occasion de raconter plus loin nos chasses dans les forêts de Mandchourie ; mais tout tableau a une ombre, toute rose ses épines ; toute louange, un *mais*. Ce qui dérange le plus le chasseur en Chine, c'est une certaine herbe qui s'attache aux oreilles des chiens et qui, quelque soin que l'on puisse prendre, finit par causer des plaies dont ils meurent.

Afin d'arrêter la destruction du gibier, les administrations municipales de Chang-haï se sont entendues avec les autorités chinoises pour empêcher la vente publique du gibier d'avril à septembre.

Ce règlement est assez bien observé. J'avouerai même que, l'ayant enfreint une fois, j'ai été mortifié de lire, le lendemain, dans tous les journaux de la localité, que j'avais chassé la veille, 15 juin, au mépris de la coutume observée par tous les gentlemen.

Ceux qui n'aiment pas la chasse à tir ont, pour se distraire, le casse-cou qu'on appelle *paper hunt*. Les Chinois se demandent pourquoi des messieurs en habit rouge courent comme des fous, à travers champs, après des petits morceaux de papier.

Cependant, comme ça les amuse de voir les diables étrangers se jeter dans les fossés et se casser les os, ils vont voir ce divertissement, et, presque à chaque saut, une assemblée moqueuse attend les malheureux dont les poneys font un faux pas.

Ce qui rend l'Anglais si bon colonisateur, c'est qu'il n'aime de son pays que les habitudes, et, pourvu qu'il puisse les continuer, peu lui importe le lieu où il transportera ses pénates. Le Français, lui, ne s'exile jamais volontiers; quand il le fait, c'est par nécessité et avec esprit de retour; il cherche, à économiser le plus possible, de façon à diminuer le nombre des années qu'il doit passer hors de son pays. Pour lui, le plus affreux supplice, c'est de ne plus se promener sur les boulevards de Paris ou sur le mail de sa préfecture; il tient à finir ses jours au milieu de ses compatriotes. L'Anglais, au contraire, préfère son bien-être à tout. Peu lui importe le lieu où la fortune le conduit; il s'y établit d'une façon définitive et ne songe plus à l'Angleterre, où, d'ailleurs, il sent qu'il ne trouverait jamais une situation analogue à celle qu'il occupe dans telle ou telle ville de l'extrême Orient, où il est président du conseil municipal, et en quelque sorte seigneur et maître.

L'Anglais n'a aucun sentiment démocratique, ni aucune idée nobiliaire; il est aristocrate, c'est-à-dire qu'il admet et recherche les supériorités sociales; mais il ne croit pas qu'elles soient uniquement dues à la naissance; il ne comprend pas ce qu'en France on appelait, sous l'ancien régime, un gentilhomme, mais il trouve agréable la supériorité qu'il doit à son argent ou à la situation qu'il occupe dans le monde.

Les Anglais ont des idées tout à fait particulières sur le convenable ou l'inconvenant. Il est *improper* de vendre des sardines, mais un gentleman peut faire le commerce du vin. De là des catégories, qu'il nous est fort difficile de comprendre, qui séparent le *store keeper* ou fournisseur du *merchant* ou négociant; le comptoir, du magasin. Tout ce que je sais, c'est que, de tous les commerces, le plus élevé dans la hiérarchie sociale est celui du vin. Puis viennent les thés, la soie, l'opium et les cotonnades. Ce qu'il y a de plus extraordinaire, c'est la façon dont ces distinctions sont admises par ceux qui pourtant en sont victimes. Il y a des *store keepers* à Chang-haï infiniment plus riches que certains *merchants*, et qui cependant trouvent toutes naturelles les exceptions sociales dont ils sont l'objet.

En général, l'Anglais emploie l'argent qu'il gagne à se bâtir une bonne maison et à s'entourer des plaisirs qu'il aime; il aura son bateau de chasse, ses poneys de course, son club, et même, s'il est suffisamment riche, sa femme, qui lui arrangera un intérieur anglais, et lui chantera, après dîner, les *songs* dont il est friand. Ce que je dis là est si vrai que déjà, en Chine, nous voyons la troisième génération, et beaucoup d'Anglais établis aujourd'hui habitent la maison de leur grand-père, dont les cendres reposent à Canton ou à Macao. Il ne faut pas oublier que l'époque moderne de nos relations avec la Chine remonte à 1832, et qu'en 1844, lors de l'ambassade de M. de Lagréné, elles étaient déjà presque à leur apogée.

Depuis quelques années, le commerce européen décroît en Chine. Les Chinois font à nos compatriotes, et surtout aux Anglais, une concurrence désastreuse; dépensant moins, ils se contentent de bénéfices inférieurs, et puis ils sont chez eux, et sont, de plus, d'habiles négociants. L'Européen établi en Chine a bien des obstacles à surmonter; il ne peut rien faire par lui-même, et toutes ses affaires sont traitées par des courtiers chinois que l'on appelle des *compradores;* ce sont eux qui connaissent la clientèle indigène et savent le degré de solidité de chacun des marchands de l'intérieur. Pendant longtemps le manque de capitaux, l'ignorance des langues étrangères, et, par-dessus tout, la peur de l'inconnu et le dégoût pour l'étranger, avaient arrêté l'essor du commerce indigène. Personne d'entre les Chinois n'aurait songé à faire venir directement des cotonnades de l'Angleterre, ou à envoyer des soies à Lyon. Les Allemands furent les premiers à leur faire comprendre l'avantage d'opérer par commission, au lieu d'acheter de seconde main à Chang-haï. Une fois le branle donné, tous les négociants chinois adoptèrent cette manière de faire, et les plus grandes maisons en sont réduites aujourd'hui à n'être plus que les commissionnaires des Chinois. De même pour la soie; l'établissement des grandes banques françaises et anglaises, l'organisation des services maritimes et d'assurances maritimes ont permis aux Chinois d'envoyer eux-mêmes leurs soies à Lyon et de les consigner à un commissionnaire quelconque.

L'esprit du Chinois est naturellement tourné vers le mercantilisme; économe, patient, n'ayant aucun besoin, il a pour concurrents des gens qui dépensent en moyenne dix mille francs par an et qui sont obligés de se les procurer sur les bénéfices de leurs spéculations; ils ne peuvent donc attendre; il faut faire des affaires à tout prix, même onéreuses; arrêter la machine un instant, c'est la ruine; il faut payer l'échéance de juillet avec les affaires faites en juin, bonnes ou mauvaises; seulement, si l'année est improductive, les pertes s'accumulent, font la boule de neige, et la catastrophe arrive.

Le commerce de l'Europe avec la Chine se chiffre approximativement par la somme de trois milliards de francs; c'est un fait assez facile à apprécier : la douane rapporte environ cent millions ; or, elle est censée prélever 5 p. 100 *ad valorem* sur les marchandises à l'entrée et à la sortie. Ces cent millions 5 p. 100 représentent un capital de deux milliards ; mais les marchandises sont taxées un peu au dessous de leur valeur, et un grand nombre d'articles entrent en franchise de douane, tels que les vins, les conserves alimentaires, les meubles, et, en général, tout ce qui sert à l'usage exclusif des Européens ; puis la contrebande se fait sur une échelle assez large à Hong-kong et à Macao. On peut, sans exagération mettre un tiers en sus pour chiffrer tous ces *alea,* de sorte que le commerce de l'Europe avec la Chine doit être estimé entre deux et trois milliards. Les principaux articles de commerce sont, à l'importation, les cotonnades et l'opium ; à l'exportation, la soie et le thé.

Sur le commerce d'importation, l'Angleterre a environ 87 p. 100 à son avoir ; pour l'exportation, sa situation est moindre, et la France arrive presque *ex æquo.* Toute la soie de Chine, ou pour ainsi dire toute la soie, arrive sur le marché de Lyon. La récolte varie entre trente et soixante-dix mille balles, et le prix de la balle est entre trois et quatre mille francs. Quant au thé, le partage est à peu près égal entre l'Angleterre et les États-Unis ; cependant ces derniers préfèrent le thé japonais. Je ne sais réellement pourquoi ; c'est comme si l'on préférait les vins de Suresne ou d'Orléans à ceux de Bordeaux et de Bourgogne.

La communauté européenne établie à Chang-haï, exception faite de la population flottante maritime, est d'environ deux mille âmes, sur lesquelles six cents Anglais, trois cents Français, trois cents Allemands, trois cents Américains ; le reste cosmopolite, Hollandais, Belges, Italiens, Espagnols, et surtout Portugais de Macao.

Le temps des fortunes rapides est passé, et pour gagner de l'argent en Chine, il faut faire comme les indigènes, ne négliger aucune économie, et ne pas chercher les gros bénéfices.

La doctrine que les mandarins prêchent à la population chinoise peut se traduire par cette phrase : « La Chine aux Chinois. » Depuis les quelque quarante ans que nous sommes en rapport avec ce peuple, nous n'avons fait aucun progrès dans sa confiance, nous sommes toujours séparés par la même muraille, et aussi ignorants que nous l'étions de ses opinions et de ses habitudes ; quelques-unes des armes que nous avions forgées pour entamer ce bloc ont été retournées contre nous. C'est ainsi que les missionnaires protestants avaient cru bien faire en fondant une presse en langue chinoise que l'on essayait de répandre, et qui contenait les notions les plus élémentaires, mais en même temps les plus indispensables à la vulgarisation de nos sciences. —

Ces journaux se sont traînés dans le ridicule et l'obscurité pendant plusieurs années, jusqu'à ce que l'idée vînt à quelques mandarins, dirigés par des aventuriers de bas étage, d'acheter ces journaux, de changer l'esprit de la rédaction, et d'en faire des organes réellement chinois. C'est ce qui arriva pour une feuille appelée le *Shun-pao;* aussitôt elle fut tirée à cent mille exemplaires, et porta aux quatre coins de l'Empire la haine de l'étranger et la critique la plus amère de nos mœurs, de nos institutions et de nos individus.

En fait de fourberies, les Chinois sont très-habiles ; ils savent que les conseils hostiles à l'Europe ne leur seront fournis que par des aventuriers ; ils écartent donc avec soin de leur intimité tout individu bien posé ou ayant des moyens d'existence connus, et ils attirent ce qu'en Occident nous appelons les déclassés. C'est ainsi qu'ils ont appris l'usage des torpilles, l'existence de l'usine Krupp, la façon d'emprunter de l'argent aux banques, le maniement de l'opinion publique au moyen de la presse, et les lieux communs de fausse philanthropie à l'aide desquels on agit sur les masses.

Après avoir acheté de mauvais bateaux et de mauvaises armes, ils ont trouvé des Européens pour leur en fabriquer d'excellents et leur bâtir des arsenaux qui ont fourni un armement tel que la Chine se trouve aujourd'hui à peu près à l'abri d'un coup de main, et que pour forcer ce gouvernement à remplir ses engagements, il faudra employer des moyens si sérieux et si coûteux que toute puissance y regardera à deux fois avant de faire respecter ses droits. Pendant longtemps la police des côtes était faite par les marins étrangers; aujourd'hui la Chine a des canonnières et entend faire seule cet ouvrage; on lui a appris à parler de sa dignité, et son dictionnaire s'est enrichi de signes nouveaux pour désigner des idées inconnues auparavant : exterritorialité, droit des gens, les ministres chinois parlent de ces choses tout comme en Europe, et répètent, eux aussi, le nouvel axiome : la force, c'est le droit.

Le Chinois a l'esprit d'imitation et d'appropriation poussé à son extrême limite; on peut presque dire que c'est sa seule intelligence, et si le hasard lui a fait découvrir quelque loi importante de la nature, il n'a su en tirer aucune conclusion, ni aucun profit pour son bien-être; mais, lorsque l'on s'est donné cette peine pour lui, et qu'il ne s'agit plus que d'organiser une concurrence, le Chinois est de première force. La note qui domine dans le caractère de ce peuple, c'est la haine de l'étranger, et toutes les fois qu'on fait appel à ce sentiment, on est sûr de réussir; il est triste d'ajouter que souvent cette doctrine leur a été soufflée par des Européens, et que c'est à de faux frères que sont dus tous les progrès que les Chinois ont réalisés dans ces derniers temps, pour se mettre à l'abri des exigences de l'Europe. Si l'on avait pu éviter cette intervention, les Chinois seraient restés ce qu'ils étaient de 1840 à 1867, une nation de consommateurs pour nos fabriques, et leurs villes seraient encore les places de commerce avantageuses d'autrefois.

La domesticité en Chine, du moins la classe de serviteurs qui servent les Européens, est excellente; il est impossible de rêver un meilleur service, et une fois qu'on en a essayé, il est difficile de s'en passer. Si, comme tout le fait prévoir, la Chine se décide à changer un peu ses habitudes en matière d'émigration, et si le mouvement qui s'est porté vers la Californie se généralise, on ne tardera pas à voir les Chinois se répandre dans le monde entier. Dans ce cas, ils trouveront deux genres d'occupation où ils n'auront pas de rivaux : la domesticité et le commerce de détail. On pourra aussi les employer aux travaux agricoles, et, s'ils se décident à apprendre les langues étrangères, en qualité d'expéditionnaires dans les administrations; mais je doute qu'ils arrivent jamais à s'emparer d'une influence quelconque dans les hautes sphères de l'industrie ou du commerce. Parmi tous les Chinois que j'ai rencontrés, soit en Amérique, soit aux Indes, soit dans les détroits, je n'ai jamais entendu parler que d'un seul à Singapour qui ait fait une fortune exceptionnelle, tandis qu'au contraire, dans ces parages, ils se sont emparés de tous les petits métiers; c'est même ce qui a occasionné les mauvais et injustes traitements dont ils ont été l'objet aux États-Unis. Plus industrieux, plus économes que les Irlandais, ils les ont remplacés comme blanchisseurs, ouvriers tailleurs, cordonniers, etc., et ces derniers, dépossédés de leurs moyens d'existence, n'ont rien trouvé de mieux que de maltraiter les nouveaux venus, afin de les décourager; mais le Chinois est patient et processif; tant qu'il n'a pas connu ses droits, il s'est tu; mais du jour où il a su qu'il y avait des juges, et que les taloches se payaient, il a inscrit cette nouvelle recette sur ses tablettes, et a vite dégoûté ses adversaires de ces moyens expéditifs, mais coûteux.

La ville de Chang-haï n'offre aucun intérêt artistique; il n'y a pas un monument digne d'être cité, excepté l'établissement des jésuites, situé dans un village distant de six kilomètres de la ville. C'est un vrai phalanstère des plus curieux à examiner pour quiconque désire prendre une idée sérieuse et réfléchie de la Chine. Les enfants trouvés recueillis, grâce aux fonds fournis par la Sainte Enfance, sont élevés et restent dans cet établissement jusqu'à l'âge de dix-huit ans, époque où, n'ayant plus rien à apprendre, on les renvoie munis d'un bon viatique et d'un état. Tout dans cette organisation est combiné avec une sagesse, une prévoyance, une charité qui ne laissent rien à désirer.

Que de peine, de soucis, de dévouement, de science, d'amour du prochain prodigués sans être payé de retour! et cependant quelle égalité d'humeur, quelle gaieté! c'est à donner envie de se faire missionnaire, tant les épines sont soigneusement dissimulées. On ne saurait le crier trop haut ni trop souvent, l'exemple que donne le clergé catholique en Chine est admirable; le spectacle des œuvres des Pères vaut la peine d'entreprendre le voyage; c'est le plus beau triomphe de l'Occident sur l'Orient, de la foi sur le scepticisme, de la lumière sur les ténèbres de l'intelligence, du cœur sur l'abrutissement et les vices d'une population d'autant plus pourrie qu'elle n'a jamais été saine; et cependant, malgré ces exemples, ces vertus, cette persévérance, les résultats obtenus ne sont pas à la hauteur des sacrifices; les uns articulent le nombre de six cent mille, les autres de huit cent, pour chiffrer les chrétiens, et la population de la Chine dépasse trois cents millions!

Parmi les causes qui empêchent le christianisme de se développer rapidement en Chine, on doit mettre en première ligne le manque d'intelligence philosophique des Chinois. On croit généralement en Europe à la civilisation de la Chine, et à l'habileté, à l'adresse, à l'intelligence des Chinois; on représente ce peuple comme l'un des plus pratiques du monde ; on appuie avec affectation sur son positivisme, sa sociabilité, et sur l'excellence de ses institutions. On félicite les Chinois de leurs tendances matérialistes et de la façon terre à terre dont ils entendent la vie, et dont ils l'ont dépouillée de tous les *impedimenta* qui entravent les sociétés occidentales. Heureuses gens! s'écrie-t-on, ils n'ont ni nerfs, ni conscience, ni sensibilité, ni enthousiasme, et rien ne les préoccupe en dehors des jouissances de la vie! Ceux qui pensent et écrivent ces choses devraient bien venir en Chine ; ils verraient que les institutions de ce pays sont loin de valoir leur réputation. A Paris, à Londres, on est convaincu à tort que dans le Céleste Empire tout est accessible à tous, et toutes les places distribuées au concours. Avant d'écrire ces choses-là, on devrait savoir que l'une des recettes du gouvernement, connue de tout le monde, est celle produite par la vente du mandarinat, et des boutons de lettrés et de docteurs. On devrait lire les *Lettres édifiantes,* dont les auteurs ne peuvent être suspectés d'antipathie pour la Chine ; on y apprendrait que l'empereur de Chine est maître absolu de la vie et des biens de ses sujets. La constitution chinoise a eu beau placer conseil sur conseil, tribunal sur tribunal, la volonté de l'Empereur est absolue, irrévocable ; lorsque le tribunal des rites, ou celui des mathématiques, ou même le conseil privé, rend un jugement ou un édit qui déplaît au souverain, il se contente de le renvoyer à ses auteurs et de demander autre chose. Lorsque l'empereur s'appelle Kang-Hy ou Tien-hong, il a une volonté, la manifeste, en surveille l'exécution. Tous les rouages de l'administration deviennent nuls ; il les domine et les force à tourner dans le sens de son bon plaisir. Dans le cas où l'empereur s'appelle Tien-fong, le pouvoir tombe entre les mains des femmes, des eunuques, des favoris ; les hautes fonctions sont confiées à des nullités, et le peuple, au lieu d'avoir à souffrir la tyrannie d'un seul, en est réduit à subir celle de tous les hôtes du palais. Ce n'est pas tout : la hiérarchie chinoise est ainsi organisée qu'elle forme un cercle dont il est impossible de sortir. L'empereur, pouvoir souverain, absolu, divin même, est une sorte d'être abstrait dont on connaît l'existence, dont on sent la puissance, mais qu'on ne saurait atteindre ni voir ; lui parler est un crime ; lui écrire, une hardiesse inutile et sans effet ; il ne recevra jamais le placet d'un inconnu ; vivant au milieu d'un palais inaccessible, il ne voit, n'entend que ceux qu'il veut voir et écouter. Sort-il hors de la ville, son cortége traverse des rues désertes et tendues de draperies impénétrables, et les soldats qui forment la haie sont obligés de tourner leur visage du côté des murailles.

Les deux principes qui dominent la constitution

chinoise et rendent cette société si étrange sont :
1° le respect pour le supérieur se traduisant par
l'isolement de ce dernier ; 2° la stricte observance
des degrés hiérarchiques qui rend nulle toute autorité subalterne. Ainsi, d'une part, l'empereur ne saurait recevoir une plainte ni même un rapport d'un
de ses sujets ou d'un fonctionnaire inférieur sans
manquer aux lois de la bienséance, et, de l'autre,
les gouverneurs des provinces, les présidents des
grands conseils de l'Empire, les généraux répondent à toutes les plaintes, à toutes les réclama-
tions. « Les lois de l'Empire sont immuables ; le
Fils du ciel pourrait seul les changer. » Ainsi l'orgueil du souverain se révolte à l'idée de connaître
les affaires de son Empire et de conférer de ses
besoins, excepté avec des personnages d'un certain
rang ; le Prince se trouve donc condamné à ne savoir que ce que ces personnages veulent bien lui
apprendre. La vérité ne peut jamais se faire jour ;
car, ce même orgueil existant aux divers étages
de la hiérarchie chinoise, les vice-rois, par
exemple, ne reçoivent de communications que de
leurs inférieurs immédiats, lesquels agissent de
même. En dernière analyse, une réclamation même
très-fondée ne peut jamais produire d'effet par
la raison toute simple qu'elle doit être transmise
précisément par ceux dont l'intérêt est de l'é-
touffer.

Un de mes amis a eu la conversation suivante avec un mandarin :

« Comment voulez-vous qu'il ne se commette pas d'exactions en Chine? Mes fonctions me donnent droit à des appointements, mais je connais trop bien les charges qui pèsent sur le trésorier de la province pour les réclamer; d'abord ce serait peine inutile, et, d'ailleurs, pourquoi me faire un ennemi du caissier? où prendrait-il de quoi satisfaire aux exigences des hauts fonctionnaires de Pékin, des vice-rois, du Foutai, du Tao-tai, s'il payait nos émoluments? D'un autre côté, je suis obligé de vivre et de payer avec des intérêts usuraires d'environ 30 pour 100 les sommes que l'on m'a prêtées pour acheter mon mandarinat; je dois, en outre, envoyer des cadeaux à mes protecteurs afin de réchauffer leur amitié, élever mes enfants et enfin mettre quelques petites sommes de côté pour parer aux éventualités de disgrâce et de deuils; mes domestiques sont nombreux, et je dois fermer les yeux sur leur conduite, puisqu'ils me servent gratis. Vous le voyez, un mandarin est absolument obligé de vivre de ses administrés; toute son adresse consiste à savoir écorcher sans faire crier, et à arranger ses affaires sous le manteau de la cheminée. »

Mais sans vouloir entrer davantage dans le détail de l'organisation chinoise et chercher à démontrer les inconvénients des lois et des usages de cette société, je vais tout de suite au fait, et j'affirme que la civilisation chinoise a fait son temps.

La population est dense en Chine, et malgré les assertions d'un sinologue de mérite qui puise ses éléments de statistique dans les livres et établit que la population des meilleures provinces de la France est supérieure en nombre à celle des provinces analogues de la Chine, je crois pouvoir affirmer que nulle part au monde l'humanité n'est aussi compacte que dans l'Empire du Milieu. Toutes les terres labourables sont cultivées; le nombre de gens qui chaque année meurent d'inanition est trop grand pour qu'on s'étonne de cette activité agricole; mais les cultures sont-elles bien entendues, les engrais bien distribués? Je ne le crois pas, car, je vois que le rendement de la terre est faible en Chine, et que la nature même des produits agricoles constitue une infériorité. Le millet, le sorgho sont bien loin d'avoir les qualités azotées du blé. On me répondra que la sécheresse empêche et arrête la culture du froment; mais comment font les Persans pour arroser leurs champs? Ils n'ont ni rivières, ni lacs, et parviennent, avec l'eau d'une source habilement ménagée, à arroser toutes leurs cultures. A chaque pas, en Chine, on rencontre un canal, une rivière, un lac. Au lieu de faire des saignées pour arroser les plaines, les paysans chinois vont à la pagode voisine sacrifier à l'idole du dragon noir, afin d'obtenir la pluie ; l'autorité se mêle à ces superstitions, et l'un des plus grands fonctionnaires de l'État est délégué chaque année pour sacrifier une tête de tigre à l'idole et l'engager à être propice aux agriculteurs. Si l'idole est impuissante et que la pluie ne tombe pas, l'empereur entre en courroux, la menace, et finit par l'envoyer en exil à Ly, ville du nord de la Chine où l'on déporte tous les criminels d'État. Cela n'empêche pas le pays de tomber dans une horrible détresse et la famine de faire des milliers de victimes. Les populations rurales, poussées par la faim, fomentent des troubles, arrêtent les convois sur les grands chemins, les pillent, gaspillent les grains qu'ils trouvent. Les mauvais sujets des villes se mêlent à ces bandes et commettent les crimes les plus atroces ; tout est pillé, saccagé, détruit sur leur passage ; des populations entières sont égorgées ou fuient le fléau en abandonnant leurs foyers. Quant au gouvernement, il a foi dans la solidité des remparts de Pékin et n'attache aucune importance à l'existence de ces révoltes. Cependant parfois il est pris d'un beau zèle et envoie une armée pour réduire les rebelles ; le mal arrive alors à sa dernière limite, car insurgés et soldats pillent à qui mieux mieux et détruisent de fond en comble les richesses de la province. Un tiers de la Chine proprement dite est au pouvoir des rebelles, musulmans, Neynfei, Tsa-mao, etc. Un autre tiers est gouverné par des vice-rois à peu près indépendants, et n'écoutant les ordres de Pékin qu'autant qu'ils leur conviennent.

Quant au troisième tiers, il est si misérable, si opprimé, que tout son désir est d'être oublié. Voilà où ont abouti les excellentes institutions de la Chine offertes chaque jour par les sinologues en modèle à l'Europe. Non, les Chinois ne sont pas parfaits; la conception des idées élevées leur est interdite; ils ont l'instinct de la fourmi, du castor, et rien de plus. L'infériorité de cette race se manifeste par l'orgueil avec lequel elle s'admire, et par l'absence absolue du désir de perfectionnement. Un Chinois ne saurait admettre l'idée d'une amélioration, d'un progrès. Le canard, le lièvre, acquièrent, après quelques mois d'existence, le degré de développement auquel ils peuvent arriver, et ils ne songent jamais à changer leurs ruses ou leurs habitudes; de même le Chinois adulte acquiert de bonne heure la dose d'instinct suffisante pour satisfaire ses besoins. Celui qui a vu un canard a vu tous les canards, car tous les individus de cette race se ressemblent et sont susceptibles des mêmes tours d'adresse pour attraper leur nourriture; il suffit également d'avoir vu un Chinois pour en connaître mille.

Le christianisme rencontre un autre obstacle non moins grave dans le mandarinat: pour être mandarin, il faut avoir passé des examens ou tout au moins avoir sacrifié devant les tablettes de Confucius. Un chrétien ne peut se permettre cette superstition. Voilà donc le christianisme interdit à toute la classe des lettrés et des fonctionnaires publics. Enfin, et comme si ce n'était assez des barrières que nous venons d'indiquer, le culte des ancêtres, la seule croyance religieuse des Chinois, vient élever une dernière et infranchissable muraille. Les jésuites, au siècle dernier, avaient cru pouvoir tourner la difficulté en faisant déclarer au néophyte qu'il honorait la mémoire de ses ancêtres par quelques cérémonies commémoratives, mais qu'il ne les adorait pas; les dominicains crurent, au contraire, voir le commencement d'un schisme, et obtinrent des brefs et des jugements de Rome. Personne n'ignore l'histoire de cette dissension, l'une des plus violentes qui aient attristé l'Église, et dont le résultat fut la condamnation des jésuites, la ruine des chrétientés chinoises et le signal de la persécution qui a duré près d'un siècle.

Mais revenons à Zig-a-we, dont nous nous sommes fort écartés en écoutant tout ce qui se dit autour de nous. Les enfants recueillis dans cet établissement sont divisés suivant leur sexe; nous ne nous occuperons que des garçons. Dès qu'ils sont en âge de parler, les jésuites, avec le tact qu'ils mettent à distinguer les facultés de l'adolescence, cherchent à démêler les aptitudes de ces petits êtres; ils poussent les uns dans les études littéraires, tandis que pour les autres ils se contentent de leur apprendre un métier manuel, un gagne-pain, gradué encore suivant l'intelligence du sujet. Nous avons visité des ateliers de peinture, d'imprimerie, et, à côté, des boutiques de cordonniers et de coiffeurs ; ce dernier métier est un des plus assurés contre les chances de chômage. La queue d'un Chinois exige des soins constants et difficiles ; le Chinois le plus pauvre est obligé d'avoir recours au coiffeur au moins une fois par semaine ; de là une récolte assurée de sapèques.

Tout ce petit monde gagne sa vie après un apprentissage de peu de durée, et même, pendant les dernières années, le produit du travail d'un orphelin paye les frais de son éducation, et fait rentrer l'établissement dans ses frais, de sorte que si tous ses enfants arrivaient à l'âge adulte, il suffirait d'un roulement de fonds pour faire marcher l'œuvre. Rien n'est plus intéressant que de parcourir ces divers ateliers. L'état arriéré de l'industrie chinoise se montre partout ; les méthodes employées dans les divers métiers sont les moins pratiques, les instruments les moins commodes, et cependant les directeurs de Zig-a-we ne sauraient rien changer sous peine de manquer leur but. Employer une nouvelle méthode pour faire les souliers et abandonner celle dont se servent les cordonniers depuis trois ou quatre siècles, fi donc ! les souliers seraient réputés mauvais, et personne ne les achèterait. Quant à l'ouvrier capable d'une pareille innovation, il serait sûr de manquer de travail. Cette ossification de la mode nous paraît tout à fait singulière, à nous autres Français, qui ne pouvons souffrir six mois de suite la même forme de vêtements, et qui poussons le goût de la nouveauté et du changement à l'extrême.

Dans une autre partie de l'établissement se trouvent les enfants que l'on destine aux lettres; on leur apprend tout ce qui est nécessaire à un bachelier chinois pour obtenir son diplôme. La langue chinoise, ainsi que tout le monde le sait, est une langue monosyllabique et idéologique; chaque mot est représenté par un son pour la parole, et par un signe pour l'écriture; quelquefois ce signe appartient à une famille, à un radical indiquant l'ordre d'idée qu'il représente; mais le plus souvent c'est le hasard seul qui détermine le rapport entre le signe, le son et la signification. Il faut donc un effort constant de la mémoire pour retenir tous ces caractères et pouvoir s'en servir. Les gens instruits connaissent quatre mille caractères, et les savants de premier ordre, ceux dont on parle dans tout l'empire, vingt mille; entre ces deux termes il y a une échelle qui constitue le plus ou moins de science d'un Chinois. Si l'on sait par cœur quelques milliers de vers insipides et le livre des quatre sages, on est un des hommes les plus accomplis de la Chine, et l'on peut aspirer à la présidence d'un des conseils ou d'un des tribunaux d'où dépendent les destinées de l'empire.

Il est utile de consigner ce fait : depuis près de deux cents ans, les Chinois ont cessé d'écrire des livres nouveaux, et cependant nul pays n'a une bibliographie plus nombreuse. Ne doit-on pas conclure de cette stérilité contemporaine que les Chinois, arrivés depuis plusieurs siècles déjà à leur apogée, et n'ayant reçu aucun mélange ethnique capable de varier leur intelligence, ont donné tout ce qu'une race jaune peut donner ? Et comme il est dans l'essence même du monde de voir décroître tout ce qui cesse de croître, les Chinois, après avoir atteint le degré de perfection inhérent à leur nature, sont en train de perdre les connaissances acquises et de retomber dans la barbarie, tandis que les races occidentales, sujettes à des changements continuels, renouvellent sans cesse leur séve civilisatrice et sont dans une voie progressive, dont on n'entrevoit pas encore la fin. Deux sociétés marchant en sens conraire s'écartent chaque jour davantage ; c'est ce qui explique l'engouement des premiers Européens qui visitèrent la Chine. Au temps de Marco Polo et des *Lettres édifiantes*, la Chine était à son apogée, et comme il est incontestable que les Chinois ont connu certains phénomènes physiques et chimiques, certains procédés industriels avant l'Europe, occupée alors à la solution des grands problêmes philosophiques et religieux, il est tout naturel d'admettre la bonne foi des récits enthousiastes faits par les étrangers contemporains sur ce pays, dont la civilisation apparente était si différente de la nôtre.

Ce n'est que plus tard, lorsqu'il a fallu étudier, disséquer cette société, que l'on s'est aperçu de sa valeur morale et intellectuelle. On a compris alors que le hasard avait été son maître, et que toute sa science industrielle se bornait à l'emploi de quelques moyens empiriques mis en œuvre par des mains délicates et patientes.

En sortant de Chang-haï, nous dirigeâmes notre course sur Nankin. La navigation sur le Yang-tze-kiang a beaucoup d'analogie avec celle de la rivière de Canton; seulement, au lieu de quelques heures, il s'agissait de quelques jours. En remontant le fleuve Bleu, la physionomie du paysage change un peu; les côtes sont moins plates et les arbres plus nombreux; l'aspect général gagne à ce changement; c'est moins laid, moins monotone, mais c'est toujours la même manière guindée, la même lumière grise et froide, les mêmes lignes tourmentées, les mêmes villages à toits lourds et uniformes, se pressant les uns contre les autres, les mêmes tumulus servant de tombes, enfin la même Chine que nous voyons depuis Hong-kong.

Une des choses qui frappent le plus l'étranger, c'est

de rencontrer çà et là, au milieu des champs, des cercueils abandonnés et attendant une sépulture; les uns sont habités, on en est averti par l'odeur; les autres attendent leur propriétaire. En général, on garde chez soi ce meuble tant qu'il est vide, et on le recouvre de terre lorsqu'il est rempli. Le premier emploi des économies d'un Chinois, c'est d'acheter, soit pour son père, soit pour lui, un cercueil bien lourd, bien massif.

Aux environs de Chang-haï, on n'enterre pas les morts. On dépose la bière dans un champ, et on la recouvre de terre, de façon à former un tumulus; mais souvent on néglige ce soin, et le cercueil reste isolé au milieu de la campagne. Dans le trajet de Changhaï à Zig-a-we, nous en avons rencontré certainement plus de vingt sur le bord de la route qui sert de bois de Boulogne à toute la société de cette ville. Dans le nord, les tumulus sont enfermés dans une enceinte et abrités par des sapins et des cyprès dont le feuillage sombre et morne donne au paysage un aspect mélancolique et triste qui charme la première fois, mais à la longue devient insupportable.

C'est un contraste singulier que de voir ce fleuve immense, roulant des flots impétueux et pouvant supporter les plus gros navires, couvert de barques d'aspect misérable, ridicule, s'écouler entre des rives où les hommes se sont amusés à accumuler les constructions les plus mesquines, les plus maniérées, les plus contraires au bon goût et au sens commun. Les maisons chinoises sont bizarres, incommodes, mal combinées, et ne ressemblent à rien de ce qu'on voit ailleurs; mais elles sont semblables entre elles; toutes sont exposées au nord et au midi, de sorte que, à vol d'oiseau, une ville chinoise ressemble à un camp. Les rues sont perpendiculaires ou parallèles les unes aux autres. La ville se trouve ainsi divisée en autant de parallélogrammes qu'il y a de quartiers. Les portes sont décorées de lithographies coloriées. L'une représente un diable rouge en costume du temps des Ming; l'autre, le même diable en blanc.

On peut hardiment avancer que le Chinois est le peuple le moins original, le moins fantaisiste, le plus dénué d'imagination, de poésie, d'esthétique. Seulement, il ne ressemble à aucun autre peuple, à aucune autre société; il a sur toutes choses un parti pris, une opinion enracinée dont il ne se départit jamais. Est-ce un défaut? est-ce une qualité? Je laisse le lecteur libre d'en juger. Nul peuple n'est plus routinier, plus obstiné, plus difficile à remuer; il ne croit qu'en lui, ne comprend, n'aime, ne supporte que lui. Il se répète, se copie à l'infini, et, à dire vrai, la Chine n'est qu'un vaste poncif, où tout est de convention, et où rien n'est simple et spontané.

En remontant le fleuve, nous arrivons à une

île, que les Chinois, toujours fastueux dans leurs dénominations, intitulent l'île d'Argent. Elle offre la reproduction la plus fidèle des paysages que l'on voit sur les vases chinois, de petites collines dentelées, d'un gris bleu vaporeux. Des constructions aux formes capricieuses, une végétation rabougrie servent de cadre à une fourmilière de Chinois qui sortent de partout. Un peu plus loin, se trouve la ville de Tchin-kiang, avec ses factoreries européennes qui donnent bon air au paysage et reposent un peu le regard.

En face, vient aboutir le canal Impérial, qui relie Pékin et Nankin. C'est un immense travail, mais il est en fort mauvais état dans une partie de son parcours, et la navigation en est souvent interrompue. Il n'y a pas lieu de s'étonner de ce fait, si l'on songe que les Taï-ping ont été longtemps maîtres de ces contrées. Ces rebelles avaient adopté la politique de tout détruire sur leur passage, disant : « Les paysans, une fois dénués, seront obligés de se joindre à nous, et, pour ne pas mourir de faim, ils nous aideront à faire subir aux autres le sort que nous leur avons imposé. »

Nous ne nous arrêtons pas à Tchin-kiang, et nous continuons notre route jusqu'à Nankin, où nous arrivons après une traversée des plus douces. A peine l'ancre jetée et les canots préparés, nous descendons à terre. La journée était déjà avancée, et nous voulions avoir au moins un aperçu de la ville, afin de diriger avec certitude notre excursion du lendemain. Nous traversons vite un petit faubourg, qui n'offre rien de nouveau à nos yeux, habitués déjà aux fourmilières chinoises, et sépare le fleuve de la muraille d'enceinte de Nankin. Nous arrivons à une porte, qui ne manque pas de caractère; c'est une grande poterne traversant la muraille dans toute sa largeur et donnant entrée sur une cour en demi-lune; de l'autre côté, nous nous trouvons dans une vaste enceinte complétement déserte. Nous sommes en pleine campagne. Les cultures s'étendent à perte de vue. On se croirait dans les champs, si la muraille qui gravit et serpente sur la crête de quelques collines ne nous rappelait la réalité. Nous nous dirigeons vers une butte, et, pour arriver au sommet, nous sommes obligés de nous frayer un chemin à travers les herbes et les ronces. Les faisans, les cailles, les bécassines dont nous troublons le repos s'envolent avec bruit sous nos pieds. Une partie de nos compagnons se met à leur poursuite; d'autres s'arrêtent pour dessiner, et nous ne sommes plus que deux ou trois en arrivant au sommet de la butte. Le panorama qui se déroulait sous nos yeux était vraiment grandiose. La conversation cessa, et chacun rentra en lui-même. Le soleil couchant éclairait de ses rayons oranges cet immense espace qui fut Nankin et dont les murailles seules restent debout.

Une végétation puissante recouvrait cette terre chargée d'humus et laissait à peine percer çà et là un pan de mur ruiné, quelques lambeaux de papier accrochés à une poutre demi-consumée ou quelques débris de faïences. Comme fond de tableau, une porte triomphale, plantée sur une butte d'où l'on domine toute la plaine. Le toit, en briques émaillées, de ce petit édifice semblait s'embraser sous les rayons du soleil. Le silence le plus absolu régnait sur toute cette nature et n'était interrompu que par l'éclat lointain des coups de feu de nos camarades, ou bien encore par le bruit des pas d'un cheval frappant les larges dalles d'une route qui, probablement, autrefois traversait la ville.

J'ai parcouru bien des pays, visité bien des ruines, mais nulle part je n'ai trouvé une dévastation plus irrémédiable, ni une fin plus lamentable que celle infligée à la ville de Nankin par les Taï-ping.

Je m'explique maintenant la disparition de ces grandes cités de l'antiquité dont on ignore parfois même l'emplacement. Un grand nombre d'officiers de marine, encore naviguant, ont pu voir Nankin dans toute sa splendeur il y a une quinzaine d'années. Il a suffi de quelques mois de l'occupation des rebelles pour détruire cette capitale, si complétement que l'on sème du blé sur l'emplacement des palais, et que les magasins sont devenus des prairies et des pâturages.

A Persépolis, à Thèbes, au Parthénon, une partie

des monuments reste debout pour attester la grandeur et la civilisation des Perses, des Égyptiens, des Grecs, et la nature désolée semble porter le deuil de cette destruction. En face de ces ruines, on songe tout de suite à cette grande figure de la Bible : « Et le vainqueur sema du sel. » Rien de semblable n'a eu lieu à Nankin. La destruction accomplie, la terre s'est couverte de verdure et de moissons, d'autant plus abondantes que les cadavres, le sang, les cendres l'avaient fertilisée davantage.

Du drame sanglant qui s'est passé à Nankin, il ne reste aucun souvenir, si ce n'est ce mur d'enceinte dont l'étendue atteste la véracité des voyageurs qui ont parlé de la richesse et de la population de cette ville. Sait-on le nombre de cadavres que recouvrent ces cultures? Peut-on se représenter cette scène de carnage, les cris d'agonie des victimes, les larmes des mères dont on déshonorait les enfants, les raffinements de cruauté des vainqueurs, enfin toutes les horreurs commises dans une ville prise par la ruse et tombée entre les mains d'ennemis sans pitié ni merci? Tout s'est tu : la ville s'est affaissée, l'incendie s'est éteint, faute de proie à consumer, et les victimes, réduites en cendres, ne peuvent raconter cette terrible agonie. La végétation a recouvert le tout d'un tapis d'émeraudes, et les oiseaux, attirés par cette solitude, sont venus chanter leurs amours à la place où naguère on vendait leurs dépouilles.

Ainsi va le monde. Le soleil, dans sa course, éclaire de ses rayons inconscients toutes les scènes qui en changent la face.

Le crépuscule nous réunit tous sur le *Primauguet*. Le programme du lendemain fut discuté et approuvé. Les uns se décidèrent à continuer la chasse, les autres se proposèrent de partir, de bonne heure, à cheval, et d'aller visiter l'emplacement de la fameuse tour de porcelaine et le tombeau des empereurs de la dynastie des Ming.

À six heures du matin, nous étions à la porte de la ville. Un brouillard épais, humide, couvrait la terre, mais ne nous arrêta pas, car nous étions sûrs que les rayons du soleil, déjà très-chauds sous cette latitude, auraient bien vite dissipé ces ténèbres. Nous montons de petits chevaux de louage, et nous voilà partis à l'aventure. Nous traversons d'abord cette vaste solitude qui nous sépare de la porte triomphale dont je parle plus haut. Arrivés là, nous dominons tous les environs, le Yang-tze-kiang au dernier plan, et, sous nos pieds, toute l'enceinte de Nankin. De l'autre côté de cette butte, nous retrouvons les cultures, puis nous entrons dans une rue, d'abord assez déserte, mais qui, peu à peu, se peuple de boutiques et de monde, et nous montre ce que nous connaissons déjà : l'intérieur d'une ville chinoise, ruelles infectes et tortueuses, odeurs horribles, spectacles inénarrables. C'est toujours la même chose. Enfin, nous trouvons une grande porte, et nous sortons de la ville. Nous suivons quelque temps un canal, et nous arrivons sur une sorte d'esplanade couverte de décombres. C'est là que fut la tour de porcelaine. Il est neuf heures. Nous avons donc marché deux heures et demie pour traverser l'enceinte de Nankin. Quelques débris qu'on nous apporte, d'autres que nous trouvons nous-mêmes, nous prouvent que la tour de porcelaine a réellement existé. Au premier abord, on serait tenté de le nier, tant la destruction a été complète. A quelques pas de cet emplacement, se trouve une pagode où nous voulons déjeuner. Nous entrons, prenons nos aises; nous nous installons, et commençons à manger, quand nous voyons entrer un Européen, qui nous souhaite la bienvenue. Ce que nous avions pris pour une pagode était la maison particulière de M. Mac-Kartney, ingénieur au service chinois et chargé de la direction des arsenaux que le vice-roi de cette province a établis à Nankin. Il nous reçoit avec la meilleure grâce du monde et insiste pour nous faire visiter sa capsulerie; il nous montra, en effet, une série de machines d'un vif intérêt pour nos compagnons marins qui se retrouvaient dans leur élément. Quant à nous, la cour nous offrit un vaste champ d'investigation. Les plus beaux débris de la tour sont réunis dans cet espace : des éléphants en relief, avec des harnachements multicolores; des lions héraldiques, jaunes, oranges, à crinières vertes; des fleurs de lotus, des grecques, des arabesques. Nous aurions voulu tout emporter, mais le poids des pièces dépassait nos forces. L'idée que je me fais de la tour de porcelaine, d'après ces débris, est celle-ci : la tour, probablement octogone, ou tout au moins à pans coupés, était entièrement construite en briques de porcelaine blanche de la plus belle qualité. Nous avons retrouvé beaucoup de morceaux, émaillés seulement sur les faces, qui devaient rester au contact de l'air. Cette tour avait cinq, six, sept étages, peut-être plus, et chacun de ces étages avait un toit en faïence émaillée et ouvragée; de là ces débris de fleurs, d'animaux, ces têtes de monstres, ces arabesques. L'effet devait être saisissant sous l'éclat des rayons du soleil. Ceux qui ont vu les coupoles et les façades des mosquées d'Ispahan comprendront facilement le mérite artistique de ce monument.

Une légende parlait, dit-on, d'un trésor enfoui dans les fondations de cette pagode ; la cupidité seule aurait poussé les Taï-ping à commettre ce forfait impardonnable. Quoi qu'il en soit du motif, elle n'est plus, cette tour de Nankin, si vantée dans le monde entier, et c'est grand dommage. Mais voici nos marins qui ont fini leur inspection; il est presque midi, et la course qu'il nous reste à faire est longue. Nous remontons à cheval et recommençons notre pérégrination au milieu des ruines. Ici les vestiges d'une ville sont plus apparents. Des pans de mur ont résisté à la dévastation et portent encore les traces de l'incendie; les ponts sur les canaux ont été respectés; nous longeons la ville tartare et arrivons à une porte extérieure; on nous montre dans le lointain l'endroit de la sépulture des Ming. Lorsque nous arrivons, la première chose qui frappe nos regards est une allée double, bordée d'énormes blocs de pierre dans lesquels on a taillé grossièrement des animaux, éléphants, bœufs, chameaux, lions. Ces animaux sont par paires, et tous dans la même posture; ainsi, après deux éléphants debout, viennent deux éléphants couchés. Cette avenue se termine par un arc de triomphe en marbre grossier, un peu lourd et pas très-élégant de forme. Après une série de monuments analogues, les uns en marbre, les autres en bois peint, nous nous trouvons en face d'un grand carré de maçonnerie, sans autre ouverture qu'une porte conduisant à un souterrain. C'est l'entrée des tombeaux. Semblables aux Égyptiens, et qui sait? peut-être pour les mêmes causes, les Chinois cherchent à dissimuler le lieu même de la sépulture et à égarer les recherches indiscrètes par de fausses galeries et de fausses entrées. La tradition prétend que le cercueil est déposé au bout d'une longue galerie qui va aboutir sous une montagne éloignée de plus de deux kilomètres.

Une rampe permet de gagner le sommet du monument; là, haletants, épuisés par la chaleur et la poussière, nous nous reposons quelques instants. Il est incontestable que cette façon de se faire enterrer n'est pas ordinaire, et indique sinon un grand effort d'imagination, au moins une grande puissance matérielle. Le pays est solitaire, calme et aussi sauvage que le comporte la Chine. Assurément ces montagnes n'ont rien d'imposant, de grand, d'alpestre; ici, point de gorges ténébreuses, point de rochers menaçants, point de teintes sinistres, rien de ce qui indique un grand bouleversement, un cataclysme géologique, mais une certaine mélancolie maniérée, quelque chose comme une élégie de Millevoye.

Du haut de la terrasse où nous sommes placés, nous voyons la ville de Nankin dans toute son étendue, terminée par le Yang-tze-kiang, couvert de ses barques, de ses jonques, que domine de toute sa hauteur le *Primauguet;* à droite et à gauche, la muraille d'enceinte, comme un lacet, monte, descend ses pentes, suivant exactement les inégalités du terrain. Enfin l'heure nous presse, il faut partir. Jetons un dernier adieu à ce paysage que nous ne reverrons probablement plus; c'est le seul, depuis notre entrée en Chine, qui nous ait captivés.

Le retour fut interminable; nos chevaux bronchaient, hésitaient, refusaient d'avancer; nos ânes protestaient dans leur langage inharmonieux; les ruines succédaient aux ruines, les canaux aux canaux, les enceintes de palais aux enceintes de palais, et toujours devant nous nous voyions la fameuse porte triomphale que nous devions traverser; enfin nous la passons, et nous tombons, moulus, harassés, morts de faim et de soif, sur les bancs de l'embarcation qui nous ramène à bord, après une absence de douze heures, dont neuf au moins avaient été employées à chevaucher. Tout le monde alla se coucher après le souper, et il eût fallu un péril bien réel, bien positif, pour nous réveiller et nous arracher de notre lit.

Ceux qui voudraient connaître plus à fond l'histoire de la ruine de Nankin n'ont qu'à lire la relation de l'amiral Hope, qui visita Nankin pendant le séjour des Taï-ping. La destruction était déjà accomplie à moitié, et vingt ou trente mille brigands campaient dans cette enceinte, livrés à toutes les débauches, entourés de femmes, d'enfants volés, servant à leurs plaisirs et formant une sorte de garde *héliogabalesque* (le mot est de l'amiral anglais). Le chef, singeant l'empereur, trônait au milieu d'une cour des miracles; son cerveau, troublé par quelques conversations qu'il avait eues avec des missionnaires protestants, avait conçu cette formule étrange; il se disait fils de Jésus-Christ et de la même famille que Mahomet. L'amiral s'aperçut bientôt qu'il avait affaire à des bandits, et non à un parti de rebelles, et qu'il était impossible de songer à traiter avec de pareilles gens. La neutralité observée jusqu'alors entre les deux parties par les Européens fut rompue; on créa des corps franco-chinois, anglo-chinois, américo-chinois. L'amiral Protet, M. Lebreton, M. Tardif, trouvèrent la mort dans ces expéditions, ainsi que M. le général Ward, qui un moment occupa le monde de ses exploits.

Le lendemain, nous quittions Nankin, emportant avec nous le seul bon souvenir que nous ayons conservé jusqu'à présent de la Chine. Le courant aidant, nous descendîmes vite le fleuve. La mer, si clémente pour nous depuis Marseille, voulut nous faire sentir le prix de ses bienfaits, et depuis l'embouchure du Yang-tze-kiang jusqu'à la pointe du cap Chan-toung, nous eûmes gros temps. Le navire se mit à rouler, à tanguer; le vent sifflait dans les cordages; de temps à autre, une lame balayait le pont; à l'intérieur, c'était pis; les portes s'ouvraient avec fracas, projetant un individu qui, tout trébuchant, battait la chambre d'un bord à l'autre avant de trouver un siége pour s'échouer. A table, c'était un supplice; on ne pouvait manger sans précautions inouïes, et les craquements du navire avaient quelque chose de sinistre et de mauvais augure.

A peine le cap Chan-toung doublé, le vent se calme, et nous trouvons le golfe du Pe-tchi-li, uni comme une glace; chacun se secoue, se détire et oublie, avec les souffrances du mal de mer, les serments de ne plus naviguer. Nous arrivons à Tche-

fou ; c'est notre avant-dernière station avant Pékin,
où il est vraiment temps d'arriver, car voilà bien
des semaines, bien des mois même que nous courons après.

Tche-fou est une ville de peu d'importance.
Cependant c'est la seule rade dans le nord de
la Chine qui ne soit jamais fermée par les glaces ;
mais les moyens de transport sont si imparfaits
dans le Céleste Empire, et les routes si mauvaises
et si peu sûres, que tout port qui n'est pas situé sur
une rivière, et ne peut trafiquer par eau avec
l'intérieur, est nécessairement sans importance. Les
négociants européens sont peu nombreux à Tche-fou.
La spécialité de cette ville est de servir de rendez-
vous à toute la fashion des côtes de Chine ; c'est le
Dieppe de l'extrême Orient. Une jolie chasse aux
perdrix, des huîtres, des crevettes, une belle plage
pour se baigner, tels sont les appâts qui attirent le
high life de Chang-haï et de Hong-kong.

Les quelques heures passées à Tche-fou nous suffisent pour nous prouver que si cette place est
agréable à habiter comme station balnéaire, elle n'a
aucun intérêt pour le touriste ; les maisons ne sont
ni européennes ni chinoises ; la ville paraît pauvre et
mal entretenue ; pas de gaz, pas de voitures, pas de
macadam, enfin rien de ce qui constitue aux yeux
de M. Prudhomme une belle ville. L'aspect du pays
est moins laid que dans le sud ; les montagnes sont

assez près pour faire illusion sur leur hauteur réelle, et quelques teintes roses et lilas ont la prétention de jouer un effet de lumière. On prétend que ces montagnes renferment de grandes richesses minérales; on parle d'or, d'argent, de charbon de terre de première qualité, trésors inexploités par les Chinois et dont ils ne veulent à aucun prix laisser profiter les étrangers.

De Tche-fou à Tien-tsin, c'est une promenade de vingt-quatre heures, et le lendemain nous nous réveillons en face des forts de Ta-kou. Pour entrer dans le Pei-ho, nous devons quitter le *Primauguet*, dont le tirant d'eau est trop considérable, et nous nous embarquons sur le *Déroulède*, petit aviso que nous avons à la remorque depuis Chang-haï. Nous nous séparons du *Primauguet*, non sans un serrement de cœur; nous avions trouvé là de bons compagnons, et l'on se lie si vite en voyage! Un dîner ou, comme on dit dans le langage du bord, un *rata* nous valut une pièce de vers de l'équipage, poésie naïve et burlesque, mais d'un charme inexprimable, parce qu'elle peint bien le matelot français, mélange d'héroïsme et d'enfantillage, de courage et de paresse, d'insouciance et d'activité; braves gens qui vont au feu comme à une fête et supportent avec gaieté les épreuves les plus dures. Le rôle d'un équipage par le gros temps est des plus fatigants, des plus dangereux, et cependant aucun ne faiblit;

et si, dans une manœuvre difficile, on entend tout à coup retentir ce cri sinistre : Un homme à la mer! vingt, trente, cent voix demandent la permission de descendre une embarcation et de tenter un sauvetage impossible et funeste. Un signe de l'officier arrête ces dévouements; chacun comprend, détourne la tête et fait un signe de croix en guise d'adieu au compagnon à qui la mer va servir de linceul; si le bâtiment est assez grand pour comporter la présence d'un aumônier, on voit sa soutane flotter à l'extrême arrière; il envoie au malheureux le signe de la réconciliation avec Dieu. Mais le temps se calme, les voiles tombent languissantes le long des mâts. La tempête a cessé, les sifflements des cordages, les craquements du navire ne se font plus entendre; le pont est balayé, le *rata* cuit à point; une double ration de vin fait naître la gaieté, et les troubadours de l'équipage entonnent leurs chansons; c'est toujours *bataille* qui rime avec *mitraille,* ou bien, singulier contraste pour des gens dont la vie s'écoule sur les flots, ils chantent les prés et les bois, les fontaines et les troupeaux, leur clocher et leur belle. Toutes les fois que je me suis trouvé au milieu des marins, j'ai toujours admiré cette insouciance qui naît non de l'ignorance du danger, mais de l'habitude de l'affronter. Cet homme qui finit une romance langoureuse, savez-vous ce qu'il a fait? Embarqué comme mousse, il a navigué jusqu'à l'âge de vingt-deux ans, puis il est devenu matelot, a fait partie de la compagnie de débarquement en Corée ; son officier tombe à côté de lui ; jeter son fusil, charger le blessé sur ses épaules, fut l'affaire d'un instant ; mais le feu ne cesse pas, une balle atteint le matelot, il chancelle.

Cependant, grâce à un effort désespéré, ils arrivent, l'un portant l'autre, à l'ambulance ; on soigne leurs blessures, on les guérit, et la croix de la Légion d'honneur est demandée et obtenue pour ce marin. Cette distinction en fait un personnage à bord. Quel usage fit-il de ses premiers deux cent cinquante francs ? Il les consacra à l'achat d'une paire de souliers à bouffettes et d'un pantalon bien large par le bas, bien serré au genou. Je ne crois pas qu'il y ait un homme plus heureux ici-bas.

La barre du Pei-ho est franchie, les forts de Ta-kou sont derrière nous, nous voici en pleine rivière. Adieu la grande navigation, et, ma foi ! tant mieux ! Le Pei-ho serpente entre deux rives plates et désolées ; par rapport aux fleuves de Canton et de Chang-haï, il fait l'effet d'un ruisseau ; le courant est à peine sensible ; la rivière est couverte de jonques, et la navigation très-difficile pour un grand bateau. Pauvre *Déroulède!* avec sa machine poussive et ses ais vermoulus, comment nous mènera-t-il à Tien-tsin ? Le commandant sue sang et eau pour éviter les avaries et se diriger dans ce lacet au milieu des obstacles de tous genres qui contrecarrent ses manœuvres; il me fait l'effet d'un excellent cocher ayant à conduire des chevaux rétifs à un retour de courses. Nous avançons cependant; mais que le pays est laid! c'est à faire pleurer: des terres jaunes, sablonneuses, sèches, quelques arbres dépaysés, des maisons à toits plats et à terrasses en terre séchée; rivière, terrain, maisons, tout a la même teinte jaune sale; les arbres sont poudreux, et l'on distingue à peine la couleur de leurs feuilles. Nous voyageons ainsi pendant une dizaine d'heures. Le coucher du soleil ranime un peu le paysage; l'astre se couche dans un lit de pourpre; les horizons s'agrandissent, et les vapeurs du soir amollissent les teintes d'ocre qui ont désolé nos yeux. Au reste, quel est le paysage qui ne gagne à être vu au soleil couchant? Le soir engendre certaines mélancolies auxquelles il est difficile de ne pas s'abandonner; le calme qui enveloppe la nature amène une réaction dans l'esprit du spectateur, et malgré soi, l'on se sent porté à la méditation.

Nous arrivons à Tien-tsin longtemps après la nuit close; mais le *Déroulède* est si petit qu'il n'y a pas de place pour nous coucher tous; aussi à peine a-t-il jeté l'ancre en face des concessions européennes, qu'une partie d'entre nous descend à terre pour réclamer l'hospitalité du consul de France; car, à Tien-tsin, il n'y a pas d'auberge, bonne ou mauvaise, où l'on puisse descendre. Le consulat est à l'autre extrémité de la ville, et les distances sont toujours énormes dans une ville chinoise. Nous faisons une promenade de trois quarts d'heure pour gagner notre gîte. Faire une description de Tien-tsin est inutile ; nous ne voyons rien que nous n'ayons déjà vu, et j'ai peur de donner des nausées à force d'insister sur les immondices qui encombrent les villes chinoises.

Au demeurant, notre promenade nocturne n'est gênée par personne ; nous ne rencontrons pas une âme sur notre chemin, et, sans les chiens dont nous dérangeons le sommeil et qui s'éloignent en jappant, nos voix troubleraient seules le silence de la nuit. Après une foule de circuits, nous arrivons en face de la rivière, nous la traversons dans un bac. De l'autre côté, se trouve le consulat. On me montre ma chambre, et je me couche harassé de cette journée et plus que jamais dégoûté de la Chine et des Chinois.

Le consulat de France est situé dans une position charmante en tout autre pays, bâti au bord de l'eau, à l'embouchure du Pei-ho et du canal Impérial. Tout le mouvement de Tien-sin se passe devant sa porte. Mais l'eau du Pei-ho est sale, jaune, boueuse, et de plus couverte de barques misérables et dégoûtantes. Le remous formé par les deux courants a un autre inconvénient, celui d'arrêter les cadavres qui descendent vers la mer. Juste en face du consulat, il y a des moments où ces charniers deviennent intolérables, et j'ai vu moi-même, à un second voyage que je fis à Tien-tsin quelques mois plus tard, les cadavres encombrer à un tel point la rivière qu'on fut obligé de prendre des mesures de police pour les faire disparaître.

Les barques sur lesquelles nous devons remonter le Pei-ho sont prêtes et forment une vraie flotte au pied du quai, dix-huit embarcations, et encore on craint de manquer de place. Il est vrai d'ajouter que la traversée dure trois jours, et que ces sampans sont trop petits pour loger plus d'une personne. Les bagages, les gens, la cuisine, le mandarin préposé à notre garde, tout cela fait nombre et nous cause un grand travail d'organisation; nous profitons d'un instant de répit pour aller visiter les glacières si célèbres, où l'on conserve les fruits d'une saison à l'autre. Elles n'ont rien de monumental, mais l'idée est ingénieuse; de grands blocs de glace, taillés dans le fleuve, d'environ cinquante centimètres cubes, sont apportés dans un grand trou et enferment comme dans une boîte des paniers pleins de fruits; au fur et à mesure des besoins, on démolit l'édifice. Pour préserver ces glacières pendant l'été, on les couvre d'une épaisse couche de paille sur laquelle on étend des feutres, puis un plancher, et enfin on bâtit un hangar en hachures de bambous avec un toit très-épais.

Le lendemain, le départ fut décommandé. La chaleur était intolérable; le thermomètre marquait 40 degrés centigrades; un vent chaud et desséchant, sorte de *sirocco*, soufflait avec violence, et bientôt la ville, les maisons, la cour furent enveloppées dans un nuage de poussière si pénétrante, si épaisse, que non-seulement tout départ, mais toute sortie dans la cour, était devenue impossible. Au coucher du soleil, la tempête se calma et permit notre départ le lendemain matin.

Rien de plus ridicule que ce mode de locomotion; toutes les barques se suivaient à la file les unes des autres, la cuisine en avant. A peine sortis de la ville et des embarras occasionnés par le rassemblement des sampans à l'entrée de Tien-tsin, on s'arrêta; et quel ne fut pas notre étonnement de voir sortir de chaque barque trois Chinois s'attelant à une ficelle et nous halant de la sorte! Hélas! notre parcours est de trente à quarante lieues en suivant la rivière; quand arriverons-nous? Aller à la cordelle, c'est à périr d'ennui; enfin, à quoi ne s'accoutume-t-on pas? Le soir nous trouva résignés; toutes les barques s'arrêtèrent, et nous mangeâmes sur l'herbe un détestable dîner. La nuit ne fut pas un remède à nos maux; protégés par des planches mal jointes, nous ne perdîmes ni une goutte de la rosée, ni un souffle des vents coulis, et pour nous remettre de tous ces ennuis, le paysage le plus odieux, le plus insipide,

La laideur des bords du Pei-ho est proverbiale en Chine, et certes ce n'est pas une réputation usurpée.

O sinologues qui depuis vingt années vous êtes donné la mission de faire admirer la Chine à l'Occident, que n'êtes-vous ici! votre désillusion serait complète, et je suis certain, au retour, de vous voir brûler sans pitié tous les ouvrages mensongers où vous puisez vos renseignements. Mais enfin vous êtes encore excusables, vous n'avez pas vu par vos yeux, et votre seule faute est de croire à la véracité des auteurs chinois. Mais vous, voyageurs qui avez fait ce trajet, où aviez-vous vos yeux? Il faut une imagination bien puissante pour faire de la route de Tien-tsin à Pékin les tableaux que j'ai lus. Mais, bon Dieu! où avez-vous vu de grands arbres, des temples pittoresques, des maisons de plaisance? Il faut que, depuis votre passage, le pays ait bien changé. Nous ne voyons, nous, que des terrains desséchés, poussiéreux, couverts de récoltes rachitiques, des eaux bourbeuses et puantes, des villages misérables et en ruine, des Chinois en haillons et demandant l'aumône avec la persistance que donne une faim inassouvie. Voilà le spectacle qui nous attriste toute la journée, et comme on ne voyage pas vite à la cordelle, nous avons tout le temps d'en noter les détails et d'en savourer l'amertume jusqu'à la lie.

Le troisième jour de cette navigation, nous fûmes

assaillis par une de ces tempêtes de poussière auxquelles les Chinois donnent le nom de vent jaune. Nos bateaux n'offraient qu'un abri incomplet, et nous fûmes vite recouverts d'une couche de poussière si épaisse qu'il était impossible de reconnaître la couleur d'un seul objet; nos lits, nos vêtements, nos livres, tout fut couvert, et notre intérieur prit l'aspect d'un champ au lendemain d'une neige abondante. Avec ou sans résignation, nous fûmes soumis à ce supplice pendant six heures. Le vent calmé, nous sortîmes de nos cabines si bien enfarinés que ce fut par un éclat de rire que nous nous accueillimes les uns les autres.

Le lendemain, vers les neuf heures, nous arrivons à la ville de Tong-tcheou, lieu tristement célèbre par la trahison des Chinois à l'égard de nos compatriotes, trahison qui occasionna la mort de tant de braves gens. C'est le terme de notre navigation; un dernier effort, et nous sommes à Pékin. Une pagode en assez bon état nous servit de refuge jusqu'à ce qu'on eût débarqué nos effets. Tout le monde était gai, dispos; nous sentions la fin de nos fatigues et espérions, le soir même, coucher à Pékin, terme et but de notre voyage.

Après avoir placé nos bagages sur des brouettes, seul moyen de transport que nous ayons pu nous procurer, nous prenions pour nous-mêmes des ânes de louage, et nous voilà partis; il ne nous restait plus que seize ou vingt kilomètres à franchir. En sortant de la ville, nous laissons sur la droite le pont de Pa-li-kao, autre nom célèbre. La route que nous suivons ne traverse assurément pas un beau pays, mais de grands cyprès abritant les sépultures des riches Pékinois, la vue des montagnes dans le lointain, la laideur du pays que nous quittons, et enfin et surtout la joie d'arriver, changent le cours de nos idées et nous montrent le pays sous un aspect riant. Tout en devisant de choses et d'autres, nous arrivons à la porte de Pékin, où des chaises nous attendaient; nous entrons enfin dans cette capitale, après un voyage de trois mois et demi, exécuté par tous les moyens de locomotion connus, depuis le train express jusqu'à la brouette, depuis le steamer jusqu'à la barque tirée à la cordelle, et ce n'est pas sans un sentiment de satisfaction que nous franchissons le seuil de notre maison; mais nous sommes destinés à vivre longtemps à Pékin; prenons donc le temps de défaire nos malles et de nous installer avant de visiter et de parler de Pékin, dont le nom seul éveille toutes les curiosités et donne un coup de fouet aux imaginations les plus paresseuses.

V

PÉKIN ET SES ENVIRONS

Il y a dans le monde un certain nombre de villes qui ne ressemblent à aucune autre, et dont l'originalité est telle que pour s'en faire une idée il faut y avoir été. En Europe, Venise et Constantinople; en Asie, je citerai Ispahan et Pékin. On ne peut pas dire que cette dernière ville soit superbe, ni que le spectacle que l'on y voit soit des plus sympathiques; mais c'est étrange et ne ressemble à rien.

La capitale du Céleste Empire est, comme chacun le sait, composée de deux villes distinctes : la ville tartare, habitée par les fonctionnaires, contient et le palais impérial et tous les édifices publics; la ville chinoise est habitée par les Chinois et concentre toutes les affaires commerciales.

La ville tartare est en décadence; l'empereur actuel ne ressemble pas à ses aïeux Kang-hy et Tien-long, et le luxe impérial n'est plus guère qu'une fiction; les Mandchoux ont vu diminuer leurs pensions, et la plupart renoncent aux avantages que leur donnait leur nationalité pour rentrer dans la classe commune et trouver des moyens d'existence en se livrant à des travaux interdits à leur race.

Les deux villes sont appliquées l'une contre l'autre, de sorte que la muraille sud de la ville tartare est aussi la muraille nord de la ville chinoise. Toute la différence extérieure entre ces deux cités consiste seulement en ce que les murailles de la ville tartare sont plus élevées que celles de la cité chinoise.

Il existe plusieurs descriptions de Pékin; mais, tout en étant matériellement exactes, elles entretiennent les illusions du lecteur; on y parle des boulevards de Pékin sur un ton d'emphase d'où l'on se sent tenté d'induire que les boulevards de Paris sont très-inférieurs; à en croire ces panégyristes, toutes les cours sont dallées en marbre, tous les ponts sont d'albâtre, les rues sont décorées d'arcs de triomphe, des lacs artificiels, des canaux, des parcs aux frais ombrages rendent le paysage ravissant. Les maisons seraient recouvertes de tuiles vernissées, reluisant au soleil; partout on rencontrerait des magots de porcelaine, des monstres en bronze, des animaux héraldiques en émail cloisonné; à entendre l'énumération de tous les palais, de tous les édifices à noms ronflants, de tous les colléges, de tous les temples on se croirait à Gênes ou à Rome ; comment échapper à l'enthousiasme, quand on vous parle de la porte de la Tranquillité orientale ou de celle des Principes? Tout cela tombe devant la réalité. Les boulevards sont larges, il est vrai, mais ce sont des cloaques, dont la poussière, les trous, les ordures et les détritus humains font vite perdre toute illusion.

De tous les fléaux de Pékin, la poussière est le plus à craindre, car il est impossible de l'éviter. Les collines qui séparent la plaine de Pékin du plateau de Gobi ne sont pas assez élevées pour arrêter les vents qui se lèvent dans le désert et qui se précipitent sur la capitale du Céleste Empire, entraînant avec eux des nuages de poussière; ce sont de véritables tourbillons jaunes qui enveloppent la ville, pénètrent partout, salissent les appartements et rendent toute sortie impraticable. Je me rappelle une de ces tourmentes, quelques jours après notre arrivée. Cette tempête, accompagnée d'éclairs et de coups de tonnerre, fut si forte qu'en un instant les ténèbres se firent; mais, comme l'électricité avait paralysé le vent, toute la poussière ambiante s'était abattue sur Pékin. Les premières gouttes de pluie étaient changées en mortier.

Une autre fois, pendant l'hiver, ce vent survint à

la suite d'une neige assez abondante et la couvrit d'une couche de poussière, de sorte que tout devint jaune, la terre, les toits, les arbres eux-mêmes.

Sans ces coups de vent malheureusement assez fréquents, sans cette poussière qu'une voirie intelligente pourrait diminuer sensiblement, le climat de Pékin, malgré ses excès de chaleur et de froid, serait charmant ; en effet, les grandes chaleurs et les grands froids ne durent jamais plus d'un mois ; le reste de l'année, le ciel est serein, et il ne pleut presque jamais. En hiver, sauf de rares exceptions, il est toujours possible de sortir l'après-midi, et le froid intense ne se manifeste que la nuit, de sorte qu'avec des appartements bien chauffés on s'en aperçoit à peine. Quant aux quinze jours de grande chaleur, l'on fuit Pékin et on va se réfugier soit dans les lamaseries des environs, soit aux bains de mer de Tché-fou.

Les Chinois arrosent les rues ; mais, comme l'eau est rare à Pékin et qu'il faut la monter de puits assez profonds, c'est avec le contenu des vespasiennes que l'on remplit les arrosoirs ; l'odeur des rues, après cette opération, est insoutenable ; mais ce n'est pas tout : de place en place dans les rues se trouvent de petites mares remplies de purin, où l'on fabrique de la poudrette. Les Chinois n'ont pas de nerfs olfactifs ; ils ne s'aperçoivent pas des ordures qui les entourent, et le sentiment de la pudeur est si peu connu chez eux que les closets sont en pleine rue.

Mais les mauvaises odeurs et la poussière ne sont pas les seuls inconvénients qu'on ait à redouter à Pékin ; une foule énorme circule dans les rues, et, malgré la largeur des boulevards, on est arrêté à chaque pas par des enchevêtrements inextricables. Les charrettes, les chaises à porteurs, les cavaliers et les piétons sont en nombre suffisant pour remplir les rues, de sorte que les files de chameaux et les cortéges formés par les enterrements ou les mariages, quand on vient à en rencontrer, arrêtent absolument la circulation, sans compter que les Chinois, dont la politesse est pourtant proverbiale en Europe, jouissent à cet égard d'une réputation usurpée ; c'est le peuple le moins serviable de la terre ; jamais un Chinois ne cherchera à éviter de gêner ses voisins. Un homme court-il risque d'être écrasé, personne ne lui crie gare, pas même le cocher qui le menace ; l'égoïsme est à l'ordre du jour dans toutes les classes ; on voit avec mépris et indifférence les souffrances d'autrui, et la misère la plus effroyable n'excite aucune pitié. Nulle part on ne rencontre des mendiants plus hideux, et nulle part cependant il ne faut plus d'instance pour obtenir une aumône quelconque.

Quant aux étrangers, ils sont conspués à Pékin. Trop lâche pour attaquer de face un Européen, le Chinois, espérant que l'étranger ignore sa langue, profite de cette circonstance pour lui dire les injures les plus sanglantes, non sur ce ton menaçant qui peut se passer d'interprète, mais avec l'intonation ordinaire de la conversation, et l'on ne s'apercevrait de rien si les rires de l'auditoire n'indiquaient qu'il vient de se passer quelque chose d'insolite. « Lapin sauvage, œuf de tortue, diable rouge, voilà mon fils qui passe » : tels sont les propos les plus habituels. Ces propos paraissent assez innocents, mais, expliqués, ils sont d'une grossièreté impossible. « OEuf de tortue » est l'expression vulgaire pour désigner une proxénète ; quant aux autres, je renonce à les expliquer. Les enfants fuient à notre approche, les chiens se reculent en grognant, et les femmes détournent la tête de leurs babys du côté du mur, de façon à leur éviter le mauvais œil.

La meilleure manière de circuler dans Pékin, c'est à cheval, en ayant soin d'avoir un domestique devant pour faire place, et un autre derrière qui empêche qu'on jette des cailloux ; nous avions aussi l'habitude de nous faire suivre par deux ou trois levriers qui nous débarrassaient des chiens errants. Toutefois, pourvu qu'on ait assez d'empire sur soi pour ne jamais témoigner qu'on a compris les injures des passants, il n'y a aucun danger réel à circuler dans la ville, même dans les quartiers les plus éloignés, et l'on assiste, chemin faisant, à des détails de mœurs très-amusants. Tout promeneur, doué d'un peu d'esprit d'observation, est friand de ces expéditions; mais, dans les commencements surtout, le jugement qu'il porte des Chinois n'est pas à leur avantage. Les cuisines en plein vent lui donnent des nausées, les passants l'infectent de leur parfum à l'ail. Les magasins l'intéressent peu, car les objets de prix ne sont jamais à la montre, afin d'échapper à la convoitise des mandarins et surtout de leurs domestiques; mais il assistera à des scènes populaires étonnantes; il sera poursuivi par les demandes d'une pauvresse déguenillée, mais coiffée avec soin et portant une fleur dans ses cheveux. Il examinera les bateleurs, les charlatans, les médecins en plein air, et ne pourra s'empêcher de sourire à la vue de groupes humains stationnant sur le pas des portes. Parmi les hommes, les uns sont absorbés par l'occupation de fumer dans des pipes à fourneaux imperceptibles, qu'il faut rebourrer sans cesse; d'autres tiennent à la main un long bâton au bout duquel est perché un oiseau apprivoisé. Il faut venir à Pékin pour voir des vieillards à barbe blanche marchant avec précaution, tenant une alouette au bout d'une gaule, ou s'amusant à traîner un cerf-volant. Une des occupations les plus habituelles consiste à tenir dans la main deux boucles d'acier auxquelles on imprime un mouvement de rotation perpétuelle; on prétend qu'il se dégage un courant électrique qui guérit les rhumatismes. Les Chinois aiment beaucoup encore à taper, à l'aide d'une baguette, sur un tambour de basque.

Mais poursuivons notre promenade. Quel est ce bruit, et d'où vient cette procession de ramoneurs coiffés d'une calotte de feutre noir, ornée d'une aigrette rouge ? — C'est un mariage ou un enterrement ; le même personnel sert à ces deux cérémonies, et l'on ne peut distinguer l'un de l'autre avant d'avoir vu la chaise à porteurs rouge, décorée de petits morceaux de cristal, servant à la mariée, ou le catafalque ambulant, porté par seize hommes, contenant le cercueil, recouvert d'un drap mortuaire en satin violet, brodé de dragons d'or et d'argent. La procession est la même dans les deux cas ; les musiciens jouent les mêmes airs, et les bouffons débitent les mêmes plaisanteries ; les mêmes thuriféraires portent les mêmes torches. Pour les enterrements de première classe, il y a des détails intéressants à noter ; d'abord ce fait, que le Chinois considère comme un sacrilége de faire quitter la position horizontale au cercueil. De là des prodiges d'équilibre dans les montées et les descentes ; pour faciliter le travail des porteurs, les gens riches font faire des ponts sur le moindre ravin, et lors de l'enterrement du dernier empereur, on a fait de Pékin à la sépulture impériale, c'est-à-dire sur un trajet d'une cinquantaine de lieues, une route à travers champs, évitant la moindre inégalité de terrain.

Sitôt qu'un Chinois meurt, la famille se transporte sur la place publique la plus voisine, et là, au milieu des larmes et des gémissements, des prêtres bouddistes allument un grand feu et brûlent, tout en récitant leurs prières, des maisons, des chevaux, des femmes, des enfants en papier; puis on met le cadavre dans un énorme cercueil, aussi épais et massif que possible, que l'on achève de remplir avec de la poudre de chaux vive. Cette opération terminée, la fête commence dans la cour, transformée en hangar, grâce à une couverture en paillassons; on banquette et l'on joue la comédie pendant des semaines, chacun des invités payant sa part du festin plus ou moins généreusement, suivant sa richesse et son degré de parenté avec le défunt. Les enfants, les veuves, les domestiques prennent le grand deuil, qui, en Chine, consiste en une robe de colonnade blanche, grossière, que l'on ne doit quitter ni jour ni nuit. On cesse de se raser la tête, et l'on s'abstient de toute ablution, jusqu'au jour de l'enterrement, pour lequel on déploie tout le luxe dont on est susceptible. Il arrive même que des familles sont absolument ruinées par les dépenses de ces funerailles.

Les pompes funèbres louent une famille désolée, la femme s'arrache les cheveux et les replace la hâte pour pouvoir les arracher de nouveau, quelques pas plus loin. Des enfants sont tellement accablés par la douleur qu'on doit les soutenir sous les bras pendant toute la durée de la cérémonie; de temps à autre, l'un d'eux disparaît pour remettre du blanc sur sa figure et boire une tasse de thé, puis il reprend sa place, plus morne et plus abattu que jamais. Pour quelques sapèques de plus, sa douleur se changera en convulsions, les pleurs l'étoufferont, et l'on sera obligé de tendre par terre un tapis sur lequel il se roulera en poussant des gémissements; une fois la crise passée, on replie le tapis que l'on déploie quelques pas plus loin. Toutes les dix minutes, un monsieur à l'air funèbre fourre le bras dans un sac, en retire une poignée de morceaux de papier qu'il brûle; ceci a pour but d'annoncer que la violence de la douleur est telle qu'on brûle des billets de banque sans souci de l'avenir. On incendie de la même façon des lingots d'or et d'argent en carton doré ou argenté.

Mais un pareil cortége intercepte la circulation; garons-nous vite pour ne pas être écrasés, et montons sur la muraille d'enceinte, d'où nous jouirons du spectacle sans être bousculés. C'est un magnifique travail, et, ainsi perchés, on respire un air pur et sain. Cette muraille a réellement très-grand air; la conception de cet ouvrage n'a pas demandé un grand effort d'imagination, mais sa réalisation indique un grand déploiement de force matérielle. Elle a été édifiée par un empereur de la dynastie des Ming, et date, je crois, du quinzième siècle; c'est un énorme quadrilatère de vingt-huit kilomètres de tour, flanqué, tous les cent mètres environ, de bastions avec contre-forts en saillie. Les portes, surmontées d'énormes pavillons à sept ou huit étages, bien massifs, servant d'arsenaux, font un effet superbe, et vu à cette hauteur, le toit, à bords retroussés à la façon chinoise, ne manque ni de grâce ni d'originalité Mais voici un détail bien chinois : n'ayant pas assez de canons pour garnir toutes les embrasures, on a imaginé de peindre sur les volets des meurtrières des gueules de canon, espérant sans doute par ce stratagème effrayer l'ennemi et lui donner le change sur la force réelle des assiégés.

Ce détail peint bien le caractère chinois, mélange d'enfantillage et de ruse. Au demeurant, les ouvertures seraient-elles toutes garnies de vrais canons, que la sécurité de la ville n'en serait pas augmentée. Sans affûts, sans poudre, sans boulets, sans artilleurs, que ferait-on de quelques canons de plus? Pékin sera toujours à la merci d'une simple brigade de n'importe quelle armée européenne, et le gouvernement chinois est aussi persuadé que moi de cette vérité.

On raconte une anecdote très-drôle sur la reddition de Pékin, en septembre 1860; les alliés avaient remporté la victoire de Pa-li-kao; le palais d'Été avait été brûlé ; l'empereur s'était enfui en Mandchourie, et l'armée était campée à cent mètres de la place. Pour éviter un bombardement inutile, on envoya des parlementaires chargés de sommer Pékin de se rendre. Les gardiens refusèrent énergiquement d'obtempérer à cet ordre, objectant qu'on leur avait défendu d'ouvrir les portes, et que leur désobéissance serait punie de mort; on discuta longtemps sans pouvoir rien obtenir; enfin, à bout de patience, on allait donner l'ordre de faire une brèche, lorsqu'un des gardiens dit : « Mais vous nous demandez d'ouvrir la porte : nous ne le pouvons sans signer notre arrêt de mort : mais avez-vous regardé si elle était fermée? » On s'approcha, et l'on s'aperçut que, pour n'être pas obligés de désobéir à leurs ordres, les gardiens avaient laissé la porte ouverte, de sorte qu'on n'avait qu'à entrer. Voilà encore un trait qui dépeint bien le caractère chinois.

Pour faire le tour des murailles de Pékin, il faut marcher pendant cinq heures au moins; c'est une longue promenade, mais pleine d'intérêt. Le côté sud se trouve mitoyen avec la ville chinoise; à l'est est situé l'observatoire, bâti au seizième siècle par le père Shall, et telle est la sécheresse du climat que les instruments soumis depuis cette époque à toutes les intempéries sont cependant restés dans un état de conservation parfait; c'est la plus belle collection connue de bronzes chinois. Les socles des sextants, des lunettes, des télescopes, sont en bronze travaillé et coulé sur des modèles chinois, sous la direction des pères jésuites, avec un soin et un fini dont on n'a pas d'idée. Ce sont des dragons rampants, grimpants, grimaçants. Quant aux instruments en eux-mêmes, ils n'ont aucune précision; ce sont ce qu'on appelle des instruments de démonstration. L'empereur Kang-hy désirant apprendre l'astronomie, les missionnaires avaient fait construire ces instruments d'apparat à l'aide desquels ils expliquaient à leur auguste élève les problèmes les plus ardus, dont la solution était due ensuite à des instruments de précision d'une dimension moindre et dont on ne pouvait se servir sans de grandes précautions et une grande habitude.

Au nord et à l'ouest, on a une vue ravissante sur les collines qui séparent la plaine de Pékin du plateau de la Mongolie; mais, du côté de la ville, le spectacle est moins attrayant; on aperçoit surtout des maisons en ruine, des terrains vagues, peuplés de porcs et de chiens errants, des arbres poussiéreux et maladifs, et la foule chinoise déjà si souvent dépeinte.

Du haut des murailles de Pékin, on ne domine pas assez la ville impériale pour voir ce qui se passe à l'intérieur du palais; mais on est déjà assez élevé pour se faire une idée du plan des bâtiments qui le composent. C'est une suite de grandes cours carrées ayant sur chacune de leurs faces un pavillon détaché de son voisin. Quelques toits de pagodes ronds ou en forme de parapluie ou de turban détruisent la monotonie de ces grandes lignes chargées de tuiles vernissées d'une couleur jaune orange. Le jaune est la couleur impériale, et tout ce qui sert au souverain est de cette nuance, même ses vêtements et sa vaisselle.

Tous ces bâtiments sont entourés de jardins et de parcs, au milieu desquels se trouve la célèbre montagne de charbon. Cette colline artificielle sauve le paysage de Pékin; elle sert à cacher un peu toutes les ruines des palais, et comme elle est couverte d'arbres, cette végétation fait illusion et permet de croire à des ombrages profonds et mystérieux.

Un des arbres de ce parc a servi de potence au dernier empereur de la dynastie des Ming. Ce souverain, assiégé par les ancêtres de l'empereur actuel et craignant de mourir dans d'horribles supplices, se pendit lorsqu'il apprit que l'ennemi avait pénétré dans Pékin, et le vainqueur ne trouva plus qu'un cadavre attaché aux branches. Il rendit immédiatement un décret qui condamnait l'arbre, qui avait commis le forfait de servir au suicide d'un fils du Ciel, à être chargé de chaînes, et, depuis cette époque, chaque année, l'empereur vient y faire un sacrifice pour demander pardon au ciel de l'injure qu'il avait reçue en cette occasion.

Pékin, vu ainsi à vol d'oiseau, laisse un souvenir plutôt agréable ; ce spectacle ne manque ni de calme ni de grandeur ; mais il ne faut pas regarder de près la plupart de ces monuments, pas plus qu'il ne faut s'approcher des décors de théâtre ; sinon on constate que la plupart des arcs de triomphe qui, chose singulière, sont presque tous élevés en commémoration de veuves qui n'ont pas voulu se remarier, sont soutenus par des piliers vermoulus, et que les peintures en sont dégradées et tombent par écailles. Les portes des palais sont brisées, les gonds rouillés refusent service, les canaux sont à sec et ne servent plus qu'à entretenir la puanteur des rues et à engendrer des miasmes épidémiques. La plupart des maisons tombent en ruine, les hommes sont vêtus de haillons ; en un mot, tout sent la misère et la décadence.

Mais, me dira-t-on, que va-t-on voir en Égypte, en Perse, en Asie Mineure et même en Grèce, sinon des masures, des ruines, des taudis et des haillons ? N'est-ce qu'en Chine qu'on rencontre des hommes tremblant la fièvre, et des enfants à demi nus montrant un ventre ballonné, supporté par des jambes grêles et rachitiques ? C'est vrai, l'Orient est ça surtout, mais il est autre chose aussi. Les huttes chinoises ont le tort de ne pas être éclairées par la lumière de Thèbes ; les Chinois manquent de dignité sous leurs haillons ; le soleil ne peut parvenir à traverser cette calotte de poussière jaune qui couvre la Chine, et l'on n'a, pour dissimuler la misère et la faim, que le spectacle d'un ciel gris et morose ; on a beau faire, il faut un cadre à un tableau.

En outre, la Chine est pauvre au point de vue monumental, tandis que le Levant est d'une richesse incomparable, et je ne connais pas de sensation plus vive, d'attrait plus puissant que l'étude des œuvres de l'antiquité, et de contempler intactes ou restituées par la poésie les maisons habitées par nos pères. La Chine est le pays du monde qui possède le moins de ces souvenirs, surtout dans sa partie méridionale ; il n'y a aucun monument ni à Canton ni à Chang-haï, et nous avons vu ce que les Taï-ping ont fait de Nankin et de la célèbre tour de porcelaine.

La Chine du nord diffère entièrement de la Chine du midi. Pékin est moins chinois que Canton, mais bien plus asiatique. Les habitants de Pe-tchi-li sont plus hommes que les Cantonnais, et à Pékin on rencontre les vestiges d'une grande puissance ; si tout ce qu'on voit n'est pas séduisant, on ne peut cependant s'empêcher de reconnaître que c'est grand et imposant.

Les temples et les lamaseries, dont Pékin et ses environs sont remplis, ont l'inconvénient de se ressembler ; c'est toujours la même série de grandes salles, décorées d'énormes colonnes de bois dur, surchargées de peintures et meublées d'idoles le plus souvent grotesques ; ce sont les mêmes bonzes qui chantent les mêmes litanies, revêtus des mêmes oripeaux jaunes et rouges. Quelques-uns de ces temples sont cependant dans une situation magnifique. L'un d'eux, appelé Tie-tae-seu, ou la terrasse de la Purification, est superbe. Bâti au milieu d'un bois qui recouvre une des collines des environs de Pékin, il possède d'admirables terrasses en marbre et en albâtre. La première fois que j'y fus, c'était en automne, les feuilles avaient jauni, les récoltes étaient rentrées, et la nature avait pris ses premiers habits de deuil. Du haut de cette lamaserie, on avait un panorama si étendu sous les yeux que rien n'arrêtait le regard, si ce n'est cette vapeur bleuâtre et indécise qui enveloppe la Chine et dans laquelle se confond l'horizon. C'était mélancolique au possible, mais d'une douceur de ton pleine de charmes. De temps en temps, on voyait un bonze, avec cet air recueilli et tranquille qui sied si bien aux religieux, aller d'un temple à l'autre veiller aux détails du culte ; des chants voilés par la distance arrivaient à l'état de murmures ; des pies bleues, au plumage éclatant, aux pattes et au bec rouges, voltigeaient de branches en branches, entretenant cette conversation bruyante qui est le propre de leur race ; de grosses couleuvres, vénérées comme des demi-dieux et à demi apprivoisées, s'étalaient le long des balustrades, le ventre au soleil, avec la confiance d'êtres habitués à recevoir des hommages, et regardaient avec une fixité inquiétante pour eux de gros crapauds. Ceux-ci, comprenant le danger qu'ils couraient, auraient voulu fuir, mais ne le pouvaient, retenus par je ne sais quel charme.

Derrière moi, se tenait un vieux bonze chargé spécialement du soin d'un des sanctuaires les plus vénérés de la lamaserie. Ce vieillard était d'un âge si avancé que la mort semblait l'avoir oublié, aveugle, voûté, ne pouvant presque plus parler, il traînait à peine ses pas chancelants, et passait ses journées en prière, récitant une sorte de chapelet bouddhique. Chaque fois qu'il terminait une période, il l'annonçait au monde en frappant un coup sur une grosse cloche dont le son résonnait au fond de la vallée et était répété par tous les échos d'alentour. Impassible à tout événement extérieur, rien ne pouvait arrêter ni troubler sa prière. *Ōmi, to, fou,* s'écriait-il, et la cloche de retentir dans la vallée. Cette scène était superbe ; mais ce vieillard, était-ce réellement un ascète détaché de tout ici-bas, ou bien remplissait-il une fonction pour un salaire ? Je veux croire à la première hypothèse et espérer que ce vieux bonhomme était tout près d'atteindre la perfection du Nirvana, et conserver intact un des souvenirs les plus poétiques de ma vie de voyageur. Au demeurant, je me rappelle avec plaisir mes visites aux diverses lamaseries des environs de Pékin ; mais, avant de raconter ce que j'y ai vu, redescendons de la muraille et reprenons la description de la capitale, dont cette digression nous a un peu éloignés.

L'une des choses qui ont le plus contribué à fausser l'esprit des lecteurs européens sur la Chine, c'est l'abus de l'emphase et des épithètes dont les auteurs ont orné leurs livres ; ils ne parlent que de marbre, d'albâtre, de matières précieuses. Ils ont raison et tort à la fois, suivant la valeur que l'on donne aux mots employés. Quatre poteaux de bois peints en rouge cramoisi et surmontés d'un toit assez coquet en tuiles vernissées peuvent-ils s'appeler un arc de triomphe ? Si oui, il y a des milliers d'arcs de triomphe à Pékin. Si, au contraire, ce mot réveille dans la pensée quelque chose de monumental, de sublime, de grandiose, comme l'arc de l'Étoile, le quadrige du Carrousel, il n'y a pas un seul arc de triomphe dans tout Pékin. De même pour les ponts de marbre et d'albâtre : entend-on quelque chose d'analogue à la matière dont on s'est servi pour bâtir Versailles et Gênes, ou bien prend-on le mot marbre dans son sens scientifique, et désigne-t-il simplement une pierre calcaire ? S'agit-il des carrières de Carrare ou d'un rocher ? Dans le premier cas, n'allez pas à Pékin ; dans le second, croyez au récit des voyageurs, car tous les ponts sont en marbre commun.

13.

Mais ce n'est pas tout; les visiteurs, et particulièrement les pères jésuites du siècle dernier, ont induit les lecteurs dans d'autres erreurs en portant la même méthode dans la désignation des fonctions et des dignités chinoises. Il est fâcheux que le désir d'être clairs et précis ait porté des auteurs, d'ailleurs si éclairés et si exacts, à essayer pour la Chine ce qui avait été reconnu impossible pour l'Europe, c'est-à-dire à faire une traduction des mots employés pour désigner certaines dignités. On tombe tout de suite dans la bouffonnerie, et le marquis de Confucius des sinologues me rappelle le vicomte Ernest de Jupiter de l'*Orphée aux enfers!* Et ces rois présidents de tribunaux! On étonnerait bien le roi d'Angleterre ou les anciens rois de France en leur disant que le mot roi n'explique pas toujours l'idée de souveraineté. Le seul titre traduisible est celui de prince, parce que dans tous les pays il indique une situation. Ainsi, quand on dit : le prince Kong, chacun comprend qu'il s'agit d'un membre de la famille régnante. De même pour les mandarins, les mots préfet, sous-préfet, général, colonel, sont trop absolus et éveillent des idées, des comparaisons trop précises, pour ne pas être impropres. L'administration chinoise est fondée sur des bases tout à fait opposées à celles des administrations occidentales, ne fût-ce que dans ces deux faits : la responsabilité absolue qui pèse sur le fonctionnaire et le rend coupable et punissable des fautes de ses administrés, et la décentralisation qui permet à chaque province d'avoir son budget, ses dépenses, ses lois, ses coutumes, et donne aux gouverneurs des grandes provinces une sorte de souveraineté indépendante du gouvernement central. Dans la conduite des affaires, ces traductions offrent un grave inconvénient, en ce sens qu'elles facilitent des assimilations dont la propagation serait la ruine de l'autorité morale des Européens. Un général chinois peut n'être qu'un simple domestique, et j'ai vu des boutons bleus, auxquels on aurait désiré assimiler nos consuls, apporter la pipe du commissaire impérial de Tien-tsin et servir à table. Comment, si l'on admet ces assimilations, faire comprendre qu'un chef de service européen, fût-il enseigne de vaisseau, ou même sous-officier commandant un détachement, a le droit de traiter ses affaires avec n'importe quel fonctionnaire chinois et d'obtenir de ce dernier des réponses officielles à ses communications officielles.

Il y a deux ponts à Pékin qu'il faut visiter. L'un, au nord, est jeté sur le lac artificiel contigu au palais; c'est le seul endroit de Pékin réellement pittoresque; une nappe d'eau dormante couverte de nénufars, des berges mourantes, quelques arbres bien placés, un escalier contourné dans le style rocaille, descendant dans le lac et servant d'embarcadère à l'empereur, une vue profonde et surtout habilement ménagée, car les Chinois sont des jardiniers habiles à créer une nature de convention, forment un ensemble ravissant. Du milieu des îles s'élancent des toits de pagode à couleurs brillantes qui, enchevêtrés dans le feuillage épais des saules et des acacias, font très-bon effet. Malheureusement le paysage manque un peu de fraîcheur. Les arbres sont poussiéreux, comme ceux qui bordent nos grandes routes le sont au milieu de l'été; les eaux se tarissent, laissant derrière elles un marais; mais au commencement du printemps et pendant les pluies de la fin d'août, c'est un endroit délicieux.

Le pont qui fait face au palais du côté du sud et relie la ville tartare à la ville chinoise est également en marbre; il est célèbre dans le monde entier sous le nom de pont des mendiants. Nul pays, nul siècle n'ont produit une cour des miracles semblable à celle-là. Placé juste en face de la porte de la ville, ce pont a trois travées, si l'on peut nommer ainsi trois chemins séparés entre eux par des balustrades. Celui du milieu est interdit aux voitures et aux cavaliers, et sert de domicile à toute la foule mendiante de Pékin. Là vivent, pêle-mêle avec les détritus de toutes espèces, avec les chiens errants, des êtres la plupart entièrement nus et couverts d'ulcères et de plaies dégoûtantes. Les moins malheureux ont pour vêtement un morceau de paillasson ou quelques lambeaux de peaux de mouton; j'en ai rencontré qui, en guise de feuille de vigne, portaient une brique retenue par une ceinture faite d'un morceau de ficelle. Pendant l'hiver, on enlève chaque matin les cadavres de ceux qui sont morts de froid ou de faim pendant la nuit précédente, et j'ai entendu dire que chaque année leur nombre se chiffrait par centaines. Ce fait n'a rien d'étonnant si l'on observe que Pékin renferme certainement plus de vingt mille mendiants, complétement nus, et n'ayant pour nourriture que les trognons de choux, les épluchures de légumes, tous les détritus enfin qu'ils recueillent dans les rues. En dehors de ces mendiants de profession, on peut affirmer que les trois quarts de la population de Pékin vivent des aumônes et des distributions de l'autre quart, et Dieu sait si la charité chinoise est parcimonieuse. Pour obtenir ces faibles secours, les pauvres de Pékin ont recours à la menace ; ils se sont organisés en corporations, et se sont divisé les quartiers de la ville, qu'ils exploitent suivant leurs besoins.

Le gouvernement est censé venir en aide à ces misérables, et chaque année la gazette officielle annonce le nombre de rations et la somme d'argent donnés en aumônes par l'empereur. Mais *charité bien ordonnée commence par soi-même,* dit un vieux proverbe. Les mandarins chargés de ce service se considèrent eux-mêmes comme les pauvres les plus intéressants, et s'attribuent une large part des munificences impériales. La dureté du Chinois pour son semblable dépasse tout ce qu'on a pu observer chez les peuples les moins bien doués, et ils voient sans s'émouvoir les souffrances les plus horribles. Lorsqu'un pauvre, épuisé de faim, roidi par le froid, vient tomber à une porte, le propriétaire, attiré par ses sanglots, n'a qu'une idée fixe, décider ce malheureux à aller mourir quelques pas plus loin, car la loi exige que tout cadavre trouvé auprès de la porte d'une maison soit enterré aux frais du propriétaire.

Un Européen récemment arrivé et voyant les misères ordinaires de Pékin, aggravées encore par la sécheresse de l'année, proposa à l'un des personnages les plus considérables de l'Empire d'adopter quelques moyens préventifs et de mettre un peu d'ordre dans les distributions des bureaux de charité, offrant pour sa part de se charger de la nourriture d'un certain nombre d'individus. Le personnage consulté se borna à répondre : « L'aumône n'est pas un fait blâmable en soi ; mais si la porte de la charité est facile à ouvrir, elle est difficile à fermer. » On n'a jamais pu le sortir de là. J'ai rencontré des misères inénarrables, j'ai vu des enfants de dix ans, nus, exposés à un froid de quinze degrés et perdant l'un après l'autre leurs membres par la gelée ; ils poussaient des cris de détresse effroyables, et pas un Chinois ne s'arrêtait pour porter secours à cette horrible misère. Un peu plus loin, c'est une femme avec cinq enfants ; la malheureuse a tellement sangloté et tellement imploré en vain la charité des passants, que son gosier refuse d'articuler plus longtemps ses cris et ses prières. Elle va mourir. Une tasse de millet la ranimerait, la sauverait peut-être. « Mais à quoi bon? dit le Chinois. Cette femme ne peut être utile à rien, et si l'on savait que je lui ai fait l'aumône, j'aurais tous les pauvres du quartier sur les bras. Pourquoi me créer cet embarras? » Et il passe devant des moribonds sans éprouver la moindre pitié. Pourquoi faire le bien quand on ne croit pas à l'immortalité de l'âme?

Les mendiants, connaissant la dureté de cœur de leurs concitoyens, et sachant qu'il est aussi impossible d'exciter leur pitié que d'amollir une barre de fer, emploient des moyens plus énergiques et plus efficaces pour obtenir l'aumône : ils se réunissent en bandes, traversent les rues d'un air menaçant, taxent les marchands; la peur de l'incendie et des violences fait plus d'effet que les prières, et chacun se hâte de donner la somme exigée afin de se débarrasser de ces hôtes incommodes. A Pékin, les choses se passent assez tranquillement; mais dans les provinces, soit par suite de la trop grande exigence des mendiants, soit par suite de la pauvreté des citadins, on cite des faits horribles à retracer. Les mendiants se réunissent en troupes, pillent les villages, enlèvent les enfants, violent les femmes, détruisent les récoltes et finissent par former une sorte d'armée que le pouvoir central est hors d'état de réduire. De là ces bandes de rebelles qui désolent la Chine depuis les temps les plus reculés.

Parmi les mendiants de Pékin, la plupart sont arrivés à cet état d'abjection et de corruption d'où l'on ne peut jamais se relever. Ils spéculent sur leurs plaies pour exciter la pitié, et emploient le produit de leurs rapines à satisfaire leur passion pour le jeu et l'opium. Peu leur importe la durée de leur existence : pour eux le lendemain n'existe pas, et, semblables aux bêtes des forêts, une fois repus, ils ne songent qu'à dormir. Ils n'ont ni l'énergie nécessaire pour se roidir contre l'infortune, ni assez d'intelligence et de moralité pour comprendre les joies du travail. Sans prévoyance, sans dignité, sans foi, ils vivent au jour le jour, bornant leurs désirs à satisfaire la faim présente, à éviter le froid de la nuit prochaine. Quelques-uns, cependant, louent leurs bras à l'époque des moissons, et tâchent de ramasser quelque argent.

Pour arriver à l'extinction de cette plaie sociale, il faudrait au gouvernement chinois des qualités qu'il ne saurait avoir, et prendre des mesures analogues à celles que l'Occident a employées pour se débarrasser de la lèpre, c'est-à-dire séquestrer ceux que leurs infirmités rendent impropres au travail, et forcer les valides à travailler ou à s'expatrier.

Les établissements catholiques s'efforcent, dans la mesure de leurs ressources, de porter secours à ces misères. Pendant l'hiver, des distributions de millet sont faites régulièrement par les sœurs de la charité, et plusieurs centaines d'individus échappent ainsi à une mort certaine. Le printemps venu, ils s'en vont sans dire merci, et ne comprenant pas ce qui peut porter des gens à donner ainsi une partie de ce qu'ils ont sans y être forcés. Les malheureux, sauvés par l charité, ne connaissent pas cette vertu et n'ont pas au fond du cœur la moindre reconnaissance. Qu'une crise vienne, leur promettant l'impunité, ils seront les premiers à se porter sur l'établissement des sœurs et à le piller.

Il suffit pourtant de bien peu de chose pour les sauver : alors que l'orgueil ne les a pas abandonnés, que quelques lambeaux d'étoffe les couvrent encore et qu'un toit délabré leur sert de retraite, il est possible, avec un secours presque insignifiant, de les sortir de la misère. Pendant mon séjour en Chine, il m'est arrivé plusieurs fois de donner, sur la demande des missionnaires, deux taëls, c'est-à-dire environ quinze francs, à une famille que cette aumône sauvait complétement. Avec ce léger capital, on peut fonder à Pékin un de ces petits commerces analogues à celui des marchands *des quatre saisons* de Paris. Une boutique de friture en plein vent, une charrette remplie de légumes et de fruits, produisent un bénéfice suffisant à l'entretien d'une famille, et même, s'il n'y a pas de désordre dans la maison, à constituer à la longue une sorte d'aisance. Malheureusement, pour subvenir à toutes les demandes de secours, il faudrait posséder un affluent du Pactole, et l'aurait-on, qu'on serait vite dégoûté par les supercheries dont on serait victime.

Le traité de Tien-tsin, en stipulant la restitution des établissements religieux fondés par les missionnaires avant la persécution, a permis aux lazaristes de rentrer en possession des quatre couvents établis à Pékin par les pères jésuites sous le règne de Kang-hy; ces établissements portent le nom des quatre points cardinaux. Le Nân-tang ou temple du Sud est la cathédrale, bâtie par les pères jésuites portugais dans ce goût que l'on appelle le style jésuite, quelque chose comme Saint-Sulpice. Cet édifice, le seul qui fût encore en état d'être réparé, est d'un aspect assez laid et assez triste; il est vaste cependant et ne manque ni de grandeur, ni de dignité. Quant aux trois autres couvents, le gouvernement chinois n'a pu rendre que les emplacements; celui du nord, *Pe-tang,* a été de tout temps désigné sous le nom de maison française. Les lazaristes ont continué la tradition et ont établi leur séminaire et leur résidence principale au *Pe-tang,* où ils ont construit une belle église gothique et de vastes et salubres bâtiments. Somme toute, à Pékin, comme à Shang-haï, comme dans toute la Chine, les plus beaux monuments ont été édifiés par les chrétiens occidentaux.

Il y a cependant une lamaserie, celle que l'on

appelle le couvent des dix mille lamas, et qui sert de résidence au Bouddha vivant que le Thibet fournit à la capitale de la Chine, dont on ne saurait oublier l'existence. C'est un amas considérable de bâtiments occupant peut-être un kilomètre carré de terrain, et un encombrement de pavillons aux boiseries sculptées, aux toits excentriques, aux couleurs brillantes, qui charme l'œil. Je ne saurais en donner une meilleure idée qu'en disant que cela ressemble à un dessin de M. Gustave Doré. C'est plus fantastique que joli. Des milliers d'idoles de toutes les formes, de toutes les couleurs, de toutes les matières, vivent pêle-mêle avec une population de lamas, parmi lesquels il y a des vieillards, des enfants, des hommes faits, les uns habillés de jaune, les autres de rouge ou d'amarante.

Quant au Bouddha vivant, ses fonctions divines l'attachent au rivage; il ne sort presque jamais et passe la plus grande partie de son temps, accroupi sur une feuille de lotus en bois sculpté, à recevoir les offrandes et les génuflextions des fidèles; il ne sort guère que pour se rendre au palais où il est l'objet de respects tout spéciaux. Nous reviendrons plus tard sur le rôle de ce singulier personnage, dont nous avons vu de plus près un exemplaire dans une lamaserie située sur les confins du Chan-si et de la Mongolie, appelée la montagne des Cinq-Tours.

Non loin de cette lamaserie se trouve le temple de

Confucius, ou, pour parler plus exactement, le monument consacré aux tablettes de la famille de ce sage illustre. En fait de chinoiserie, je n'ai rien vu de plus parfait. En guise de ponts, on a placé sur les rigoles d'irrigation du jardin de grandes plaques de vrai marbre sur lesquelles on a sculpté le dragon impérial aux cinq griffes se déroulant au milieu d'arabesques d'un goût exquis. Tout le monde a vu de ces plaques de jade blanc, fouillé avec un soin extrême dont les Chinois font des boucles de ceinture ; eh bien, les marbres du temple de Confucius sont travaillés avec un soin au moins égal.

On traverse d'abord un grand enclos planté de cyprès et d'arbres verts séculaires, au milieu desquels se trouvent une centaine de pierres droites ressemblant à des tombeaux. Il paraît que ce sont seulement les tablettes de chacune des générations, et que l'inscription est destinée à ormer une sorte d'arbre généalogique. Les sépultures réelles du sage de la Chine et de ses descendants sont situées dans le Changtoung, à l'endroit de sa naissance. Quoi qu'il en soit, cet enclos a un caractère sévère et imposant auquel on n'est pas accoutumé en Chine.

Quant à l'intérieur du monument, il se compose d'une grande salle consacrée au culte des ancêtres, où, chaque année, l'empereur vient accomplir les dévotions prescrites par la loi ; d'un appartement où Sa Majesté se repose avant et après la cérémonie ; entre temps il y reçoit les génuflexions des dignitaires qui l'accompagnent.

L'empereur doit également se rendre une fois par an au temple du Ciel, situé à l'extrémité sud de la ville chinoise. Le parc de ce temple est le plus beau de Pékin, tant par sa grandeur que par la beauté des arbres et l'étendue des bâtiments. Le pavillon où s'accomplit le sacrifice impérial est le plus charmant bijou chinois qu'on puisse imaginer. Figurez-vous un immense parapluie en émail bleu de ciel couronné d'une grande boule d'or ; voilà pour la toiture. Quant au bâtiment, ce sont des murs de bois découpé comme une dentelle ; on voit au travers tout ce qui se passe à l'intérieur, lequel est orné de peintures rouges, blanches, vertes, dorées, argentées, représentant des fleurs, des fruits, des animaux fantastiques, parmi lesquels le dragon aux cinq griffes. Non loin se trouvent les écuries tout en marbre, où l'on conserve les animaux destinés aux sacrifices.

En face du temple du Ciel se trouve le temple de l'Agriculture, où les empereurs venaient, au printemps, labourer eux-mêmes et ensemencer un champ dont le produit était censé appartenir au descendant de Confucius. Une charrue d'ivoire et d'or et une herse de même matière servaient à cette cérémonie, tombée en désuétude depuis une vingtaine d'années.

Enfin, pour compléter la visite des monuments de Pékin, il faut encore voir la mosquée bâtie en dehors du mur d'enceinte du palais par l'empereur Tien-long, pour une de ses femmes qui appartenait à la religion musulmane.. Elle ne pouvait, en sa qualité d'impératrice, sortir du palais, et l'empereur ne voulait pas introduire chez lui ce nouveau culte. La question fut tranchée à la façon chinoise, c'est-à-dire compliquée : on bâtit en dehors du palais une mosquée ayant la hauteur d'un second étage, et en face, dans l'intérieur du parc, un kiosque qui avait vue sur la mosquée; de cette façon l'impératrice assistait sans sortir du palais aux prières des mollahs. Seulement l'orientation vers la Mecque fait défaut; mais c'est un détail; les musulmans chinois ne sont pas exigeants, et leur religion se résume dans l'abstinence de viande de porc.

Parmi les excursions dans les environs de Pékin, il en est une que l'on ne saurait manquer de faire, j'entends une visite au palais d'été de l'empereur de la Chine. Avant la destruction de ce monument, arrivée à la suite de l'expédition anglo-française de 1860, il servait de résidence habituelle à l'empereur Tien-fon. Ce prince détestait Pékin et ne venait dans sa capitale qu'à l'époque des cérémonies obligatoires du premier jour de l'an. Un canal qui joint le lac artificiel de Pékin à celui de Yuen-men-yuen — nom chinois du palais d'été — servait de route à l'empereur, qui évitait ainsi les cahots, la poussière et les inconvénients d'un voyage par terre. La distance entre les deux résidences impériales n'est pas grande, tout au plus quatre lieues. Le palais d'été est bâti au pied des premières montagnes situées au nord-est de Pékin. Avant d'être brûlée et saccagée par les troupes alliées, cette résidence réalisait l'idéal du goût chinois; c'était un dédale de bosquets, de grottes, de rocailles, de pagodes à toits vernissés, de fabriques tourmentées, de ponts rustiques et de kiosques de toutes les formes. Un lac artificiel entourait le tout

Il n'est pas douteux que les souverains de la Chine aient enfoui des sommes énormes dans la construction de ces palais; mais il y a loin de Yuen-men-yuen à nos châteaux de France, et je ne comprends même pas comment il a pu venir à l'esprit de quelques visiteurs d'établir un parallèle entre deux choses si différentes et qui indiquent des civilisations complétement opposées.

De Yuen-men-yuen, il ne reste que le parc et le mur d'enceinte. Quant au premier jardin, celui désigné habituellement sous le nom de parc aux pagodes, quoique fort détérioré, il contient encore assez de ruines pour permettre de se former une opinion sur le mérite de ce morceau d'architecture chinoise. Cet enclos, qui couvre une colline et domine le lac artificiel, est rempli de pagodes de toutes sortes et de toutes matières ; l'une d'elles est en bronze ; celle qui sert de couronnement à la butte est la plus importante de toutes. La vue s'étend sur les environs ; ceux qui aiment le paysage chinois doivent être contents ; c'est le *nec plus ultra* du maniéré, le dernier mot du goût artificiel, le sublime du genre « fabrique ». Mais pousser le fanatisme jusqu'à oser comparer ces jardins sans grandeur, sans végétation, sans fleurs, sans entretien, aux parcs de Versailles ou de Fontainebleau, c'est de l'aberration ; tout au plus Yuen-men-yuen ressemble-t-il à un Trianon mal soigné.

Non loin du palais d'été se trouvent les temples où les Européens condamnés au séjour de Pékin vont passer l'été. On ne peut pas dire qu'on y soit bien, ni qu'il y fasse frais, mais on y jouit de deux avantages inexprimables. On est délivré de la vue des Chinois, et la promenade est possible sans traverser la ville entière. Malgré tout, la vie de Pékin n'est pas désagréable une fois qu'on y a pris ses habitudes ; il y a peu de société, mais elle est choisie, et son nombre restreint l'oblige à plus de frais ; puis, dans la saison, on a la chasse, les excursions dans les environs. Le gros ennui, c'est l'hiver, pendant lequel les glaces ferment le Péi-ho et séparent Pékin du reste du monde.

La grande distraction de Pékin, c'est la visite des boutiques de bric-à-brac, qui regorgent de toutes les curiosités chinoises; j'ai vu des porcelaines, des jades, des bronzes, des cristaux, des cloisonnés à faire pâlir toutes les collections connues; mais les prix sont fort élevés, et les chances du trajet fort aléatoires.

Les curiosités des boutiques de Pékin sont de plusieurs espèces : parlons d'abord des porcelaines. L'amateur qui connaît seulement les cabinets de curiosités existant en Europe ne saurait se faire une idée de l'art céramique chinois.

Une grande partie des vases polychromes que j'ai vus à Paris et dont l'origine chinoise est incontestable sont introuvables à Pékin, où l'on ne rencontre guère, en fait de porcelaines de ce genre, que celles appartenant à la dynastie des *Ming* et à la dynastie actuelle. Les porcelaines des *Ming* se reconnaissent à une inscription de six caractères et à la façon lâchée dont les peintres céramistes de cette époque entendaient le décor. Les vases du temps des *Ming* (XVIe siècle) sont estimés des Chinois, et les grandes pièces, au demeurant fort rares, se vendent très-cher.

La porcelaine du temps de Kang-hy, cet empereur que les missionnaires ont rendu si célèbre, est supérieure à celle de la dynastie précédente; elle est fort répandue en Europe et compose la majorité de la collection de Dresde. Moins brillante de couleur que celle des *Ming*, elle est d'une exécution plus soignée; les tons sont mieux fondus, les décors plus riches et plus finis.

Viennent ensuite toutes les porcelaines fabriquées par les empereurs tartares; on les reconnaît à un cachet carré bleu; toutes ces porcelaines appartiennent à la famille *rose;* l'abus du pourpre de Cassius et des dorures se fait sentir et vient aboutir aux spécimens qui décorent aujourd'hui les boutiques des marchands de chocolat. Cependant il faut faire une exception en faveur des porcelaines du règne de Tien-long, prince contemporain de la Révolution française; elles peuvent être classées parmi les plus beaux produits de la céramique; la pâte est propre, l'émail pur et solide, et, pour me servir d'une image qui fasse bien comprendre ma pensée, elles ont l'air *bien portant.*

Les boutiques de Pékin sont mieux approvisionnées en vases monochromes; on y rencontre des exemplaires des fabrications les plus variées, les plus exceptionnelles, les plus inconnues; c'est là surtout ce qui excite les convoitises du céramiste égaré à Pékin. J'ai vu des biscuits craquelés, des vases aubergine, clair de lune, sang de bœuf, des céladons de nuances inconnues, diaprés, tigrés, rayés, avec des décroissances de ton allant du bleu indigo au gris perle. Parmi les vases auxquels s'applique la dénomination de clair de lune, la variété est infinie, car le principal mérite de cette fa-

Yang-tze-Kiang devant Hankow.

brication consiste dans ce fait : il est impossible d'obtenir deux fois de suite la même teinte; autant d'individus, autant de nuances différentes. Les plus anciens parmi ces vases sont fabriqués d'une matière que l'on serait tenté de classer, à première vue du moins, dans la famille des faïences, tant le grain est jaunâtre. Une inspection plus attentive montre le kaolin, mais sale et mélangé de matières étrangères. Tout le mérite de ces pièces consiste donc dans le charme de la couleur. Le peintre qui les a décorées était aussi maître de sa palette que s'il se fût agi pour lui de couvrir une toile et d'employer des couleurs n'ayant rien à craindre ni de la fusion ni du grand feu.

Les poteries les plus estimées par les Chinois et les plus coûteuses sont les vases aubergine et les vases *sang de bœuf*. Les premiers sont devenus tellement rares qu'on connaît l'historique de chacune des pièces de cette fabrication se trouvant à Pékin. On les paye au poids de l'or; pour donner une idée du prix et de la rareté de ces porcelaines, je ne saurais mieux faire que de les comparer aux pièces du fameux service dit de Henri II.

Les poteries sang de bœuf sont beaucoup moins rares que les précédentes; mais il est cependant difficile de se procurer un exemplaire parfaitement intact. L'Europe est assez tentée de croire à son omniscience et à rejeter avec mépris les phénomènes que les savants ne peuvent expliquer; mais on oublie que chaque jour la chimie nous révèle des lois dont l'empirisme connaissait les applications; et c'est souvent l'étude de ces procédés antiscientifiques qui amène ces découvertes importantes dont s'enorgueillit notre siècle. Ainsi, après le père d'Entrecolles, les traductions de M. S. Julien et les travaux de M. Brongniart, on pense généralement que les céramistes chinois n'ont plus rien à nous apprendre. Erreur profonde. L'empirisme, le hasard, le *coup de main* jouent un rôle trop important dans la fabrication chinoise, pour qu'il soit permis de déclarer la matière épuisée avant qu'un savant de premier ordre ait passé un certain nombre d'années au milieu des fabriques chinoises, assistant à toutes les périodes de cette industrie si compliquée, si multiple. Mais on doit se garder des renseignements des savants dont la Chine pullule; ces personnages cherchent à couvrir l'insuffisance de leurs travaux par l'absence d'éléments, et préfèrent accuser l'ignorance des Chinois plutôt que de convenir de la leur.

Je loue rarement les Chinois; cependant je dois avouer leur supériorité dans l'art céramique; ils n'ont pas de rivaux en cette industrie, et jamais l'Occident n'arrivera à la perfection qu'ils obtiennent, soit dans l'éclat des couleurs, soit dans la variété infinie des formes et des décors.

Les émaux cloisonnés partagent avec les vases de

porcelaine la tendresse des collectionneurs; mais, à mon avis, il n'y a aucune comparaison à établir entre ces deux branches des arts industriels; les porcelaines sont bien plus intéressantes. Pékin est le seul lieu du monde où l'on fabrique des cloisonnés. Les émaux anciens atteignent de très-grands prix lorsqu'ils sont en bon état; quant aux modernes, on les paye toujours trop cher, car ils ne valent rien et sont plus susceptibles de détérioration que n'importe quelle porcelaine.

Les cristaux taillés, les minéraux offrant une bizarrerie de forme ou de couleur, les jades de tons divers sont fort appréciés à Pékin, et les boutiques de curiosités sont pleines de coupes, de vases, d'idoles, de bijoux en jade, en cristal de roche blanc, vert, fumé, en lapis-lazuli, en malachite, en turquoise.

Les bronzes ont une grande réputation : méritée, si l'on parle des bronzes d'ameublement et de décoration; imméritée, si l'on songe au grand art. Les Chinois n'ont pas le sens de l'esthétique; leurs statues, leurs groupes de grandeur naturelle sont des énormités. On voit à l'entrée du palais d'Été un grand bœuf de bronze; enfermé entre quatre murs étroits pour empêcher les dégradations, ce morceau de sculpture, sans doute destiné à servir d'idole, est à la fois maniéré et naïf; l'auteur viole outrageusement les lois les plus simples de la statuaire; cependant l'attitude générale de ce bronze prouve une étude minutieuse du sujet, et les fautes sont plutôt dues à des audaces exagérées, à l'absence du sentiment artistique, qu'à l'ignorance de la nature.

Un peu plus loin se trouvent deux lions à crinières frisées comme la perruque d'un magistrat anglais. La matière de ces deux groupes est superbe, et la dimension prouve une habileté hors ligne chez le fondeur. Mais on sent que l'artiste manquait du feu sacré et était au-dessous de sa tâche, d'autant plus qu'il était astreint à des conventions dont il ne pouvait s'écarter sans manquer à tous les rites. Le lion devait être assis sur son train de derrière, avoir la gueule entr'ouverte, les yeux à fleur de tête, une patte de devant en l'air et l'autre appuyée sur un globe terrestre dans lequel il enfonce ses griffes.

Dans les bronzes d'ameublement, les Chinois, débarrassés de ces règles de convention, lâchent la bride à la fougue de leur imagination, et produisent de charmants objets, remarquables par l'élégance et le maniéré des formes; animaux fantastiques et ridicules, vases dans le genre rococo, on a l'embarras du choix à des prix très-modérés, excepté pour les vases niellés, dont on demande un prix très-élevé. La supériorité des Chinois en matière céramique tout aussi bien qu'en bronzes d'ameublement consiste à éviter la banalité bourgeoise. Incapables d'arriver à la conception du grand art, ils possèdent au plus haut degré le sentiment de l'élégance maniérée, et si leur cœur est fermé à l'émotion du beau, leurs yeux sont ouverts à l'harmonie des couleurs et à la grâce des contours.

Les premiers arrivages de curiosités chinoises ont eu lieu à la fin du dix-septième siècle, et c'est seulement au dix-huitième que le goût des cabinets laqués, des petits kiosques, des toiles peintes et des porcelaines fut porté à son comble. Cette invasion de chinoiseries ne fut peut-être pas étrangère à la tournure des arts à cette époque. Au demeurant, c'est un fait sigulier que les Chinois, dont l'architecture et les arts sont nuls, aient eu sur l'architecture et les arts de leurs voisins une influence des plus heureuses. La Perse des Séféwieh en est un exemple frappant. Ispahan est une ville où les réminiscences chinoises frappent à chaque pas, et cependant nul lieu au monde ne parle plus à l'imagination et ne réjouit davantage les yeux. Le célèbre palais de Tchéhel-Setoun ou des Quarante colonnes, dont Chardin donne une description si saisissante et dont les ruines attestent la splendeur, est complétement bâti dans le style chinois; une toiture lourde et recourbée aux angles, soutenue par d'énormes colonnes de bois et composée de tuiles vernissées; à l'intérieur un grand nombre de boiseries et de balustrades découpées à jour comme de la dentelle; on dirait un des kiosques du palais impérial de

Pékin. Mais le Tchéhel-Setoun possède ce qui manque à la Chine : une lumière idéale, un ciel bleu, et une population qui sait comprendre les arts et donner à tout ce qu'elle fait un cachet de distinction et d'élégance.

La foule chinoise manque de pittoresque, de couleur locale; ses haillons sont tristes, lugubres; les cotonnades teintes à l'indigo ou d'une couleur gris de fer sont peu agréables à l'œil. Point de ces rouges fauves, de ces couleurs orange, violettes, comme on en voit en Égypte et à Constantinople; point de femmes voilées passant comme un songe et laissant apercevoir, sous les plis de mousseline d'un *haïk,* deux yeux de velours noir; point de chevaux au harnachement doré et brillant au soleil, point d'armes étincelantes; mais des femmes au pied mutilé, à la marche de canard, laissant voir un visage plaqué de fard et une coiffure ridicule surmontée de fleurs artificielles fanées, et vêtues de robes de toile bleue ou grise, le tout sale, taché, huileux; au lieu de chevaux, des ânes pelés, galeux, rogneux, et d'ignobles charrettes non suspendues dont la vue donne le frisson; en un mot, comme partout en Chine, la misère sans poésie, le *maniéré* sans distinction.

On dirait tous les Chinois coulés dans le même moule, tant il est difficile de distinguer entre eux deux Chinois : toujours les mêmes pommettes saillantes, le même nez écrasé, le même angle facial, les mêmes dents jaunes et le même teint lustré, les mêmes oripeaux de papier peint et ce luxe sentant le magasin de faux et le restaurateur à trente-deux sous. Point d'élan, de jeunesse, de poésie, d'imagination, mais une atmosphère saturée de poudrette et d'immondices.

Cependant les hommes du nord de la Chine ne ressemblent en rien à ceux du sud ; si leur figure est laide, ils sont faits en Hercules et propres aux travaux les plus pénibles. Tandis que le Chinois du midi est petit, efféminé, celui du nord est grand, fort, masculin ; il aime les exercices du corps, monte à cheval à ravir, et supporte sans sourciller les fatigues les plus grandes.

Une chose frappe à Pékin : c'est la grandeur de la ville ; on sent que c'est la capitale d'un vaste empire, et que ses fondateurs étaient puissants.

Dans les chapitres suivants, consacrés aux excursions et aux voyages que j'ai faits dans l'intérieur de la Chine, nous apprendrons à mieux connaître le Chinois, nous montrerons ses bonnes qualités ; jusqu'à présent nous n'avons rapporté que les premières impressions, celles qui frappent tous les nouveaux venus, et que nous n'avons pas cru devoir faire disparaître parce qu'elles sont partagées par tous ceux qui n'ont fait que traverser la Chine ; il faut l'avoir habitée longtemps pour pouvoir faire abstraction de la première antipathie et la remplacer, sinon par de l'enthousiasme, du moins par des appréciations plus réfléchies.

Après avoir raconté les péripéties de notre voyage de Paris à Pékin, il nous reste à parler des diverses courses que nous avons faites dans l'intérieur de la Chine pendant les dix années que nous avons passées dans ce pays.

Notre première excursion fut une visite à la résidence d'été des empereurs de la Chine située à l'entrée de la Mandchourie. Pour voyager dans ces contrées où l'on ne trouve ni chemins de fer, ni canaux, ni routes carrossables, il faut employer la charrette, la chaise à porteurs, la litière, ou tout simplement le cheval de selle.

La charrette chinoise a l'avantage de mettre à l'abri des intempéries et de garantir à peu près de la poussière, ce fléau du Pe-tchi-li; mais on y est horriblement secoué; ce véhicule n'a pas été amélioré depuis Confucius. La tradition rapporte que le sage de la Chine parcourait ainsi le pays ; et tel est l'esprit conservateur des Chinois, que cette raison suffit pour empêcher toutes les améliorations que l'on pourrait être tenté d'apporter à cette voiture.

Plus les roues sont en arrière, moins on ressent les cahots; mais comme tout se règle, en Chine, par des décrets impériaux, le premier venu n'a pas le droit de placer ses roues à l'arrière : c'est un privilége réservé aux princes, aux princesses et aux dignitaires du premier rang, âgés de plus de soixante-deux ans. Le rouge est exclusivement destiné aux princesses ; c'est une récompense que d'être autorisé par l'empereur à se servir d'une voiture ou d'une chaise garnie de drap vert.

A Pékin, très-peu de personnages jouissent de cette faveur, plus répandue en province. Au reste, les prérogatives des fonctionnaires provinciaux sont beaucoup plus étendues que celles des dignitaires résidant à Pékin. Dans la capitale, le respect que l'on doit à l'empereur commande la simplicité ; tout ce qui est d'apparat est réservé à la cour, et le Fils du Ciel est le seul qui ait une suite. En province, au contraire, le dernier fonctionnaire se fait accompagner par des musiciens, des satellites, des domestiques, et même par les sceaux officiels que l'on porte devant sa chaise dans une boîte recouverte d'une draperie rouge. Il n'est pas rare que le bourreau, coiffé d'un bonnet phrygien rouge, fasse partie du cortége d'un gouverneur.

La chaise à porteurs est un mode de locomotion très-fatigant pour les longues distances, et rien n'est plus pénible que la sensation que l'on éprouve à se sentir porté par des hommes épuisés de fatigue et ruisselants de sueur ; on voudrait descendre pour alléger leur fardeau : somme toute, le seul mode de locomotion qu'un Européen puisse adopter dans le nord de la Chine, c'est le cheval et la charrette alternés. Comme on voyage à petites journées, et qu'on ne trouve dans les auberges que ce que l'on y apporte, il faut traîner avec soi son lit et sa cuisine ; on met tout cela sur des charrettes, dans lesquelles on monte soi-même, lorsque la fatigue ou la pluie rendent l'équitation désagréable.

Généralement, on divise l'étape en deux, c'est-à-dire que le matin on fait la grosse moitié du chemin ; on s'arrête vers midi pour déjeuner et laisser reposer les animaux. Deux heures après on se remet en route. Il faut compter environ dix lieues par journée et s'arranger pour arriver à l'endroit où l'on doit passer la nuit un peu avant le coucher du soleil. Les voitures déchargées, on étend un tapis sur le *kan,* espèce d'estrades en briques sur lesquelles couchent les Chinois et qu'on chauffe à l'intérieur pendant l'hiver. Le temps de faire les lits, de procéder aux ablutions nécessitées par la poussière de la route, et d'avaler quelques tasses de thé bouillant sans sucre pour laver le gosier rempli par cette poussière chargée de détritus de toutes sortes, et le cuisinier a préparé le dîner que l'on mange de grand appétit.

Pour ceux qui aiment le voyage, cette méthode est charmante ; la fatigue physique est assez grande pour qu'on dorme malgré la dureté des lits et que l'on mange avec plaisir les mets les plus simples, tandis qu'en mer, par exemple, où le confort

Tombeaux des Ming aux environs de Pékin.

n'est jamais que relatif et où l'on ne fait aucun exercice, on ressent d'autant plus vivement l'insuffisance du bien-être que l'on n'a ni appétit, ni sommeil, sans compter que dans le voyage à petites journées on est absolument maître de s'arrêter à son gré, soit pour tirer un coup de fusil, soit pour regarder un point de vue, soit tout simplement pour se reposer quelques instants aux bords d'une source d'eau qui jaillit d'un rocher voisin.

En sortant de Pékin, notre première halte fut au temple de Ta-joün-sse, célèbre par sa cloche, la plus grosse du monde, dit-on. Ce qui constitue le mérite de cette énorme pièce de bronze, c'est non-seulement sa dimension, mais encore une merveilleuse ornementation qui en fait un véritable objet d'art ; le crochet qui sert à la suspendre est décoré d'un dragon du meilleur style, et un livre de liturgie bouddhique des plus volumineux est gravé en entier à l'intérieur et à l'extérieur de cette cloche. Quand je dis gravé, je me sers d'une expression impropre, car tous ces caractères sont en relief et d'une netteté admirable.

Un peu plus loin, nous rencontrons l'une des sépultures de la dynastie des Ming, analogue à celle de Nankin, mais d'une importance plus grande, car, au lieu d'un seul tombeau, il y a, je crois, treize empereurs enterrés dans cette nécropole.

Il existe en Chine un usage assez singulier : la famille régnante doit toujours avoir deux sépultures, l'une au nord, l'autre au sud, et l'étiquette exige qu'on y place alternativement les empereurs défunts, de façon que le fils ne repose jamais à côté de son père.

Les tombeaux des Ming enterrés au nord de Pékin sont infiniment plus beaux que ceux de Nankin. Le site est merveilleux, et le paysage empreint d'une mélancolie des plus poétiques. Cela tient sans doute à la présence des arbres verts qui croissent au nord de la Chine, et qui, dans ce sol sablonneux, atteignent des dimensions énormes. Il y a notamment une espèce que l'on nomme le pin blanc, et qui est très-appréciée des Chinois par la façon irrégulière dont croissent ses branches.

A partir de cet endroit, nous quittons la plaine et entrons dans les montagnes qui séparent Pékin des plateaux de la Mongolie. C'était au printemps; tous les arbustes étaient en fleur, tous les champs recouverts d'un tapis de verdure; c'était vraiment charmant. Le soir nous nous arrêtons dans une petite ville appelée Myn-yin-chien. Afin de mettre le lecteur au courant des habitudes chinoises et de lui faciliter le déchiffrement de ces mots bizarres, disons tout de suite que la terminaison *chien* indique une sous-préfecture, tandis que *fou* s'applique à une préfecture, et *tcheou* à un gros bourg.

Myn-yin-chien est donc une sous-préfecture, mais des plus misérables. Comme dans la plupart des villes chinoises, la ville proprement dite, c'est-à-dire celle qui est entourée de murs, est à peu près déserte et ne contient que les maisons officielles et les habitations des mandarins ; cela tient aux octrois, dont les exigences sont si exorbitantes que, pour y échapper, le commerce se fixe hors des murs, dans les faubourgs.

Une des choses les plus amusantes à voir en Chine, c'est l'intérieur des auberges ; nulle part l'étranger ne peut mieux prendre sur le fait les mœurs de la classe bourgeoise. Les domestiques des différentes caravanes font connaissance entre eux et se tirent des révérences comme des seigneurs de la cour, ce qui ne les empêche pas, quelques minutes après, de se disputer les meilleures places dans les hangars qui servent d'écurie, et de se dire, à ce propos, les injures les plus grossières.

Pour se garer un peu des regards indiscrets du voisin, chacun fait remiser sa voiture devant sa porte, en guise d'écran ; mais cette précaution est à peu près illusoire ; car, grâce à l'absence de sonnettes, tous les détails du service se passent en public, et le garçon ne se fait pas faute de crier, à travers la cour, le menu du dîner qu'on vient de commander. Comme en Chine la vanité est excessive, on prétend que cette façon de répéter à haute voix les ordres du voyageur a été adoptée par les aubergistes pour exciter leurs clients à la dépense. Aussi entend-on souvent des phrases comme celles-ci : « Du poulet haché pour le vieux seigneur du n° 4 (vieux est toujours un titre d'honneur), qui a déjà mangé des œufs de vanneau et finira par du *pou-eurl-cha* (thé digestif) » ; ou bien : « Une portion de *tau-fou* (espèce de farine de haricots dont se nourrit le peuple) pour le petit frère du n° 5, qui n'a encore commandé que des oignons crus. »

Comme dans tous les pays, la race des muletiers chinois ou des loueurs de voitures est une des plus mauvaises, et ces industriels passent leur temps non-seulement à rançonner leurs pratiques et à jouer de mauvais tours aux aubergistes, mais même à se tromper les uns les autres. Ils ont l'habitude de détacher les licols de leurs animaux, qui, attirés par l'odeur des mangeoires voisines, se livrent à une maraude qui finit toujours par une bataille de coups de pied accompagnée de hennissements.

Le lendemain, nous continuons notre route à travers la même vallée, et vers le soir nous arrivons à *Kou-pi-ko*, forteresse située à l'une des portes de la grande muraille. C'est un des endroits où elle est le mieux conservée ; aussi consacrons-nous toute une journée à la visiter. La construction de cette grande muraille est une des conceptions les plus étranges de l'esprit humain, à la fois grandiose et mesquine, gigantesque et enfantine. Qu'on se figure une muraille de vingt pieds d'épaisseur, de cinquante d'élévation, courant sur une ligne de plusieurs mille lieues d'étendue. Une pareille entreprise a dû exiger évidemment une mise de capitaux immense et un nombre d'ouvriers presque incalculable. Voilà la grandeur de l'œuvre. Ajoutez que le ou les architectes se sont ingéniés à faire gravir à cette muraille les pentes les plus escarpées et à lui faire suivre la crête de chaque montagne, sans même excepter celles qui étaient naturellement couronnées de rochers. Voilà l'enfantillage.

Enfin, observez qu'à certaines places on s'est servi de briques crues, tandis que dans d'autres on a employé de superbes blocs de granit, et vous trouverez là un excès de dépense ou de lésinerie également déplacé.

A *Kou-pi-ko*, la grande muraille gravit des collines de formes si étranges qu'on se souvient tout de suite des paysages fantastiques créés par l'imagination de M. Gustave Doré. Au pied même, il est impossible de suivre ce chemin de ronde, qu'on dit, cependant, destiné au transport de l'artillerie. Au point de vue de la défense d'une frontière, cette fortification est inepte; mais, comme pittoresque, à *Kou-pi-ko*, c'est tout ce que l'on peut trouver de mieux réussi, et nous avons passé une charmante journée à nous vautrer dans les herbes, à chasser les perdrix rouges, et à chercher des truites absentes dans les ruisseaux du voisinage.

En quittant ce village, nous nous enfonçons de plus en plus dans les montagnes. Nous suivons cependant une assez bonne route, c'est le chemin de l'Empereur ; il est donc toujours un peu mieux entretenu que les autres. Nous mettons deux jours pour arriver à Gehol, à travers un pays charmant, au milieu de montagnes légèrement boisées et de cultures en terrasse. Le seul incident de notre voyage fut un coup de fusil tiré sur un oiseau de proie. Lorsque nous approchâmes pour examiner le plumage de notre victime, nous vîmes que la mort l'avait surpris au milieu de son repas : il était occupé à dévorer les restes d'un enfant nouveau-né, abandonné sans doute par ses parents.

Géhol est une petite ville située à l'entrée d'une plaine, ou, pour parler plus exactement, d'un plateau. Le palais impérial, les tribunaux, les dépendances habitées par la cour, en un mot, les monuments officiels tiennent presque toute la ville, qui, au reste, a été bâtie exclusivement à cet usage. L'architecture en est riche et de la bonne époque chinoise ; elle date de Kang-hy et de Tien-long. On n'y a épargné ni les dorures, ni les peintures, ni les poutres en bois dur qui constituent le luxe des constructions chinoises. Le palais est situé au milieu d'un parc immense, hermétiquement enclos de murs élevés, et il nous est impossible d'y pénétrer. Probablement il contient un mobilier splendide, car tout ce qu'on a pu sauver du palais d'été, lors de l'expédition franco-anglaise de 1860, a été apporté à Géhol et n'est pas revenu à Pékin ; mais ce que nous avons aperçu des bâtiments, du haut des collines environnantes, ne nous a pas produit un très-bon effet et nous a paru inférieur au palais de Pékin, et surtout à celui de *Yuen-men-yuen,* qui, de 1824 à 1860, a servi presque constamment de demeure aux empereurs Tao-kouan et Tien-fon.

Ce lieu tire son nom de Géhol (eaux chaudes) d'une source thermale qui sort dans le parc, où elle donne naissance à une petite rivière, qui promène dans la plaine ses méandres, si nombreux qu'on est tenté de les croire artificiels.

Tout l'intérêt de Géhol réside dans les pagodes et lamaseries dont le palais est entouré. Les premiers empereurs de la dynastie actuelle étaient bouddhistes, sinon très-croyants, du moins très-superstitieux et très-pratiquants, et partout ils s'entouraient de lamas et de bonzes. Les lamaseries de Géhol ont été construites exactement sur le modèle des temples de *Lhassa,* où réside le plus important des Bouddha vivants, celui qu'à tort on a surnommé le pape du bouddhisme.

L'architecture de ces monastères se rapproche beaucoup du style européen ; ce sont des maisons en pierre de taille, élevées de plusieurs étages, avec des murs épais et des fenêtres étroites, comme il convient à un climat aussi rigoureux que celui du Thibet. Ces lamaseries sont de véritables villes, et l'on prétend qu'à elles cinq, elles peuvent contenir trente mille religieux. Je crois ce chiffre exagéré, mais n'importe; ces grandes masses de maçonnerie recouvertes de tuiles vernissées jaune d'or et bleu turquoise produisent beaucoup d'effet, surtout à côté des mesquines constructions chinoises, dédiées à Confucius, et que, par respect pour la tradition, on a maintenues dans les dimensions prescrites par la loi, pour une ville aussi peu importante que Géhol.

Cette résidence impériale ne ressemble en rien au reste de la Chine, et quoique momentanément abandonné par la cour, ce séjour conserve tous les souvenirs inhérents aux règnes des grands empereurs de la dynastie mandchoue, et l'on retrouve tous les détails dépeints avec tant d'exactitude dans les lettres des Pères Jésuites du siècle dernier. On n'est plus en Chine, mais en Tartarie; à chaque pas on rencontre des boutiques où l'on vend du lait, du beurre, du fromage, choses inconnues en Chine et dont ses habitants ont l'horreur. Les costumes sont également différents; l'élément tartare et surtout mongol domine. Les cotonnades grises et bleues font place aux mérinos jaune d'or ou raisin de Corinthe, dont les lamas s'habillent, et les insignes militaires appartenant aux bannières tartares se rencontrent à chaque pas.

Le paysage est réellement charmant; c'est un mélange de collines boisées, de prairies vertes et de rochers abrupts ; tout autour du palais on a distribué, dans les vallons qui séparent les montagnes les unes des autres, des temples, de façon à servir de points de vue. Il y en a pour tous les goûts, les idoles de Tao coudoient celles de Bouddha; et les temples en l'honneur de Confucius sont tout prêts à recevoir les sacrifices officiels. On s'étonne, en se souvenant de la faveur dont jouissaient les Pères Gerbillon et Parennin auprès des empereurs Kang-hy et Tien-long, que, dans leur éclectisme, ces souverains n'aient jamais songé à bâtir, à Géhol, une église chrétienne dans le goût architectural européen. Peut-être furent-ils arrêtés par la crainte de blesser les Tartares mandchoux et mongols, qui sont des sectateurs de Bouddha aussi dévoués que peu éclairés.

Six mois plus tard, je passai une seconde fois à Géhol, me rendant dans la forêt impériale, située à trois jours de marche de cette résidence, où se trouve la plus belle chasse à tir qui soit au monde. Le paysage avait changé d'aspect, les prairies étaient couvertes d'une nappe de glace, les arbres, au lieu de feuilles, portaient des grappes de givre, et le thermomètre marquait 30 degrés au-dessous de zéro. Je ne connais pas de froid plus effroyable que celui qui sévit sur ces plateaux, que rien ne garantit des vents du pôle. En Sibérie, le thermomètre descend parfois davantage; mais plus le froid augmente, plus le vent se calme, et il est fort rare, au-dessous de 20 degrés, de sentir le moindre souffle de brise. En Mandchourie, c'est le contraire : les basses températures sont toujours accompagnées d'un ouragan de vent, et l'on ne peut se figurer la souffrance physique qui résulte de ce froid, dans un pays où rien n'est arrangé confortablement. Pour donner une idée de ce que nous avons enduré, je dirai que les faucons que l'on portait sur le poing succombèrent dès le premier jour, et que les chiens, quoique enveloppés de couvertures en fourrure, refusaient de sortir de leur charrette. Dès qu'ils posaient la patte par terre, ils poussaient des cris de douleur, absolument comme si on les eût forcés à marcher sur des plaques de tôle rougies au feu.

A l'auberge, tout gelait dans les chambres, même le vin de Sherry qui se changeait en sorbet ; c'est inouï ce que l'on peut avaler de spiritueux par une semblable température. Nous avions une petite provision de gin hollandais si fort qu'en temps ordinaire, nous hésitions à en mettre une cuillerée à café dans un grog ; par ces froids, nous en buvions de grands verres sans en être incommodés.

Plus nous avancions vers le nord, plus nous montions et, plus le froid augmentait ; enfin, lorsque nous arrivâmes à la forêt, il devint si violent qu'il me fut impossible de le supporter. Je fus frappé d'une congestion au foie, et l'on me rapporta mourant à Pékin. Une nuit, entre autres, je fus si mal que je ne m'aperçus pas que le matelas sur lequel j'étais étendu sans vie brûlait, et mes compagnons ne furent avertis de l'accident qui m'achevait que par l'odeur de laine brûlée qui envahit la chambre.

Nous avions assisté à un spectacle très-étrange durant ce voyage : je veux parler de la célébration de la messe de minuit dans une petite chrétienté située en pleine Mandchourie; le prêtre nous avait priés d'y paraître, pour l'exemple. Enveloppés de fourrures et les pieds sur des chaufferettes, nous n'avions pas à souffrir du froid; mais l'officiant était dans une situation différente; pour dire la messe, il avait fait mettre de l'eau et du vin bouillants dans les burettes, et le calice lui-même reposait sur un réchaud; mais pendant que le prêtre était occupé à donner la communion aux fidèles, il avait laissé, par mégarde, le calice sur l'autel, et lorsqu'il revint pour communier lui-même, le vase sacré ne contenait plus qu'un glaçon, qu'il fallut faire dégeler.

Un fait assez singulier à observer, c'est que dans ces basses températures les fourrures de prix sont les seules utiles; passé un certain froid, la peau de mouton se roidit et ne donne plus aucune chaleur, tandis que la martre, la loutre de mer et quelques fourrures de renard préservent parfaitement. Le mieux est de porter sur la peau un gilet et un caleçon de peau de renne tannée, ou bien encore de mettre un caoutchouc hermétiquement fermé pardessus sa pelisse.

VI

LA MONGOLIE, LE CHANSI, LE BOUDDHA VIVANT

La Mongolie ne ressemble à rien. Ainsi que l'indique son nom de Terre des herbes, c'est une immense prairie à perte de vue. Au printemps, elle est peuplée de troupeaux innombrables, et présente un aspect réellement enchanteur, avec ses grandes herbes émaillées de fleurs. Là, pas une ville, pas un village, pas une maison, mais de loin en loin un groupe de tentes en forme de champignons dont la construction est aussi primitive qu'originale, car ce sont tout simplement d'énormes cages à poulets en osier recouvertes extérieurement et intérieurement de feutres grossiers. Au milieu, un trou sur lequel on place un fourneau destiné à recevoir les *argols* (fumier desséché), seul combustible que l'on trouve dans ces plaines. Un autre trou percé juste au-dessus dans les feutres de la toiture permet à la fumée de s'échapper. Là vit pêle-mêle une famille composée de vieillards, d'hommes faits et d'enfants. Les femmes sont généralement hideuses et couvertes de haillons voyants ; elles portent sur le cou et dans les cheveux des bijoux d'argent et de corail d'un style assez curieux. Quant aux hommes, tous sans exception sont vêtus d'une touloupe jaunâtre en peau de mouton si crasseuse, si huileuse qu'on n'ose en approcher : le trait principal de cette population, c'est la saleté. Les Mongols se nourrissent de laitage, surtout de thé salé et beurré, c'est-à-dire qu'on met dans le bol qu'on vous présente un morceau de beurre rance et une poignée de sel. Chaque Mongol porte une écuelle en bois suspendue à sa ceinture, et, lorsqu'il entre sous une tente, son premier soin, après les saluts d'usage, est de passer ladite écuelle au maître de céans, qui la remplit immédiatement de ce liquide, en ayant soin de mesurer la quantité de beurre à l'importance de l'invité.

La viande de mouton et la bouillie d'avoine sont les principaux éléments de la cuisine mongole ; mais ce peuple est si primitif qu'il se contente de dépouiller le mouton de sa toison, et qu'il le jette ainsi écorché dans une énorme marmite pleine d'eau bouillante, sans se donner la peine de vider préalablement l'animal. Il en résulte un bouillon que je n'engage pas à sentir et encore moins à goûter.

Le Mongol tire du lait de jument une boisson fermentée qui n'est pas non plus d'un goût très-agréable pour l'étranger, et dont cependant l'indigène raffole. Malheur au voyageur égaré dans ces solitudes, s'il n'a pas avec lui quelqu'un qui puisse lui faire cuire des aliments moins dégoûtants!

Le Mongol ne cultive pas la terre; c'est un peuple pasteur et nomade; il s'occupe de l'élevage et de la garde du bétail, et l'habitude d'être toujours à cheval sur un poney ou sur un chameau agit de telle façon sur sa conformation qu'il a l'air estropié quand il marche.

Le Mongol est bouddhiste fervent, et adonné à toutes les superstitions de cette religion. Il est d'un caractère doux, hospitalier, mais enclin à la maraude et se laissant volontiers aller à entreprendre des expéditions, qui consistent tout simplement à arrêter les voyageurs sur les grands chemins, surtout lorsqu'il n'y a aucun danger à courir. Lorsqu'il voit de loin un cavalier isolé, il précipite sur lui son cheval de façon à faire passer son genou entre la selle et la jambe de sa victime, qui se trouve infailliblement désarçonnée et dépouillée pendant qu'elle gît à terre. En général, le voleur s'empare également du cheval, moins pour la valeur de l'animal, qui n'en a aucune, que pour empêcher qu'on ne le poursuive. Aussi trouve-t-on beaucoup de poneys mongols, surtout parmi ceux qui sont bons, habitués à ne jamais laisser approcher personne, et qui, dès qu'on court sur eux, font un tête-à-queue. Avec un cheval ainsi dressé, le Mongol peut, sans crainte des voleurs, voyager tranquillement, et se laisser aller à un demi-sommeil dont il a pris l'habitude dès l'enfance, ce qui explique les énormes trajets qu'il peut entreprendre sans se reposer.

Pendant notre voyage, nous avons passé plusieurs fois la nuit sous ces tentes; nous faisions préparer une énorme théière de thé auquel on mélangeait, au lieu de beurre rance, un peu de rhum; ce breuvage était tout à fait du goût de nos hôtes; peu à peu, la tente s'emplissait, tous les voisins venaient goûter notre thé, et, le cordial aidant, les langues se déliaient, et nous nous faisions raconter des histoires, sortes de contes de fées où le merveilleux joue le rôle important; puis c'était le tour de la poésie, et le barde du lieu nous psalmodiait tout un poëme. Les peuples sauvages ne peuvent réciter des vers sans y joindre un accompagnement de musique. Quelques-uns de ces chants sont d'une mélancolie charmante, et la mélodie toujours en mineur en est pleine de grâce. Lorsque l'action s'anime et que le chanteur raconte un épisode militaire ou chevaleresque, les femmes se lèvent et se mettent à danser et à simuler dans des poses théâtrales le combat que l'on raconte. Tant que les bougies n'étaient pas consumées, et qu'il restait une goutte de liquide dans la théière, l'assistance ne songeait pas à se retirer, et l'on aurait pu la retenir jusqu'à l'aube sans qu'elle donnât le moindre signe de fatigue. Pour achever de nous conquérir les bonnes grâces de nos hôtes, nous finissions par une distribution de petits cadeaux insignifiants; mais ce moyen serait d'un emploi dangereux pour quiconque ne serait pas bien accompagné; si l'on était seul, ou presque seul, il faudrait simuler la plus grande pauvreté, sous peine d'être dépouillé le lendemain dans le premier défilé.

Le Mongol est fou des exercices au grand air et surtout de la chasse à cheval. Nous avions d'excellents lévriers anglais avec nous, et chaque fois que nos affaires nous retenaient quelques jours dans le même endroit, nous profitions de la circonstance pour chasser des lièvres, des renards ou même des loups. Les missionnaires prévenaient la veille les chrétiens de notre projet, et le lendemain une véritable armée nous attendait et organisait dans la plaine une immense battue. Il fallait voir galoper tous ces poneys, une fois que le gibier était sur pied et poursuivi par les chiens; c'était un véritable cassecou; cent mètres après le départ, personne n'était plus maître de sa monture, et l'on était si serré par ses voisins qu'on ne pouvait obliquer à droite ni à gauche, ce qui obligeait à aller toujours droit devant soi et à franchir les obstacles, quels qu'ils fussent. La chasse du *kouan-yan,* espèce de gazelle spéciale à ces steppes, est des plus émouvantes et demande une certaine science. Aussitôt que l'on aperçoit un troupeau de ces animaux, une partie des cavaliers suivis des chiens fait un grand détour et va se placer à l'entrée d'un défilé désigné à l'avance ; une fois cette position occupée, le reste de la troupe, par d'habiles conversions à droite et à gauche, cherche à faire passer les gazelles à l'endroit où les chiens sont postés. Lorsqu'ils y parviennent, on lâche les chiens et les faucons ; ces pauvres kouan-yan, affolées par cette attaque subite, perdent la tête, et l'on parvient à les prendre après une course échevelée de quelques centaines de mètres. Le faucon se contente de voler au-dessus d'elles et de temps à autre de leur donner un coup de bec sur le crâne.

Il existe en Mongolie plusieurs établissements de missionnaires catholiques bâtis sur les confins de la terre des herbes. Le plus important est celui de Siwan-tze, dirigé par une congrégation belge. Ce village, est situé dans l'intérieur des terres à douze lieues de Calgan, grosse bourgade dans laquelle les Russes ont de temps immémorial d'importants comptoirs de commerce. C'est de là que partent toutes les caravanes de thé qui se rendent par terre à Moscou et surtout à la foire de Nidjni ; mais les Russes qui habitent Calgan, quoique sujets du czar, sont des Mongols, et on ne les distingue des Mongols chinois qu'au costume semi-militaire qui les fait reconnaître pour des Kosacks.

Si-wan-tze est une des plus anciennes chrétientés de la Chine, et elle a servi de refuge pendant tout le temps des persécutions aux missionnaires européens qui ne pouvaient, à cette époque, séjourner longtemps dans l'intérieur de la Chine proprement dite. On nous y fit une superbe réception : à cinq cents mètres du village, toute la population nous attendait, musique en tête, et, à l'entrée du couvent, nous fûmes reçus par l'évêque, entouré de son clergé, et conduits à l'église, ma foi, fort belle, pour entendre un *Te Deum*. Cette cérémonie accomplie, on nous amena dans l'intérieur du couvent, où l'on nous avait préparé des chambres.

On ne saurait croire avec quelle émotion on retrouve à trois mille lieues de chez soi les cérémonies auxquelles on est accoutumé depuis l'enfance, et c'est certainement une des forces du catholicisme, d'être toujours et partout le même. Les missionnaires installés à Si-wan-tze sont là comme ils seraient dans leur couvent d'Europe, et ce ne fut pas sans un sensible plaisir, après une semaine de voyage dans des auberges chinoises et sous des tentes mongoles, que nous nous retrouvions dans de véritables chambres, que nous mangions, à une table européenne, du pain, aliment inconnu des Chinois, qui ne mangent de farine que sous la forme de macaroni.

Si-wan-tze contient tout le matériel d'une mission de premier ordre : séminaire pour former le clergé indigène, orphelinat, écoles des deux sexes, cathédrale. Quant aux missionnaires, ils ne sont jamais là qu'en passant pour se reposer ou conférer des affaires de la mission; la plus grande partie de leur vie s'écoule dans l'intérieur, soit à évangéliser les infidèles, soit à administrer les sacrements aux chrétiens; en général, ils s'arrangent de façon à passer une fois par an dans chaque village chrétien, et à y donner une retraite de quelques jours.

La mission de Si-wan-tze est singulièrement bâtie. L'hiver y étant des plus rigoureux, et le combustible des plus rares, on a construit dans la montagne des sortes de cavernes n'ayant qu'une face exposée à l'air extérieur du côté du midi; il ne fait jamais très-froid dans ces grottes, et même, avec des fourrures, on peut s'y passer de feu.

Après le déjeuner, on nous présenta tout le personnel de la maison; les jeunes séminaristes nous haranguèrent en latin, et notre embarras fut grand pour leur répondre dans cette langue. Parmi les individus qu'on nous présenta se trouvait le vieux Shamba-Shiemba, l'ancien compagnon de voyage du Père Huc, qui remplit aujourd'hui les fonctions de catéchiste, c'est-à-dire qu'il passe sa vie à voyager dans les environs, prêchant les bienfaits du catholicisme et tâchant de former des néophytes. Lorsqu'il en a réuni quelques-uns, les missionnaires viennent les examiner et s'assurer que ces individus n'ont pas quelque mauvaise affaire sur les bras, ou quelque procès qu'ils espèrent gagner avec l'appui des Pères; en un mot, ils font une enquête pour savoir s'il n'y a aucun motif humain qui pousse ces individus à changer de religion. Quand le résultat est satisfaisant, on admet les nouveaux venus au rang de catéchumènes, c'est-à-dire qu'on les instruit des devoirs de la religion, et qu'on les prépare à recevoir le baptême. Shamba-Shiemba est spécialement chargé des Mongols, dont il connaît la langue et les habitudes. Nous profitons de l'occasion pour nous faire raconter quelques incidents de son voyage avec le Père Huc. Son récit corrobore entièrement ceux de cet illustre voyageur. Le plus étonnant, c'est que ledit Shamba-Shiemba ne se doute nullement qu'il ait fait un voyage extraordinaire, et qu'il serait tout prêt à recommencer demain; il trouve cependant qu'on était trop souvent obligé à demander l'aumône.

En quittant Si-wan-tze, nous allâmes visiter quelques-uns des autres établissements de cette mission, où nous appelaient de difficiles affaires contentieuses à régler. Pour nous rendre à Sy-yu-ze, notre prochaine étape, il nous fallut traverser une autre partie de la Terre des herbes, où nous nous égarâmes, et nous fûmes deux jours avant de nous réunir à Sy-yu-ze. C'est dans cette circonstance que je vis pour la première fois ces corbeaux monstrueux qui remplissent le rôle de fossoyeurs. Lorsqu'un Mongol meurt, on l'attache sur un cheval indompté qui emporte son funèbre fardeau dans le désert. Là où les cordes cassent, reste le cadavre que ces corbeaux énormes viennent dévorer. Il y a quelque chose de sinistre dans cette fin, qui s'accorde mal avec la croyance à la métempsycose, dogme fondamental de la religion de Bouddha.

Pendant que nous étions séparés les uns des autres et cherchions à nous retrouver, j'étais resté seul avec un jeune attaché de la légation d'Espagne à Pékin qui m'avait demandé à me suivre dans ce voyage pour profiter de cette occasion, unique pour lui, de visiter l'intérieur de la Chine. Nous ne savions pas un mot de mongol, et le palefrenier qui était avec nous ne pouvait non plus nous être d'aucun secours. Nos chevaux épuisés bronchaient à chaque instant; il était nuit, et il pleuvait à verse. Notre position n'avait donc rien de réjouissant; mais mon jeune compagnon était si découragé que l'excès de son désespoir lui inspirait des imprécations du plus haut comique. Après avoir marché plusieurs heures dans ces déserts, nous aperçûmes un cavalier; nous précipiter vers lui pour obtenir quelque renseignement fut aussitôt résolu et exécuté; mais plus nous courions après lui, plus il se sauvait. Enfin cependant nous l'atteignîmes, et quel ne fut pas notre étonnement de le voir faire des signes de croix répétés! C'était un prêtre catholique chinois qui se croyait poursuivi par des brigands, et qui fut aussi heureux de reconnaître sa surprise que nous de trouver quelqu'un qui pût nous tirer d'affaire.

Nous rencontrâmes dans la journée une jeune princesse chinoise, épouse d'un prince mongol qui se rendait dans ses terres, car c'est un privilége des princes mongols d'épouser les filles de l'empereur de la Chine. Cette princesse était tout ce qu'on peut voir de plus joli : un véritable Watteau. Elle voyageait dans une litière rouge portée par deux mules superbes, et semblait être sortie pour une simple promenade, tant elle était parée. Elle avait une superbe robe en satin bleu de ciel toute brodée, et sa coiffure, des plus soignées, se composait d'un bouquet de pivoines roses entremêlées de pierreries. Elle était entourée d'une vingtaine de cavaliers. Cet accoutrement au milieu du désert était d'un effet tout à fait inattendu.

Nos gens entrèrent en conversation avec ceux de la princesse, et le résultat de ce colloque fut une invitation de nous arrêter quelques instants chez le prince Wan, son mari, dont les tentes étaient tout près. Nous fûmes reçus à merveille par le père du jeune époux, qui habitait sous une immense tente construite absolument comme celles des simples Mongols, mais dix fois plus grande et tendue d'étoffes de prix. Entendue de cette façon, la tente est un séjour agréable. Le thé beurré et salé était remplacé par d'excellent thé chinois, et pour compléter la fête, ces dames nous régalèrent d'un concert. Nos oreilles étant tout à fait réfractaires à cette musique, ce fut la partie de la réception qui nous fut le moins agréable.

Sy-yu-ze est encore plus extraordinaire que Si-wan-ze, en ce sens que la maison, située à l'entrée même des steppes, est cependant construite sur un plan européen, et que l'église, du style gothique le plus pur, fait un constraste frappant avec les lamaseries et les temples mongols, dont l'architecture est lourde et sans caractère. Nous restâmes là quelque temps, ayant à traiter une affaire compliquée de restitution de terrains. Le malheur voulut que les spoliateurs fussent les mandarins locaux eux-mêmes, de sorte qu'ils se trouvaient juges et parties. Menaces, prières, discussions interminables, tout fut employé de part et d'autre sans résultat jusqu'au moment où, fatigués de cette lutte, nous nous décidâmes à partir et à porter l'affaire devant les tribunaux de Pékin. Les mandarins prirent peur et offrirent alors une solution quasi satisfaisante, que les missionnaires durent accepter pour éviter de prolonger indéfiniment un différend qui aurait pu faire naître une persécution contre les chrétiens indigènes.

Pendant l'intervalle des interminables séances que nous avions avec les Chinois, l'interprète que j'avais avec moi, et qui est le fils d'un peintre célèbre, M. Devéria, s'amusa à peindre un grand saint Pierre pour décorer le maître autel de l'église. Seulement, comme les mains étaient difficiles à faire et que la politesse chinoise exige que l'on rabatte toujours les parements des manches de façon à dissimuler le plus possible les doigts, il fut décidé que, puisqu'on faisait pour les nègres des Vierges noires, nous pouvions faire un saint Pierre à la chinoise, et les clefs sortirent directement de la manche de la robe du saint, que l'on coiffa du chapeau de cérémonie introduit en Chine par les Tartares, et l'on y ajouta la queue qui pend sur leurs épaules.

En quittant Sy-yu-ze, nous nous arrêtâmes dans une autre station chrétienne appelée le 23° village, absolument comme s'il s'agissait d'un village de l'État de New-York. Sur notre chemin, nous rencontrâmes deux lamaseries dont on nous dit merveille ; malheureusement les lamas étaient de mauvaise humeur et ne voulurent jamais consentir à nous laisser visiter leur couvent. Ces lamaseries sont de véritables villes aménagées pour recevoir de nombreux visiteurs. A certaines époques de l'année, les Mongols s'y donnent rendez-vous, et le pèlerinage devient alors prétexte à de grandes foires où les nomades se réunissent pour vendre leurs troupeaux, les laines de chameau ou de mouton qu'ils ont recueillies au printemps, et acheter en échange les céréales et les objets manufacturés dont ils ont besoin et qu'ils ne savent pas produire. Les colporteurs chinois, connaissant les habitudes locales, arrivent en foule pour ces réunions, et ne se font pas faute d'exploiter les trop naïfs Mongols. C'est surtout au moyen de l'usure qu'ils arrivent à dépouiller ces pauvres nomades, qui se trouvent toujours endettés d'une année sur l'autre et qui finissent généralement par payer un objet trois ou quatre fois sa valeur, faute d'avoir eu de l'argent comptant le jour de la foire.

Au 23ᵉ village, nous sommes reçus par le supérieur de la mission, M. l'abbé Verlinden, dont les vertus et l'originalité sont légendaires en Chine. Curé d'une paroisse des environs de Bruxelles, il entra tard dans les missions, mais une santé de fer lui permit de résister victorieusement à toutes les épreuves que de plus jeunes ont souvent de la peine à supporter, et rien ne peut donner une idée de la dureté de la vie qu'il mène; il passe parfois des semaines entières en voyage, n'ayant d'autre lit que la terre et d'autre oreiller que la selle de son cheval. Pendant un hiver, il fut chargé des deux paroisses de Sy-yu-ze et du 23ᵉ village, distantes l'une de l'autre d'environ quatorze lieues, et chaque dimanche il disait la messe dans les deux églises. Lorsque cet ecclésiastique est au 23ᵉ village, il y vit tout seul, consacrant le temps que lui laissent les fonctions de son ministère à l'étude du bouddhisme, qu'il avoue comprendre chaque jour un peu moins. Sa maison est située au milieu d'une véritable forêt de saules habitée par des quantités de lièvres que personne ne chasse, excepté lui, car cet exercice est la seule passion mondaine qu'il ait conservée, et son plus grand bonheur pendant que nous sommes là est de nous piloter et de nous mener aux bons endroits.

En quittant cet établissement, nous traversons une véritable chaîne de montagnes, et le pays change complétement d'aspect; les riantes prairies de la Terre des herbes font place à de maigres cultures de pommes de terre et de sarrasin. Les Chinois et les Mongols ont le plus grand mépris pour le tubercule de Parmentier, et ne se décident à en manger que quand ils n'ont rien autre chose à mettre sous la dent; la cause de ce dégoût provient de ce que la pomme de terre a été introduite en Chine récemment et par des étrangers; ces deux motifs suffisent pour la rendre odieuse au Chinois conservateur et exclusif.

Nous nous arrêtons dans une auberge presque abandonnée, et dont les propriétaires sont adonnés à l'opium, et notre arrivée coïncide justement avec le moment où ils sont plongés dans l'ivresse que produit l'usage de cette drogue ; ils sont tellement inertes que nous aurions pu emporter tout ce qui était dans la maison sans qu'ils s'en aperçussent; il est vrai d'ajouter que c'était peu tentant, car j'ai rarement vu un taudis plus sale, plus dégoûtant et plus misérable.

L'usage de fumer l'opium est un vice déplorable, en ce sens que non-seulement il détruit la santé, mais qu'inévitablement il entraîne encore la misère. Le Chinois est généralement pauvre, et en dehors des commerçants l'argent est rare. Pour avoir une idée de l'état économique du pays, il suffit de savoir que la cour fait une pension de 14 francs par mois à chacun des descendants mâles des familles tartares qui aidèrent à la conquête de la Chine; cette pension, quoique rognée par les intermédiaires de près de moitié, est l'objet de la convoitise de tous les Pékinois, et beaucoup d'entre eux n'ont pas d'autre ressource pour vivre.

Les meilleurs domestiques se payent 28 francs par mois, et ne sont ni nourris ni logés; je suis sûr que les gages donnés par les Chinois sont très-inférieurs à cette somme.

Un fumeur d'opium en consomme facilement pour un franc par jour; c'est donc, pour l'homme du peuple qui prend cette habitude, la misère à courte échéance. Quant au bourgeois ou au fonctionnaire, que cette dépense ne saurait gêner, sa ruine provient d'une autre cause : l'usage de l'opium amène toujours l'ivresse, et pendant cette période la caisse du négociant reste à la merci des commis et des domestiques.

Quant à l'effet de l'opium sur la santé, il n'est pas aussi destructeur qu'on serait tenté de le croire au premier abord. Presque tous les hauts personnages de l'Empire font usage de cette drogue, et beaucoup parviennent cependant à une extrême vieillesse. Je serais assez porté à admettre que l'abus seul en est mortel.

Sans compter l'opium cultivé en Chine, et qui, pour quelques provinces, est devenu la production agricole la plus importante, les douanes maritimes constatent qu'il vient des Indes environ pour 300 millions de francs d'opium par an.

Le soir, nous gagnons notre gîte, juste au moment où un orage terrible éclate ; en un clin d'œil c'est un déluge, et nous voilà dans une misérable auberge, sans rien à manger et séparés par un lac du reste des humains. Un de nos domestiques voit des pigeons blottis sous la partie du toit qui fait véranda ; tirer dans le tas un coup de fusil et en abattre une demi-douzaine fut l'affaire d'un instant. Le propriétaire, d'abord indigné de notre sans-gêne, finit cependant par se calmer par l'offre que lui firent nos gens de lui rendre le service de tirer un second coup de fusil à son profit. Les Chinois élèvent des quantités de pigeons, et prennent un grand plaisir à regarder leurs ébats. Ils connaissent comme nous les pigeons voyageurs, et ont imaginé un singulier moyen pour les garantir des oiseaux de proie, qui pullulent en Chine, où personne ne s'occupe à les détruire; ils attachent sur le dos du pigeon une sorte de flûte de Pan, construite avec l'écorce du bambou, aussi légère et aussi mince qu'une feuille de papier. L'air que l'oiseau déplace en volant s'engouffre dans cet instrument et produit un sifflet perpétuel assez aigu pour effrayer les milans et les faucons.

Notre aubergiste, étant devenu tout à fait notre ami, vint nous tenir compagnie une partie de la soirée, s'informant d'où nous venions, où nous allions, dans quel but nous voyagions. Ne pas faire ces questions en Chine, c'est manquer à la politesse, et tout est tellement de convention dans les mœurs de ce peuple qu'il faut absolument suivre le programme convenu si l'on veut obtenir une réponse ; demander son chemin à un passant sans s'être préalablement inquiété de sa santé, de son âge, du lieu de sa demeure et de l'état de son père, c'est s'exposer à recevoir une fausse indication ou tout au moins une rebuffade.

Au demeurant, cette enquête est peu gênante ; ce sont simples formules qu'on échange. — D'où venez-vous ? — Du nord. — Où allez-vous ? — A l'ouest. — Quel âge avez-vous ? — Plus de trente ans. — Quel est votre état ? — Marchand. Et ainsi de suite. A chacune des réponses, l'interlocuteur répond : Très-bien ! Ah ! très-bien !

Quant à notre hôte, en apprenant notre qualité de hauts mandarins, il parut très-joyeux, et, se penchant à notre oreille, il nous dit : « Demain vous arriverez dans une ville qui s'appelle Fün-Chen; ne ménagez pas le sous-préfet, il est très riche, et vous pouvez facilement tirer de lui 2,500 francs, car il nous a terriblement écorchés à son dernier passage. »

Quand un mandarin voyage, il doit être hébergé par les autorités locales, qui font préparer pour lui ce que l'on appelle en chinois un *kong-youan,* c'est-à-dire un appartement dans un des bâtiments de l'État. Le passe-port du voyageur constate son rang et par conséquent le nombre de rations auxquelles il a droit, pour ses gens et ses chevaux, et la dépense occasionnée par cette fourniture est portée en compte, par le mandarin local, sur les impôts dont il est responsable. Mais cette manière de faire est trop nette, trop simple, pour plaire aux Chinois; aussi, dans la pratique, les choses se passent autrement. Le mandarin voyageur descend à l'auberge et se refuse à recevoir aucune des rations auxquelles il a droit, déclarant qu'il ne veut pas coûter un seul denier à l'empereur. Le mandarin local fait part de cette résolution à ses administrés, notamment aux négociants, et ajoute qu'on ne peut pas être en reste de générosité avec cet illustre voyageur, et que, puisqu'il ne veut pas contribuer à appauvrir l'État en recevant les vivres auxquels il a droit, c'est aux citoyens de la ville à lui offrir l'hospitalité. Chacun alors met la main à la poche, et la générosité est en rapport avec l'influence que l'on suppose possédée par ledit voyageur. Si c'est un mandarin de première classe, vice-roi, ou président d'un tribunal, on compte par mille; s'il ne s'agit que d'un préfet ou d'un taotai, on compte par cent, et même, si l'on arrive aux derniers rangs de la hiérarchie, c'est le voyageur qui offre à son hôte un spécimen des produits de la province d'où il vient.

C'est un usage si enraciné en Chine que le mandarin vit aux dépens du peuple, qu'une des choses qui étonnent le plus les Chinois, c'est de voir les Européens exiger de leurs domestiques le payement de toutes les choses qu'ils achètent. Bien souvent, en arrivant dans une auberge, l'hôtelier nous avertissait qu'il n'avait aucune provision, et que nous serions mieux dans l'hôtel voisin où descendaient tous les gens de notre rang.

Sans se laisser décourager par ces paroles, notre cuisinier répondait : « Nous sommes des étrangers et ignorons la place du marché ; ayez donc la complaisance de prendre cet argent et d'aller acheter des poulets, des œufs, de la viande, etc. » Aussitôt l'aubergiste changeait de ton, et nous fournissait tout ce dont nous avions besoin avec le plus grand empressement.

Le lendemain, nous arrivons dans la ville de Fün-chen, marché important situé presque à la frontière qui sépare le Chansi de la Mongolie. Pour la première fois depuis que nous voyageons, nous avons affaire à un mandarin mal élevé, et nous sommes obligés de réagir contre ses mauvais procédés en étant plus insolents que lui. C'est une histoire assez drôle et qui peint bien les Chinois. On nous avait préparé, d'après les ordres de cet individu, une sorte de taudis, et l'on n'avait pris aucune précaution de police pour empêcher la foule d'envahir la cour de la maison. Or, la présence de cette foule est presque toujours la cause des accidents qui arrivent aux Européens dans l'intérieur de la Chine : on vient voir les étrangers comme des bêtes curieuses; on se permet sur leur compte des réflexions peu charitables; les domestiques prennent mal ces quolibets; la dispute dégénère en rixe; l'autorité locale, indifférente ou mal disposée, n'envoie pas la police à temps, et un accident arrive dont les conséquences sont terribles pour les mandarins insouciants et pour la population turbulente; mais ces châtiments, quelque sévères qu'ils soient, ne rendent pas la vie aux morts. Notre expérience de la Chine nous faisait donc surtout craindre les rassemblements des oisifs dans notre cour; nous envoyâmes exprimer notre mécontentement sur le choix du logement et sur l'absence de police à notre porte; le mandarin reçut assez mal ces observations et fut si impertinent qu'il fut décidé qu'il méritait une leçon, nécessaire d'ailleurs à notre sécurité. On fit donc recharger les mulets, et nous nous transportâmes au logis dudit gouverneur, déclarant que l'auberge qu'on nous avait préparée était trop mauvaise pour y rester. Il nous fut répondu que le mandarin était malade et qu'il ne pouvait nous recevoir. Nous répliquâmes à notre tour qu'il nous était indifférent de voir ou de ne pas voir ce personnage, mais que les chambres où nous étions étant à notre convenance, nous allions nous y installer pour la nuit. Voyant que notre résolution était sérieuse, les domestiques de la maison vinrent offrir aux nôtres de l'argent pour nous décider à partir. Cette proposition n'ayant pas produit le résultat attendu, le mandarin se décida à venir lui-même, profitant, me fit-il dire, d'un moment de soulagement : il vint en effet, bouillant de colère, ayant préparé un discours foudroyant, et décidé, après l'avoir prononcé, à donner l'ordre à ses gens de nous jeter à la porte. Avertis de ce programme par nos domestiques, il fut convenu que tous mes compagnons de voyage se tiendraient debout, et que moi seul resterais assis.

Aussitôt après son entrée, le mandarin furieux se jette dans un fauteuil et commence sa mercuriale. Notre interprète lui coupe la parole et lui dit sèchement qu'un mandarin de son rang n'a pas l'habitude de s'asseoir devant un *ting-chaï* (littéralement, commissaire impérial), et qu'il le prie de se conformer aux rites. Rappelé ainsi à l'ordre devant ses administrés, le mandarin comprit que toute lutte serait désavantageuse pour lui, et avec cette désinvolture qui est le propre des Asiatiques, il changea tout de suite de ton et devint d'une politesse et d'un charme sans égal.

Immédiatement des ordres furent donnés, les meilleures chambres de l'hôtel préparées pour nous, et notre refus de recevoir aucun cadeau, fût-ce un poulet, acheva de convaincre ce petit potentat qu'il avait eu raison de plier son orgueil; un de ses compatriotes à notre place aurait profité de cette circonstance pour se faire faire des présents onéreux.

C'est dans cette ville que nous nous séparâmes des missionnaires belges qui nous avaient reconduits jusqu'à l'extrême limite de leurs districts; en revanche, nous trouvâmes les franciscains qui sont établis au Chansi. L'évêque de cette province avait envoyé un de ses prêtres nous souhaiter la bienvenue, et aussi nous accompagner et nous servir d'introducteur dans les villages chrétiens que nous pourrions rencontrer sur notre route.

Les voyageurs français en Chine ont sur ceux des autres nations un grand avantage qu'ils doivent en partie au protectorat que leur gouvernement accorde aux catholiques, mais surtout au nombre considérable de missionnaires français disséminés dans les provinces.

Les chrétiens chinois connaissent tous la France de nom et savent que c'est à son intervention qu'ils doivent la sécurité et la liberté de conscience dont ils jouissent ; aussi tout individu reconnu et recommandé comme Français par les missionnaires est-il sûr de recevoir un bon accueil dans toutes les chrétientés chinoises et de pouvoir ainsi éviter bien des dangers et bien des fatigues. Je mets en fait qu'un Français connu et bien recommandé aux missionnaires pourrait aller de Pékin à Canton, de village chrétien en village chrétien, sans débourser un sol et sans même s'apercevoir des difficultés d'un pareil voyage.

Il est incontestable que les chrétiens chinois, je parle de ceux de l'intérieur, et non des individus qui, dans les ports, se sont faits chrétiens dans l'espoir de se créer des relations avec les résidents étrangers ; il est incontestable, dis-je, que les chrétiens chinois sont supérieurs sous tous les points de vue à leurs voisins. Les pratiques de la religion catholique leur inculquent des idées d'ordre et de régularité qui améliorent singulièrement leur position matérielle. Ils n'ont qu'une femme, ne fument pas l'opium, ne jouent pas, et, au lieu d'intenter à leurs voisins des procès que l'avidité des mandarins rend ruineux, ils font juger leurs différends par le missionnaire, dont les arrêts sont non-seulement plus équitables, mais encore ne coûtent rien.

Ce n'est pas tout : la solidarité qui s'établit entre chrétiens leur est fort utile au point de vue de leurs affaires ; le local destiné à loger le missionnaire est toujours à la disposition des voisins, qui trouvent là un gîte gratis et une nourriture moins chère que dans les auberges; ils reçoivent sans rétribution les soins des médecins entretenus par la mission, et n'ont pas davantage à s'occuper de l'éducation de leurs enfants auxquels on apprend non-seulement le catéchisme, mais encore à lire et à écrire, et les éléments de littérature profane, nécessaires à toute carrière chinoise.

L'hostilité des mandarins au christianisme ne provient pas ici d'un sentiment de haine contre cette doctrine, ni de la crainte de voir renverser les idoles de Bouddah ou de Tao; car le Chinois n'est ni fanatique ni exclusif en matière religieuse, et lorsque l'on parvient à avoir une conversation à la fois intime et sérieuse avec l'un d'eux, il ne fait aucune difficulté à admettre que les principes sur lesquels s'appuie le christianisme sont excellents et ne peuvent qu'améliorer la moralité de ceux qui les suivent; mais l'adoption de la religion chrétienne par la Chine serait la ruine de l'organisation actuelle, et l'orgueil chinois se refuse à admettre qu'un changement, de quelque nature qu'il soit, puisse être un bien pour la Chine.

En somme, le Chinois n'est ni plus ni moins hostile au christianisme qu'aux chemins de fer et aux télégraphes; le seul point sur lequel le gouvernement chinois ait consenti à avouer son infériorité et à avoir recours à l'étranger est celui de l'armement ; mais, tout en consacrant des sommes énormes à l'achat de fusils à aiguille, de canons Krupp, de torpilles et de vaisseaux cuirassés, il n'a pu cependant humilier son orgueil jusqu'au point de changer les programmes officiels qui, depuis des milliers d'années, servent de base aux examens militaires ; le tir de l'arc et la voltige font encore aujourd'hui le fond de l'instruction militaire des jeunes officiers chinois, et les Tartares appartenant aux huit bannières sont obligés, comme par le passé, de donner des preuves de leur savoir dans ces deux exercices pour continuer à toucher la pension de 14 francs par mois que leur sert la cour.

Dans l'ordre philosophique, nous retrouvons le même enfantillage ; les hauts personnages sont tous en rapports trop fréquents avec les Européens pour continuer à ignorer que la terre est ronde, que le soleil est immobile, que le tonnerre est un phénomène naturel, et qu'il existe des instruments à l'aide desquels on peut constater l'état de l'atmosphère et par conséquent prédire presque à coup sûr la pluie, le froid ou la chaleur. Ils n'en continuent pas moins à adresser des prières au dragon jaune ou noir et à lui donner en pâture la tête d'un tigre en carton, ou à faire rendre par l'Empereur des décrets d'exil contre les idoles qui refusent de lui obéir et d'envoyer la pluie à heure fixe. Un jour, un pêcheur de

Tien-tsin ramena dans ses filets une anguille d'une taille exagérée; aussitôt tous les mandarins décident que c'est le dieu du fleuve Jaune qui s'est déplacé, et qu'il va s'ensuivre des cataclysmes effrayants. L'année ayant été très-pluvieuse, et les inondations du Pei-ho plus fortes que d'habitude, la pagode qui avait recueilli l'anguille précitée fut l'objet d'un pèlerinage si fréquenté que les autorités furent obligées de le réglementer afin d'empêcher des troubles de se produire.

Malheureusement cet esprit de *conservatisme* exagéré n'est pas assez connu de ceux qui ont étudié superficiellement la Chine, et a amené des préjugés qu'il est important de détruire. On dit volontiers : A quoi bon s'occuper à convertir la Chine ? Vendons-lui du coton et de l'opium, c'est tout ce qu'il nous faut; supprimons les missions et les missionnaires, et on aura détruit un des plus grands obstacles à l'accroissement du commerce. Rien n'est plus faux que ce raisonnement, car les missionnaires sont maltraités par les Chinois non comme prédicateurs d'une religion mauvaise ou défendue, mais comme propagateurs d'idées étrangères. Les mandarins sentent parfaitement que leur domination cessera le jour où le peuple sera convaincu de leur incapacité, et où il comprendra qu'il y a des modes d'administration supérieurs à ceux que Confucius enseignait il y a plus de deux mille ans, que le monde a marché depuis cette époque, et qu'il y a des sages dont les préceptes sont meilleurs que ceux du philosophe chinois.

La même opposition se produit chaque fois qu'il s'agit d'augmenter ou de faciliter les rapports entre les Chinois et les étrangers. Ainsi, malgré l'autorisation que le cabinet de Pékin avait donnée quelques mois auparavant de faire atterrir à Shang-haï le fil télégraphique sous-marin qui relie Hong-kong au Japon et à la Sibérie, il a été impossible de le faire consentir à la construction d'une ligne terrestre qui reliât Fou-tcheou, l'un des centres du marché des thés, avec Amoy, où passe le câble sous-marin. Pour couper court à toute négociation, le gouverneur de la province reçut l'ordre d'acheter et de détruire le matériel que la Compagnie danoise avait, sur une fausse interprétation d'un firman, réuni de bonne foi à Fou-tcheou.

L'essai de chemin de fer entre Wou-song et Shang-haï n'a pas eu plus de succès. Le gouvernement chinois, obligé, par égard pour l'Angleterre qui poursuivait alors les négociations relatives à l'assassinat de M. Margary, de tolérer l'essai de ce chemin de fer pendant quelques mois, n'eut pas de cesse qu'il n'eût désintéressé les actionnaires et détruit cet embryon de railway auquel les populations voisines de Shanghaï s'étaient accoutumées et qui marchait sans occasionner ni trouble ni désordre.

On pourrait multiplier ces exemples à l'infini, et montrer partout la même tendance à effacer les traces européennes dès que cela est possible. Je mets en fait que si, par un motif quelconque, les Occidentaux venaient à quitter Shang-haï, où des millions ont été dépensés pour construire des palais, vingt ans après il ne resterait pas vestige de cette ville; les baraques chinoises auraient remplacé les maisons en pierre de taille, les tuyaux de gaz auraient été déterrés et les quais démolis.

Le Chinois, j'entends la classe mandarinale, comprend parfaitement qu'il ne peut conserver son influence qu'en maintenant le plus longtemps possible le peuple dans l'ornière où il est embourbé depuis Confucius, et il craint tout autant la construction des chemins de fer ou des télégraphes que la prédication d'une religion étrangère.

Personne n'ignore ce qui s'est passé au siècle dernier entre la cour de Rome et l'empereur Kang-Hy, l'homme le plus remarquable qui ait jamais occupé le trône de la Chine. Les Pères Ricci, Schall, Verbiest et tant d'autres, ayant entrepris de leur propre initiative la conversion de la Chine, et étant parvenus, à force d'habileté, de patience et d'humilité, à se rendre, pour ainsi dire, indispensables à l'empereur, se trouvèrent arrêtés dans leur marche ascendante par une difficulté théologique soulevée par les dominicains espagnols.

Le débat, s'étant élargi, fut porté devant la cour de Rome, qui, malgré l'intervention personnelle de l'empereur Kang-hy, décida contre les jésuites et en faveur des dominicains ; ce jugement fut la perte du catholicisme en Chine. Jusqu'alors les jésuites, grâce à la souplesse de leur esprit, étaient parvenus à endormir la méfiance des Chinois sur le caractère de la réforme religieuse qu'ils poursuivaient ; non-seulement, suivant eux, elle ne changeait rien aux lois du pays, mais ne troublait même pas les habitudes. Le jour où il fut démontré que l'adoption du christianisme entraînait une sorte de révolution sociale, cette religion fut mise à l'index, et les persécutions commencèrent.

Toutefois, il ne faut pas perdre de vue que tout ce que l'on sait de la Chine a été enseigné par les missionnaires, et qu'encore, à l'heure actuelle, leur présence dans l'intérieur est le moyen le plus puissant mis à la disposition de l'Occident pour arriver à son but.

L'organisation des missions catholiques en Chine est une des plus belles conceptions que l'on puisse imaginer. Le Saint-Siége, averti par les dissensions qui ont, au siècle dernier, compromis d'une façon si malheureuse l'œuvre de la propagation de l'Évangile, a pris, pour éviter le retour de ces conflits, les précautions les plus sages.

La Chine a été divisée en vicariats apostoliques

confiés aux différentes congrégations qui s'occupent de l'œuvre des missions. Chacune a carte blanche chez elle, et peut administrer sa province comme elle l'entend. Les missions étrangères ont le Sse-tchuen, le Thibet, le Kouei-tcheou, le Yunan, la Mandchourie et Canton, en tout 8 vicariats apostoliques et environ 200,000 chrétiens.

Les lazaristes ont Pékin, le Kiansi et le Tchekiang, et 4 vicaires apostoliques administrant à peu près 150,000 âmes.

Les jésuites sont chargés de Nankin, de Shanghaï et d'une partie du Pe-tchi-li, avec 2 vicaires apostoliques et 150,000 chrétiens.

Les franciscains italiens sont établis dans le Honan, le Houpé, le Chansi, le Shensi, le Chan-toung, le Hounan, en tout 9 vicaires apostoliques et 100,000 chrétiens.

Les Belges ont reçu en partage la Mongolie, avec un vicaire apostolique et 30,000 chrétiens.

Enfin, l'île de Formose et le Fokien, avec 2 vicaires apostoliques, appartiennent aux dominicains. On peut donc évaluer à environ 700,000 le nombre des chrétiens chinois.

Cette division permet déjà d'observer certains faits intéressants; c'est ainsi que les jésuites se contentent de deux évêques pour 150,000 chrétiens, tandis que les franciscains italiens en ont neuf, sans compter les coadjuteurs, pour en administrer 100,000.

Les Belges, en leur qualité d'hommes du Nord, se sont emparés des déserts glacés de la Mongolie, tandis que les missions étrangères, dont l'esprit est plus aventureux et plus enclin à la recherche du danger, ont choisi les provinces les plus éloignées de toute protection et par conséquent les plus périlleuses ; enfin les dominicains ont cherché à se rapprocher le plus possible de leur centre d'action qui est aux Philippines.

Les jésuites mènent de front la propagation de la foi et l'organisation matérielle de leurs néophytes. Ils ne se contentent pas d'ouvrir des écoles, des pharmacies, des orphelinats, et d'envoyer partout des catéchistes ; ils veulent que les écoles soient fréquentées, que les pharmacies soient aux mains de médecins habiles, que les orphelinats renferment autre chose que des enfants moribonds.

Ils s'occupent également des sciences au point de vue européen, et ont fondé des observatoires astronomiques et météorologiques qui les mettent en rapport avec les savants français. Plusieurs parmi eux sont des naturalistes de premier ordre, et le Père Eudes a publié sur les coquillages des travaux qui sont très-appréciés ; il entre dans le programme de ces religieux de continuer la tradition des Pères qui fondèrent cette mission et de servir pour ainsi dire de trait d'union entre l'Orient et l'Occident scientifique ; ils ont des infirmeries, des ateliers de peinture, des cabinets d'histoire naturelle, de physique, de chimie, et tout dernièrement viennent de rééditer le meilleur dictionnaire franco-chinois.

Les Pères européens eux-mêmes se répandent le plus qu'ils peuvent dans le monde chinois. Ils entretiennent des relations avec les mandarins, s'informent des usages indigènes, et s'y conforment le plus possible; ils suivent en cela le précepte de leur fondateur, qui a désiré que les jésuites vécussent comme des hommes de la classe bourgeoise aisée, sans luxe, bien entendu, mais sans privations inutiles.

Les questions d'argent sont toujours secondaires pour eux, et ils ne demandent aux chrétiens que juste ce qu'ils trouvent nécessaire, soit pour les intéresser à une œuvre, soit pour ne pas froisser leur amour-propre. Ainsi, si la construction d'une chapelle a été reconnue utile dans un village, les habitants donneront le quart ou le tiers de la dépense. Si on ne leur demandait rien, ils se figureraient que la chapelle n'est pas à eux et n'y prendraient aucun intérêt, tandis que le chrétien qui a été lui-même acheter des chandeliers pour l'autel ou le tableau du chœur a non-seulement fait un sacrifice qui l'attache, mais, ayant mis aussi son amour-propre à choisir des objets au goût de ses amis, se montre fier du résultat de sa mission. Les franciscains, au contraire, persistent dans l'esprit de pauvreté que leur a imposé saint François. Ils ne possèdent ni ne se créent aucune ressource, et continuent à vivre au jour le jour. Ils font supporter non-seulement tous les frais du culte, mais même ceux de leur modeste nourriture, aux chrétiens chinois. Ils se trouvent ainsi entièrement à leur merci, et pendant notre séjour au Chansi nous avons asisté à plusieurs faits dignes vraiment d'exercer leur humilité chrétienne.

Pour ma part, je crois le Chinois incapable d'apprécier la charité poussée à cet extrême ; l'amour du prochain est une des idées le moins à la portée des races jaunes, qui n'ont de respect et de considération que pour la puissance et la richesse, et je pense que le jésuite a plus de chance de réussir en montrant que les principes du christianisme contribuent aussi au bien-être matériel, en ce sens qu'ils propagent la civilisation, l'ordre et la régularité.

Quant aux missions étrangères, c'est encore un autre ordre d'idées. L'esprit de cette compagnie est celui du sacrifice quand même ; le missionnaire recherche moins le succès de l'œuvre que sa propre édification, et s'il vient en Chine pour y prêcher l'Évangile, c'est un moyen de faire son salut personnel. De là une certaine exagération de prosélytisme souvent dangereuse pour les voisins qui veulent bien sacrifier leur vie, si les circonstances l'exigent, mais qui recherchent avant tout le succès de l'œuvre qu'ils ont entreprise, et qui savent parfaitement que les ouvriers sont trop difficiles à remplacer pour ne pas les ménager.

Parmi les missionnaires, les uns se *chinoisent* trop, les autres pas assez ; il faut éviter d'adopter sans réserve les usages chinois et s'abstenir de les rejeter tous sans examen, car il est évident que le missionnaire qui veut changer absolument toutes les habitudes de sa race, coucher sur des planches sans se déshabiller, manger une nourriture qui répugne à son estomac, et ne boire que du thé, au lieu du vin, auquel il est accoutumé dès l'enfance, s'use plus vite que celui qui évite les privations inutiles, et je suis de l'opinion que se ménager pour durer est à la fois plus chrétien et plus méritoire.

D'un autre côté, c'est folie de froisser inutilement les mœurs du peuple que l'on veut convertir à une autre croyance ; la répulsion est déjà assez grande entre les deux races sans donner aux adversaires de justes griefs à faire valoir. Le prosélytisme de Polyeucte est toujours maladroit, et l'on détruit moins d'idoles en les brisant avec éclat qu'en les rendant indifférentes et ridicules. Toutefois, ce qui est vraiment admirable, c'est l'esprit de solidarité qui existe entre les Chinois chrétiens ; c'est la preuve la plus incontestable de la force du catholicisme, car rien n'est plus contraire aux idées de ce peuple que la fraternité ; il faut donc qu'en adoptant le christianisme il subisse une sorte de transformation morale.

L'accueil qui nous est fait partout est des plus touchants, et nous sommes obligés de batailler pour ne pas accepter toutes sortes de présents. Si nous laissions faire les chrétiens, non-seulement toutes nos dépenses seraient défrayées, mais nous reviendrions à Pékin avec des chariots pleins de productions des diverses provinces que nous traversons.

Une autre remarque qui montre à quel point le Chinois chrétien est différent de ses voisins païens, c'est l'espèce de crânerie qu'il met à se montrer en public avec nous. A l'inverse des Chinois qui évitent toute espèce de rapport avec l'étranger et qui craignent de perdre leur popularité en nous rendant le moindre service, le Chinois chrétien semble fier de nous servir de *cicerone*. Quand nous sortons pour faire quelques visites, les uns viennent avec nous pour nous faire escorte, les autres amènent à notre auberge leurs amis païens et leur montrent nos lits, nos selles, notre vaisselle de voyage, et donnent, d'un air entendu et protecteur, les explications les plus burlesques de choses qu'il n'ont jamais vues et dont ils ne comprennent pas mieux l'usage que ceux à qui ils parlent.

Généralement, quand nous quittons un endroit, nous faisons, avant de partir, une distribution de petits objets à ceux qui nous ont été utiles, objets de piété, tels que chapelets, images, bénitiers, crucifix, petits couteaux, ciseaux, aiguilles;

Tatoun-Fou, au Chansi.

mais ce qui a le plus de succès, ce sont des boîtes de sardines à l'huile. C'est une friandise à laquelle peu de Chinois sauraient résister, et l'heureux possesseur d'une de ces boîtes invite tout le village à venir goûter une parcelle de cette délicieuse nourriture.

Le lendemain nous arrivons à Ta-toun-fou, l'une des plus grandes villes du Shan-si, où les Pères franciscains ont un établissement relativement considérable, où nous devions nous reposer quelques jours. Nous arrivons juste pour assister à une petite émeute que notre présence parvint à calmer. C'était au plus fort de l'été, et la grande chaleur avait amené une sorte d'épidémie de typhus. Le Père François avait cru bien faire de mettre les enfants de la Sainte-Enfance à l'abri de toute contagion, et s'était entendu avec ses voisins de Mongolie pour diriger une partie de ces petits êtres dans un climat sain; mais voilà que la population, excitée par quelques bonzes, s'oppose à ce départ, prétendant qu'on emmène ces enfants pour les tuer et faire de la photographie avec leurs yeux et du chocolat avec leur sang. Nous cûmes toutes les peines du monde à faire comprendre aux autorités locales la stupidité de ces accusations, et nous fûmes obligés de consentir à ce qu'un homme de la police accompagnât la caravane et visitât l'établissement des Pères belges.

Notre voyage avait un but déterminé. Cependant,

pour ébaucher une sorte d'enquête commerciale, j'avais consenti à ce qu'un négociant français de Tien-tsin confiât une petite pacotille d'objets, dits articles de Paris, à l'un des domestiques, de façon à pouvoir nous rendre compte et de la nature des objets qui plaisaient à l'intérieur, et du prix auquel on pouvait les vendre. Chaque fois que nous faisions une station de plusieurs jours, on déballait ladite pacotille et l'on vendait le plus possible aux marchands chinois. Les résultats de cette enquête ont été ceux-ci : tout objet de valeur est à peu près invendable, du moins commercialement ; quant aux petits bibelots, on peut faire d'énormes bénéfices, malheureusement très-diminués par les droits de toutes sortes dont les mandarins ont couvert la Chine.

Les taxes sont telles qu'un marchand chinois préférerait acheter un objet 100 francs rendu à Ta-toun-fou plutôt que de l'avoir pour 10 à Tientsin. Il faut payer sur chaque pont que l'on traverse, dans chaque ville où l'on passe, sur chaque canal où l'on navigue, non pas un droit fixe et connu d'avance, mais celui qu'il plaît au préposé de réclamer. Ce n'est pas tout encore; quand le marchand a déboursé tout ce que les autorités locales ont voulu lui extorquer, soit pour l'entretien des routes, des ponts, des canaux, soit pour la réparation des pagodes, soit pour les prières destinées à obtenir la pluie, soit pour la milice, soit pour la guerre du Ili, etc., il lui reste un dernier danger à affronter. La cour dispose en faveur de la toilette de telle ou telle princesse du revenu d'un bourg, d'une ville, d'un district; tout alors est à recommencer. La fuite est le moyen le plus sûr d'arrêter les exactions; la fuite, c'est la mort de la poule aux œufs d'or; si la population commerçante disparait, qui payera la taxe? Aussi les mandarins reculent-ils presque toujours devant cette menace.

Au demeurant, il serait faux de croire que le Chinois soit facile à gouverner, ni qu'il supporte patiemment les exactions du pouvoir; il est, au contraire, très-indépendant, et quand un mandarin lui déplait, il a vite fait de le mettre à la raison. Son système est des plus simples; il se rend au Yamen, s'empare du magistrat, l'attache dans une chaise à porteur et le dépose en dehors de la ville, dont les portes sont immédiatement fermées. En même temps deux ou trois notables se rendent chez le mandarin supérieur et lui offrent un cadeau pour les débarrasser du magistrat incommode ou trop exigeant; il est rare que l'affaire ne s'arrange pas dans ces termes.

Au contraire, quand le magistrat plait à une ville, les habitants font les mêmes démarches pour le conserver. S'il est nommé ailleurs, il se passe alors une scène très-drôle : les notables viennent supplier le mandarin de rester; naturellement il résiste et répond qu'il doit obéir aux ordres de l'empereur;

alors, on s'empare de sa personne, et pour le mettre dans l'impossibilité de fuir, on lui ôte ses bottes que l'on enferme dans une cage et que l'on suspend sous la voûte de la porte d'entrée de la ville. Enfin, quand le jour du départ est définitivement fixé, on laisse ces vieilles bottes en trophée et l'on décerne au magistrat regretté une paire de bottes d'honneur. Aussi, quand on veut parler d'un mandarin populaire, on cite le nombre de paires de bottes neuves qu'il a reçues.

Les cages qui sont suspendues sous la voûte des portes des villes ne sont pas toutes destinées à un usage aussi innocent; la plupart d'entre elles servent à contenir des têtes de criminels exécutés pour des crimes de rébellion ou de vol à main armée sur les grands chemins.

Les crimes de droit commun reçoivent leur châtiment à Pékin; car, d'après la loi chinoise, l'empereur a seul le droit de prononcer une sentence capitale et de la faire exécuter. Chaque année, tous les criminels de province sont amenés à la capitale, leur jugement examiné et confirmé par la haute cour. Mais c'est en automne seulement qu'ont lieu les exécutions; la veille du jour fixé par un décret impérial pour cette triste cérémonie, toutes les sentences sont apportées à l'empereur. Les noms de tous ceux à qui il fait grâce sont entourés d'un cercle à l'encre rouge qu'il trace lui-même. Le lendemain, tous les condamnés sont amenés sur le lieu du supplice, et le bourreau appelle l'une après l'autre ses victimes; ce n'est donc qu'à la fin de la journée que les privilégiés savent qu'ils ont été l'objet de la clémence impériale.

Pour les crimes qui menacent la sécurité publique, tels que rébellion ou vols à main armée, les magistrats ont des pouvoirs spéciaux et peuvent punir les coupables en vertu d'une sorte de loi martiale. Lorsque l'on veut se débarrasser d'un individu dont le crime ne comporte pas un châtiment immédiat, on feint de se tromper en lui appliquant la bastonnade, et d'un coup de bambou on lui brise le crâne ou la colonne vertébrale.

En sortant de Ta-toun-fou, nous dirigeons nos pas vers la capitale du Chansi, appelée Ta-yuen-fou; mais au lieu de suivre la route ordinaire, nous faisons un détour afin de visiter en passant la célèbre lamaserie des Cinq-Tours, qui sert de demeure au bouddha vivant, le plus important après celui du Thibet.

Nous nous arrêtons à trois lieues de Ta-toun-fou pour visiter deux temples bouddhiques qui jouissent d'une certaine célébrité en Chine, où tout devient facilement légendaire. Ces temples, creusés dans ce qu'on appelle en géologie des *agglomérés* ou *agglomérats*, n'offrent rien de bien intéressant à étudier ; les sculptures sont grossières et représentent les légendes bouddhiques les plus connues. Il y a cependant une scène des peines réservées aux réprouvés dans les enfers qui contient quelques épisodes nouveaux, notamment celui d'une femme que l'on reconnaît facilement pour une courtisane ; la tête et le cou n'ont pas encore dépassé la porte du sinistre séjour que déjà le bas du corps est métamorphosé en truie, et sept ou huit petits cochons ont eu le temps de naître de cette étrange mère et de grouiller autour d'elle.

De même pour un voleur, les objets qu'il touche sont changés en flammes qui lui brûlent les doigts.

Nous voyageons pendant trois jours, sans autres incidents que ceux qui sont inhérents à tous les voyages en caravane, avant d'arriver au pied de la montagne où est située la fameuse lamaserie des Cinq-Tours. Le village où nous passons la nuit avant de commencer notre ascension est situé au milieu d'un plateau tout cultivé ; je n'ai jamais rien vu de plus beau que cette vallée de Taë-tchéou ; à perte de vue ce sont des champs de pavots en fleur, séparés les uns des autres par des bouquets de futaie d'ormeaux, abritant des sources d'eaux claires et limpides, et comme fond de tableau, les énormes montagnes du Chan-si avec leurs rochers pointus et leurs lignes tourmentées.

Taë-tchéou est une de ces villes dont je parle plus haut, dont les revenus ont été donnés en apanage à une princesse ; aussi n'est-ce qu'une ruine, et il nous fallut aller à quelques lieues de là chercher un refuge dans des lamaseries que l'on nous dit destinées à recevoir les voyageurs. Mais nous avions compté sans l'exclusivisme chinois, doublé, en cet endroit, d'une pointe de fanatisme religieux. Nous essayâmes de tous les moyens pour nous installer dans l'une d'elles, mais inutilement; les bonzes ameutèrent le village, et l'incident menaçait de devenir des plus désagréables, lorsque le chef d'un grand temple, situé hors du village, ayant appris nos qualités et ayant entendu parler à Pékin, où il était peu de temps auparavant, de l'autorité des représentants des puissances étrangères, envoya ses domestiques nous chercher et nous offrir l'hospitalité. Comme il arrive toujours en pareil cas, cette démarche changea du tout au tout les choses, et ce fut alors des supplications qu'on nous adressa pour rester dans la pagode d'où l'on voulait nous chasser quelques instants auparavant.

Après beaucoup de pourparlers, nous finissons par nous rendre dans le temple, situé hors du village, et par accepter l'invitation qui était venue si à propos. Bien nous en prit, car c'est un véritable palais que cette lamaserie, et jamais nous n'avions été si bien logés. On nous montra la relique du lieu, qui consiste en une énorme semelle de 50 centimètres de long, que l'on révère comme ayant touché au pied de Bouddha lui-même. Il faut payer pour vénérer cette relique; de là la grande richesse de ce temple, car aucun des pèlerins qui se rend à Taë-tchéou ne manque à cette dévotion, qui fait partie du programme du pèlerinage.

Le lendemain, avant de partir, nous envoyons quelques présents au bonze, qui en fut charmé, notamment une jumelle, l'un des objets que les Chinois désirent le plus posséder. Nous partons de bonne heure, car la journée doit être rude : neuf lieues dans des sentiers de montagne. Nous ne tardons pas à nous féliciter de cette précaution, car nos chevaux ont de la peine à se frayer un passage au milieu du torrent que nous suivons ; les cailloux roulants les font broncher à chaque instant, et l'escarpement des rochers est tel qu'il faut souvent mettre pied à terre et faire des kilomètres à pied. Enfin, vers midi, nous arrivons au sommet de la principale montagne, où nous trouvons une sorte d'oratoire délabré où nous nous arrêtons et faisons reposer nos chevaux. Le plus fort est fait ; mais plusieurs fois, ainsi que le raconte le Père Huc, nous avons été obligés de nous accrocher à la queue de nos poneys pour nous aider à gravir cette terrible montagne et ménager notre souffle.

Le reste de la route, sans être meilleur, est moins fatigant ; nous marchons en plaine, et nous arrivons à Ou-taë-chan, littéralement, la montagne des Cinq-Tours, un peu avant le coucher du soleil. Après Lhassa, c'est le centre bouddhique le plus vénéré et le pèlerinage le plus fréquenté. Le premier aspect est une désillusion ; on s'attend à quelque chose de grand, d'imposant, en rapport avec l'élévation des montagnes et la beauté du site, et l'on se trouve en face de quelques cabanes de paysans délabrées; çà et là quelques toits jaunes, verts, bleus, percent à travers des bouquets d'arbres, mais rien n'indique la présence d'un grand monument, temple ou palais.

Notre arrivée produit une immense émotion; jamais aucun Européen n'a pénétré jusque-là, de sorte que les lamas et les marchands chinois établis autour des sanctuaires sortent en foule de chez eux pour nous voir; c'est une véritable tuerie; nous sommes étouffés, et les domestiques qui nous précèdent ont beau crier gare et faire claquer leur fouet officiel, nous ne pouvons avancer d'un pas. Mais comme cette foule est seulement curieuse et nullement malveillante, M. Devéria parvient assez facilement à se dégager et à faire connaissance avec un lama qui nous offre l'hospitalité chez lui jusqu'à ce que nous ayons pu nous procurer un gîte définitif.

Notre arrivée coïncidait avec une fête bouddhique. Le quinzième jour de la septième lune, les lamas poursuivent le diable et le chassent des sanctuaires. Cette solennité avait attiré beaucoup de Mongols, de sorte que les logements étaient fort rares; on finit cependant, vu notre importance, par nous trouver deux chambres où nous fûmes campés tolérablement. Une fois notre installation faite, nous envoyons nos cartes et de légers présents au supérieur du couvent où nous sommes logés, et la soirée se passa dans un échange de politesses et de visites, de telle sorte que notre situation devint parfaitement nette et que nous pûmes enfin être sûrs de ne pas avoir fait un voyage inutile.

Nos conversations avec les lamas nous apprirent que ce pèlerinage était visité régulièrement par les premiers souverains de la dynastie actuelle; mais l'un d'eux, l'empereur Tien-long, étant tombé malade pendant son séjour à Ou-taë-chan, ses médecins déclarèrent que c'était la mauvaise qualité de l'eau qui était cause de cette indisposition. Il fallut s'en procurer d'autre, et les sommes dépensées à cette occasion furent si exagérées que l'empereur jura de ne plus entreprendre ce pèlerinage. Cependant, depuis cette époque, l'empereur Tao-kouan vint une fois à Ou-taë-chan; mais ni son fils ni ses petits-fils ne suivirent son exemple.

Le pèlerinage ne se compose pas d'un sanctuaire unique, mais d'un grand nombre de temples, séparés les uns des autres, et formant chacun un établissement complet, distinct de celui des voisins. Chacun de ces temples a une spécialité : l'un sert de refuge aux lamas ascètes, l'autre est préféré par les savants; un troisième possède les reliques les plus vénérées.

Ces lamaseries sont très-nombreuses et très-peuplées ; celle où nous sommes descendus contient plus de trois mille lamas, et elle est surtout fréquentée par les ascètes, de sorte que nous voyons de notre fenêtre, et pour ainsi dire sans sortir, tous les détails de leur culte bizarre. L'un d'eux récite un interminable chapelet et répète, pendant des heures entières, la même phrase sans jamais varier ni bredouiller. Un autre, accroupi en face de la déesse Kouan-yn, frappe de son front le socle de la statue, et, chose à peine croyable, il y a si longtemps qu'il se livre à cet exercice que le marbre porte les traces de cette adoration : une légère excavation s'est produite à l'endroit où le front du pénitent vient sans cesse se heurter.

Un troisième passe son temps à essayer de remplir un vase avec des haricots mélangés de grains de verroterie ; lorsque le vase est rempli jusqu'à une certaine hauteur, un ressort qui fait bascule le vide à l'instant. Nous avons vainement interrogé les lamas pour savoir à quel mythe répondait ce vase, nouveau tonneau des Danaïdes ; personne n'a pu nous renseigner. Tout ce qu'on sait, c'est que, il y a une quarantaine d'années, cet individu est venu un matin s'accroupir à cette place, et que depuis cette époque il ne l'a jamais quittée. Le jour, il emplit son tonneau ; la nuit, il dort enveloppé dans son manteau.

Mais tous les ascètes n'ont pas des manies aussi inoffensives, et l'on nous en montre quelques-uns qui pratiquent les mutilations. En voici un qui se fait brûler la tête avec des bâtons d'encens enflammés; il ne trahit par aucun signe extérieur la douleur qu'il ressent, et son extase est telle que rien ne saurait l'en distraire; plus on le brûle, plus il élève ses bras vers le ciel en s'écriant : Omi-to-fou ! formule bouddhique que les lamas prononcent à chaque instant.

Pendant ce temps arrivent des bandes de pèlerins; on leur ouvre le sanctuaire; mais, avant de les laisser pénétrer dans l'intérieur, on recueille leurs offrandes, et, suivant leur générosité, on leur donne le grand ou le petit jeu, c'est-à-dire qu'on sonne les cloches, qu'on bat les tam-tams, qu'on allume les cierges et qu'on étend par terre des tapis précieux, ou bien qu'on les admet simplement à faire, silencieusement et sans l'éclat des lumières, les génuflexions ordonnées par les rites.

Les lamas sont de véritables moines; ils prononcent deux vœux, celui de chasteté et celui d'obéissance; ce dernier est d'autant plus observé que les supérieurs religieux sont armés par la loi de pouvoirs civils qui rendent l'exercice de leur autorité religieuse tout à fait sérieux. Quant au vœu de chasteté, il me paraît bien moins observé. Au reste, les gens du pays ne se cachent nullement pour raconter les écarts de mœurs des lamas, écarts qui sont tellement passés dans les habitudes que personne ne s'en inquiète. — Toute la population qui nous entoure, j'entends, en dehors des monastères, n'est ni chinoise ni mongole ; ce sont des métis au teint jaune et aux pommettes saillantes ; mais le nez est aquilin et absolument de provenance thibétaine.

Le supérieur général de tous ces couvents est le dalaï lama de Lhassa, ou Bouddha vivant ; mais il délègue ses pouvoirs à un sam-lama, également Bouddha vivant, qui lui est demandé par l'empereur.

Les lamas sont simples, obligeants, polis, craignant fort les autorités chinoises et les détestant à cause des exactions qu'elles leur font subir. En général, ils sont destinés au lamaïsme dès l'enfance, et font un long noviciat avant d'être admis aux ordres. L'établissement fournit gratis aux lamas l'avoine et le millet qui est la base de leur nourriture. Quant à leur habillement et au loyer de leur cellule, il est à leur charge. Les lamas, n'ayant pas, comme nos moines, fait vœu de pauvreté, ont non-seulement le droit, mais le besoin de posséder quelque chose en propre.

La règle du couvent exige que les lamas soient levés au point du jour. Leur premier exercice est celui qui consiste à se laver les dents et les oreilles avec le plus grand soin ; ils se réunissent trois fois par jour pour réciter l'office en commun ; le reste du temps, ils font ce qu'ils veulent, sauf le commerce, qui leur est interdit par les règlements ; la vente des manuscrits qu'ils ont copiés eux-mêmes est cependant autorisée.

Il leur est défendu de recevoir des femmes, de jouer, de se battre et même de sortir du couvent sans permission, de sorte que la plupart des lamas que l'on rencontre sur les grands chemins sont de faux lamas qui espèrent, grâce à ce travestissement, voyager plus en sécurité, et obtenir plus facilement les aumônes des Mongols.

Toute infraction à la règle est punie par le renvoi du couvent.

Les exercices religieux des bouddhistes consistent à réciter certaines prières ; mais on n'offre aucun sacrifice, sauf ceux destinés à la nourriture des idoles. Ils se composent d'assiettes de fruits, la plupart du temps figurés en cire, en bois ou en carton. Quant aux cérémonies du culte, elles se résument en génuflexions et en koto. Le koto est une coutume chinoise qui consiste à se mettre à genoux et à frapper la terre avec le front ; c'est la manière dont les inférieurs saluent les supérieurs : toute personne admise devant l'empereur, quel que soit son rang, fait neuf koto.

On allume également devant les idoles des cierges de cire jaune et des bâtonnets d'encens. Les lamas sont appelés auprès des malades ; ils les soignent, les consolent, et font même une cérémonie qui consiste à frotter les pieds, les mains, les paupières, la bouche et les oreilles des mourants avec de la terre venant du Thibet. Pour officier ou même psalmodier les prières, ils revêtent des ornements sacerdotaux, et le chef a une coiffure qui ressemble à une mitre d'évêque.

Les lamas détestent les bonzes chinois, qui, disent-ils, ne connaissant pas la doctrine et confondnat sans cesse Bouddha et Poussah, font le plus grand tort à la religion bouddhique, et propagent les superstitions du taoïsme. Le fait est que ces deux croyances sont si mélangées à l'heure actuelle qu'il est à peu près impossible d'établir les distinctions qui les séparent.

Le lamaïsme est tout à fait différent du bouddhisme indien ; le fond de la légende est le même, mais la doctrine diffère essentiellement. Le but de Bouddha, aux Indes, a été, avant tout, politique et social, et il s'est préoccupé bien plus de détruire le brahmanisme que de créer un nouveau culte. En Chine, au contraire, où les castes n'existaient pas et où il n'y avait pas de parias à protéger, le bouddhisme a pris une tournure philosophique bien plus accentuée. Il existe sur ces matières une immense bibliothèque, presque complétement inconnue. Un savant des plus distingués, M. l'archimandrite Palladius, qui passe, à juste titre, pour l'un des sinologues les plus autorisés, travaille cette matière depuis trente ans, et j'ai su, par lui, que l'étude du bouddhisme chinois et thibétain lui avait donné les résultats les plus inattendus et en même temps les plus instructifs.

M. Lepissier, professeur à l'université de Pékin et précédemment attaché à l'Observatoire de Paris, était parmi nos compagnons de voyage, et il avait emporté avec lui des instruments d'astronomie, de sorte que, partout où nous passions, il faisait les observations nécessaires pour établir les longitudes et latitudes des points principaux de notre itinéraire. Ces expériences excitèrent au plus haut point la curiosité des lamas, et ils ne se lassaient pas de regarder le soleil à travers le sextant. Mais je dois ajouter que contrairement à ce qui se passait ailleurs, où les Chinois supportaient ces observations avec un déplaisir visible, craignant qu'on leur jetât un mauvais sort, les lamas ne firent aucune opposition aux travaux de M. Lepissier. Pour les récompenser, il tira de sa boîte un microscope de voyage qui faisait partie de son outillage scientifique, et leur montra un certain nombre d'objets grossis d'une manière démesurée.

Dans cette séance il y eut un épisode très-bouffon. Après avoir montré des cheveux gros comme des ficelles et des grains de blé ressemblant à des noisettes, on voulut leur faire voir un insecte; s'adressant au public, M. Lepissier demanda qu'on lui présentât un pou. Au premier moment, les lamas, craignant que ce fût pour le tuer, et leur religion s'opposant au meurtre de n'importe quel animal, se refusèrent à livrer cette victime. Cependant, la curiosité l'emportant, ils se décidèrent, et trente ou quarante individus de cette famille furent apportés par trente ou quarante mains, qui n'avaient d'autre peine que de fouiller au hasard dans les robes des lamas.

Lorsque ces pauvres Mongols virent cet animal qui, si sa grosseur était en rapport avec ses armes terribles, serait l'être le plus redoutable de la création, ils furent pris d'une terreur folle; le bruit se répandit aussitôt que nous avions un moyen de grossir à l'infini les insectes les plus petits, et bon gré, malgré, il fallut contenter la curiosité et laisser chaque lama, à son tour, admirer le pou formidable.

Nous ne pouvions pas quitter Ou-taë-chan sans rendre nos devoirs au Bouddha vivant; nous fîmes donc demander à quelle heure il voudrait bien nous recevoir, et le lendemain, à l'heure convenue, nous prîmes le chemin de sa demeure. Il habite, sur le sommet le plus élevé de la montagne, un grand pavillon à la chinoise dans lequel il est fort bien installé, même avec un certain luxe. Après nous avoir fait attendre quelques instants, sans doute pour se revêtir de ses insignes, on nous introduisit dans la chambre où il se trouvait. Il était accroupi sur un sofa, les jambes croisées, revêtu d'une sorte de péplum en soie cramoisie; ses bras nus étaient ornés au biceps et au poignet de cercles d'or, et il portait sur la tête une couronne ressemblant à celle des mérovingiens. Cet homme, dans la force de l'âge, puisqu'il a environ quarante-sept ans, était réellement superbe; on voyait cependant que tous ses gestes étaient étudiés, et qu'il était habitué à jouer un rôle; car rien, ni dans ses poses, ni dans son regard, ni dans le jeu de sa physionomie, n'était spontané, et il prenait volontiers l'attitude de Jupiter tonnant. Cependant il nous reçut à merveille, et la première chose qu'il nous dit fut celle-ci : « Comme je suis heureux de vous voir! Il y a si longtemps que je n'ai que des Chinois autour de moi, que je suis heureux de retrouver des figures comme la mienne. » Le fait est que, les Thibétains appartenant à la race indo-germaine, leur type se rapproche de celui des Européens.

Notre conversation dura assez longtemps, et nous parlâmes de toutes sortes de choses, même du Pape, dont le portrait se trouvait dans un album de photographies qui faisait partie des cadeaux que nous avions offerts à notre hôte; mais pour le satisfaire complétement, il fallut lui faire présent de notre microscope.

En sortant, les lamas de service nous demandèrent si nous voulions qu'on nous imprimât le sceau du pèlerinage; informations prises, nous refusâmes, car il s'agissait tout simplement de nous tatouer sur l'épaule avec un cachet aux initiales du Bouddha vivant; nous nous contentâmes d'emporter les empreintes dudit cachet sur des morceaux de soie jaune. Pour répondre aux présents que nous lui avions faits, notre dieu nous envoya quelques paquets de bâtonnets d'encens, un panier de champignons, un pot de miel et une cruche de lait caillé. Les lamas furent émerveillés de cette générosité; car, d'habitude, le sam-lama reçoit des présents, mais n'en rend jamais.

Avant de quitter Ou-taë-chan, nous fîmes une visite dans les boutiques et achetâmes, outre les différentes idoles, les objets les plus usuels du culte, parmi lesquels se trouvent les moulins à prières. C'est une sorte de cylindre ressemblant aux vases dans lesquels on grille le café; à l'intérieur se trouve un rouleau en bois, autour duquel on enroule un morceau de papier sur lequel la sentence thibétaine « Omi-to-fou » est répétée à l'infini; on tourne la manivelle, et le papier se déroule; quelques heures de cet exercice font progresser sensiblement le croyant vers le Nirvana, et cela se comprend, puisque Nirvana et abrutissement sont synonymes. Par malheur, ces objets se trouvaient à la douane de la Villette lors des événements de la Commune, et ont été détruits.

En quittant Ou-taë-chan, nous nous dirigeons vers Ta-yuen-fou, capitale du Chan-si, située tout à fait au sud de la province. C'est un voyage de huit à dix jours, pendant lequel se produisit l'incident le plus dramatique de notre excursion.

Nous étions arrivés assez tard dans un village où l'on célébrait certaines cérémonies religieuses, à propos de l'heureux résultat des moissons, et les paysans, excités par les libations, se portèrent en foule dans la cour de notre auberge, pour jouir du spectacle que le hasard leur fournissait; mais leur curiosité devint si gênante que, pour nous en débarrasser, nous donnâmes l'ordre de les renvoyer et de fermer la porte extérieure de l'auberge ; mais cela ne faisait pas le compte de nos villageois. Une discussion s'engagea entre eux et nos domestiques; elle dégénéra vite en dispute et en rixe, et nous fûmes assaillis par une grêle de pierres qui blessèrent quelques-uns de nos compagnons; il fallut faire usage de nos armes. Un premier coup de fusil en l'air n'ayant fait qu'accroître le désordre, j'ordonnai d'en tirer un second dans les jambes des assaillants, pensant qu'une *cinglée* de plomb suffirait pour disperser ces braillards. Malheureusement un d'eux se baissait juste à cet instant pour ramasser une pierre à notre intention : le coup l'atteignit en pleine figure, et il resta étendu sans mouvement; ses camarades prirent la fuite, mais après nous avoir enfermés dans l'auberge, déclarant qu'ils allaient chercher de la paille pour nous incendier. La situation devenait très-grave; heureusement, un de nos domestiques était dehors, et, apprenant ce qui s'était passé, il revint nous porter secours.

Il est d'usage en Chine, pour les grands personnages, d'avoir des domestiques revêtus du bouton mandarinal; ces insignes ne leur donnent aucune autorité, mais indiquent la qualité de leur maître.

Notre domestique avait justement un bouton bleu; les villageois le prirent pour un véritable mandarin et commencèrent à craindre les suites de leur équipée. Il profita de cette méprise pour faire ouvrir tout de suite la porte. Comme nos paquets n'étaient pas encore défaits, ni nos chevaux dessellés, nous profitâmes de la circonstance pour décamper et fuir ce village inhospitalier; mais, pour obtenir ce résultat, il fallut faire une véritable charge de cavalerie.

Nous voilà donc au milieu de la nuit dans une plaine absolument inconnue, n'osant nous approcher des habitations où nous craignions de recevoir un accueil aussi inhospitalier, surtout si le bruit de notre aventure s'était répandu. Cependant, vers le matin, voyant une lumière à peu de distance, je dis à un de nos gens d'aller prendre des informations. « Non, certainement, me répondit-il, c'est le renard, et je n'irai pas. » J'appris alors qu'il existait une superstition parmi le peuple chinois, d'après laquelle le diable se métamorphosait en renard et courait la nuit la campagne armé d'une lanterne, et que lorsqu'on avait le malheur de l'approcher, on était immédiatement enlevé. Le plus singulier de l'affaire, c'est que cet homme était chrétien; et, dans l'habitude de la vie, méprisait fort les croyances païennes.

Nous finîmes cependant par arriver à une ville murée, où par conséquent résidaient des mandarins. Nous nous fîmes ouvrir une auberge dans les faubourgs, remettant au lendemain les explications, qui se terminèrent à notre avantage. Par un rare bonheur, l'homme qui avait été blessé l'était légèrement. On nous donna une escorte pour continuer notre chemin, et nous arrivâmes à Ta-yuen-fou, sans autre incident qu'une deuxième nuit passée sans sommeil; cette fois, c'était une éclipse de lune qui en fut cause. Le phénomène ne fut pas plus tôt commencé qu'un bruit infernal éclata de toutes parts : les Chinois croient que c'est le dragon qui veut avaler la lune, et pour lui faire lâcher prise et l'effrayer, ils font le plus de bruit qu'ils peuvent; ce vacarme dure autant que l'éclipse.

VII

TA-YUEN-FOU. — HOKIEN-FOU. — RETOUR

En arrivant à Ta-yuen-fou, nous demandâmes l'hospitalité à l'évêque. Après quinze jours passés sur les grandes routes chinoises au plus fort des chaleurs de juillet, nous avions réellement besoin d'un peu de repos; aussi ce fut une véritable joie que d'arriver dans le couvent des franciscains. Cet établissement est situé au milieu de la ville; la chapelle est bâtie dans le style italien, avec un péristyle à colonnes et un dôme.

Les Chinois aiment assez cette architecture; ce qu'ils détestent, c'est le genre gothique dont, disent-ils, les pointes détruisent le Foun-chouëi des voisins. Or le Foun-chouëi est la superstition la plus enracinée en Chine; c'est presque une religion, assez difficile, au reste, à expliquer, car la théorie varie, on pourrait presque dire, avec chaque individu. La traduction littérale de Foun-chouei est *air-eau;* mis ensemble, ces deux mots veulent dire la réunion des circonstances où se trouvent ces deux éléments par rapport à une personne, à un objet, à un lieu; il suffit du moindre changement dans ces arrangements pour détruire le Foun-chouei d'un lieu, et par conséquent y attirer ou en éloigner les Chinois; il paraît que les clochetons et les aiguilles des clochers gothiques sont néfastes à ce point de vue. On pourrait presque dire que la croyance au Foun-chouei compose tout le bagage religieux d'un vrai Chinois. Je me rappelle une anecdote assez drôle au sujet de cette superstition. Un vice-roi avait porté plainte contre une mission catholique, dont les constructions avaient détruit le Foun-chouei de son palais, et demandait instamment la démolition du clocher coupable de ce méfait. Cette demande me fut transmise verbalement par un des ministres pékinois. Je lui répondis que je trouvais que c'était une vexation ridicule, vu qu'aucune personne sensée ne pouvait ajouter foi à ces billevesées populaires. « Vous vous trompez, me dit l'homme d'État chinois. Nous croyons tous au Foun-chouei; demandez-le plutôt à S. Exc. Toun (c'était le deuxième ministre présent à notre entretien). »

Et S. E. Toun, prenant la parole, dit: « Comment!

si je crois au Foun-chouëi! j'ai vendu une maison l'année dernière, parce que mon voisin avait élevé du côté du nord, une cheminée qui détruisait le Foun-chouëi de mon côté. »

Nos rapports avec les hautes autorités du Chan-si ne furent pas faciles. Les missionnaires, mal conseillés par leurs chrétiens, avaient émis, au début de leur séjour dans cette province, des exigences d'étiquette qui empêchèrent les bonnes relations de s'établir, et les mandarins, s'étant persuadés que nous voulions imposer les concessions qu'ils ne voulaient pas faire, résolurent de nous dégoûter, par leur attitude, de toute immixtion dans leur querelle avec les franciscains.

La grande expérience que nous avions des Chinois fit avorter leur plan, en ce sens que, pour éviter toute complication, nos rapports avec les hautes autorités se bornèrent à des visites faites par des intermédiaires. L'interprète fit de ma part une visite au vice-roi, qui me la fit rendre par un des fonctionnaires de son état-major.

Cependant, au moment où nous quittions la ville, il se passa un détail des plus burlesques. Le vice-roi, mécontent de nous, avait donné l'ordre de ne pas tirer les trois pétards réglementaires, au moment où nous passerions sous la porte de la ville. Les chrétiens chinois, de leur côté, furieux de cette impertinence, me supplièrent de revenir sur mes pas; ils se procurèrent à la hâte les pétards nécessaires, et ils les tirèrent au moment où je sortais de la ville; j'appris plus tard que, les rieurs s'étant mis du côté des chrétiens, l'incident n'eut aucune suite.

La province du Chan-si est de toutes les provinces de Chine la plus montagneuse, ainsi que son nom l'indique : Chan-si, montagne de l'ouest. Aussi la route que nous eûmes à suivre pour rentrer dans le Chi-li fut elle des plus pénibles pour les animaux de bât ou de selle.

Un seul incident vint troubler la monotonie de notre voyage : ce fut un orage des plus violents qui nous assaillit dans une vallée; il nous resta juste le temps de gagner un village et d'y prendre refuge. En un instant, les montagnes voisines servant d'entonnoir, un véritable déluge se produisit dans le torrent; la crue des eaux fut si subite qu'elle surprit en route un régiment dont plusieurs hommes furent entraînés et noyés avant d'avoir pu se réfugier, soit dans une maison, soit sur un rocher.

Nous avions réglé notre temps de façon à arriver chez les Pères jésuites, qui habitent le sud de la province du Chi-li, le jour de la Saint-Ignace, fête patronale de l'ordre et pour laquelle tous les missionnaires s'efforcent de revenir à la maison mère.

Pendant les quelques jours que nous passâmes dans cette maison, ce fut une véritable procession; non-seulement tous les chrétiens des environs, mais la plupart des mandarins vinrent nous voir et témoigner par leur présence de leurs bons rapports avec les missionnaires.

La résidence des jésuites est au milieu des champs, à huit lieues environ de la ville de Ho-kien-fou, qui est la capitale de leur district. C'est dans cette ville que j'ai vu, pour la première fois, les musulmans astreints à porter un signe extérieur qui indique leur religion; ils ont adopté un petit bonnet en cotonnade bleue, que je n'ai vu que là.

De Ho-kien-fou à Pékin, il faut quatre jours par la grande route de Pékin à Nankin. Nous fîmes aisément ce trajet, après avoir toutefois noté qu'un pont dont le Père du Halde, écrivain du siècle dernier, déplorait l'état de vétusté, n'a pas été réparé depuis, et qu'on est obligé de passer à gué le ruisseau qu'il devrait aider à traverser.

Ce ruisseau alimente un grand lac où se fait en grand la pisciculture; c'est cet étang qui fournit le poisson à Pékin et l'on ne peut se figurer le nombre de carpes et de tanches que l'on y produit.

VIII

LE YANG-TZE-KIANG. LE LAC PO-YANG. HAN-KOW.

Après avoir traversé à cheval et à petites journées les provinces au nord du fleuve Jaune, je fus obligé, un peu plus tard, d'entreprendre une tournée analogue dans les provinces du sud, la barque devant toutefois remplacer les charrettes, et les canaux les routes.

La constitution de l'empire chinois est un mélange de fédéralisme et de centralisation. Les provinces s'administrent elles-mêmes, et les vice-rois n'ont besoin d'aucune autorisation de Pékin pour lever des impôts, construire des routes et même organiser des milices. Chaque province doit au gouvernement central un tribut, moitié en nature, moitié en numéraire, généralement assez faible, auquel viennent se joindre, dans la pratique, un don soi-disant volontaire et les cadeaux personnels des autorités locales.

Seulement, la cour possède, contre les tendances séparatistes qu'un pareil état de choses ne saurait manquer d'engendrer, une arme terrible, le droit de nomination. Dès qu'un fonctionnaire cesse d'être agréable, on le casse et l'on donne de nouveaux sceaux à son successeur ; et tel est le respect du peuple pour les ordres de l'empereur que toute tentative de révolte serait puérile, sauf peut-être au Yu-nan dont les habitants se considèrent plutôt comme tributaires que comme sujets de la Chine.

Les mandarins savent tirer vis-à-vis de nous un excellent parti de ce dualisme. Chaque fois qu'une réclamation un peu importante est soulevée, les autorités locales répondent aux consuls qu'en matière aussi délicate, elles ne sauraient prendre aucune décision sans en avoir référé à Pékin et connaître la jurisprudence adoptée par Leurs Excellences.

De leur côté, les membres du conseil des affaires étrangères répondent aux légations qu'il est très-difficile d'envoyer des ordres précis et clairs à des personnages aussi importants que des vice-rois, que la minorité de l'empereur les oblige à de grands ménagements pour éviter de diminuer le prestige de la couronne, et qu'en conséquence ils ne veulent pas donner des instructions qui pourraient être transgressées, mais qu'ils vont conseiller amicalement à tel ou tel gouverneur de régler l'affaire avec *justice* et *célérité* (c'est la phrase consacrée). Une fois posée de cette façon, la réclamation la plus fondée, la plus simple, dure des années avant de recevoir une solution, et l'on verse des torrents d'encre pour rien.

La seule manière de faire respecter les clauses des traités consentis par le gouvernement chinois et de parvenir à régler quelques-unes des affaires pendantes, c'est de s'adresser tour à tour, suivant les circonstances, soit au gouvernement central, soit aux autorités provinciales.

Après avoir pataugé plusieurs mois dans les méandres de la politique chinoise, on arrive un jour à dire à messieurs du Tzong-ly-yamen, comme on les appelle à Pékin : « Je comprends et déplore votre impuissance ; aussi, pour éviter de compliquer nos bons rapports, le gouvernement que je représente s'est-il décidé à envoyer M. l'amiral X*** faire la police que vous n'osez faire et prêter main-forte au vice-roi, dont les bonnes dispositions sont entravées par le mauvais esprit de la population. Je pars dans quelques jours pour aller à Chang-haï conférer sur ce sujet avec l'amiral. »

Il est rare, si le moment *psychologique* est bien choisi, c'est-à-dire, si la ville où doit avoir lieu cette démonstration, toute pacifique, mais à main armée, est facilement accessible, que l'affaire ne soit pas réglée en quelques heures ; mais, en général, le gouvernement chinois ne prend cette décision qu'au dernier moment, et sur les lieux où se passe l'incident.

Une des choses les plus drôles en ce genre que j'aie vues, ce fut la querelle entre les Japonais et les Chinois, à propos d'un acte de piraterie exercé sur les côtes de l'île de Formose, aux dépens d'un équipage japonais. Ces derniers, tout fiers de leur récente transformation, voulurent traiter l'affaire à l'occidentale et remplirent des protocoles de mots et de phrases inintelligibles pour les deux parties : droit des gens, police internationale, extradition, exterritorialité, que sais-je? tous les mots scientifiques qui remplissent Vatel et Martens, et dont les faibles se servent inutilement pour tenter d'empêcher la force de primer le droit.

A la première conférence, au lieu de s'occuper de la question de Formose, la conversation s'engagea sur l'utilité de répudier le costume national ; les Japonais opinaient pour, les Chinois contre. On se sépara là-dessus.

Une année s'écoula sans arriver à aucune solution. Enfin, les Japonais débarquent des troupes à Formose, s'emparent d'un fort et menacent de bloquer Chang-haï. Les Chinois sourient, sachant que l'Europe ne consentira jamais au blocus de ce port, et, finalement, obtiennent contre le payement d'une somme insignifiante le retrait des Japonais de Formose et la reconnaissance formelle de la souveraineté de la Chine sur cette île, reconnaissance qui leur était contestée depuis deux cents ans.

Ce mélange d'engagements militaires et de conférences, cet état violent qui n'est ni la paix ni la guerre, qui permet de bombarder une ville sans rompre les relations diplomatiques, paraît, vu de loin, très-dangereux, et les nations occidentales n'en veulent plus. — Mais on y reviendra par la force même des choses; car l'inertie chinoise fatiguerait la patience des saints eux-mêmes, et l'on sera forcé, pour éviter de longues et coûteuses expéditions, d'en revenir à ces coups de main dont la réussite est certaine quand ils sont entrepris avec prudence et rarement.

Depuis quelque temps, les rapports des provinces étaient mauvais; une agitation sourde nous était signalée de partout, et il fallait agir promptement, si l'on voulait éviter de véritables malheurs. La catastrophe de Tien-tsin est là pour démontrer la justesse de ces appréhensions.

Nous remontâmes jusqu'à Nankin avec toute la division navale qui se trouvait sous les ordres de M. l'amiral de Cornulier, et plus tard sous ceux de M. Maudet, capitaine de vaisseau. Nous restâmes quelques jours dans cette cité en ruine, après quoi, abandonnant ceux des bâtiments auxquels leur tirant d'eau interdisait de remonter plus haut, nous fîmes de notre mieux pour nous installer sur les deux canonnières. La légation reçut l'hospitalité à bord du *Scorpion*, commandé par M. de la Jaille, tandis que M. le commandant Maudet mettait son guidon sur le *Coëtlogon*.

Entre Nankin et Kiu-kiang, le paysage est superbe et réputé à juste titre l'un des plus beaux de la Chine. Le fleuve traverse une chaîne de montagnes, et l'on côtoie, pour ainsi dire, des rochers à pic.

Malheureusement, le *Scorpion* arriva seul à Kiu-kiang, à l'entrée du lac Po-yang ; le *Coëtlogon* donna sur un banc de sable, où il resta échoué pendant plusieurs mois.

Notre départ de Chang-haï avait fait un certain effet sur les autorités chinoises ; mais, quand on vit toute notre force réduite à une simple canonnière, notre entrée fut un peu manquée, et le chapitre des tribulations commença pour nous. D'un autre côté, les circonstances étaient graves, puisque six mois après éclatèrent les massacres de Tien-tsin et qu'il eût fallu bien peu de chose pour que ce devînt une boucherie générale.

Les autorités de Kiu-kiang nous reçurent cependant avec la politesse accoutumée et envoyèrent les présents d'usage, c'est-à-dire des vivres vivants qui font le bonheur de l'équipage ; on engraisse le cochon du taotaï ou les moutons du chefou ; on cherche à en faire des animaux savants, et l'on finit par les manger.

Quant aux affaires qui nous amenaient, il était impossible non-seulement d'en régler une seule, mais même de trouver un mandarin qui voulût les discuter avec nous. Impatienté de ce mauvais vouloir, je finis par menacer de me rendre à la capitale de la province, et d'aller à Nan chang même traiter les affaires avec le vice-roi. C'est là que les mandarins nous attendaient ; ils savaient que le lac Po-yang, pendant cette saison, était à peine navigable pour des barques, et qu'il était impossible à une canonnière de le remonter. Se tournant vers M. le commandant Maudet, le taotai lui dit d'un air négligent : « Combien de pieds tire votre bâtiment ? — Le tirant d'eau de mes bateaux dépend de ma volonté », répondit le commandant avec beaucoup d'à-propos. Cette réponse inquiéta bien un peu ledit taotai ; cependant, comme il savait qu'il y avait à peine trois pieds d'eau dans le lac, il se croyait sûr de notre impuissance.

Mais il avait compté sans la chaloupe à vapeur de la division qu'il n'avait pas encore vue. Un chrétien chinois nous avait affirmé que de l'entrée du lac Po-yang à Nan-chang nous mettrions deux jours au plus, et qu'il nous serait facile de passer la nuit dans une chrétienté appelée Wou-sin. Nous entassons donc dans la chaloupe à vapeur et dans deux embarcations traînées à la remorque tout ce que nous pouvons de monde, et heureusement quelques provisions, et nous voilà partis. Notre guide avait mal calculé la distance, pensant que notre chaloupe avait la vitesse d'un grand steamer, et vers huit heures du soir, le pilote nous dit : « Nous sommes dans un chenal étroit et tortueux qui traverse le lac, et entourés de marais inextricables ; il faut rester ici jusqu'au jour, sous peine de nous échouer dans cette mer de boue, d'où nous ne pourrions sortir avant la saison prochaine. »

Quelque triste que fût cette nécessité, il fallut s'y soumettre et nous contenter, pour souper, des reliefs de notre déjeuner, un faisan froid et une boîte de sardines à partager entre douze ; ce n'était pas trop. Puis passer la nuit au milieu d'un marais sans aucun toit pour abri, assis côte à côte comme sur une banquette d'omnibus, c'était loin d'être drôle ; enfin, il fallait, maugréant ou non, attendre le lendemain dans cette position.

Nous n'arrivons à la chrétienté promise que vers midi, cette fois réellement morts de faim et de fatigue ; les chrétiens nous reçoivent à merveille, et le lazariste qui était avec nous ayant su diriger leur zèle, au lieu de nous offrir cet horrible repas chinois qu'il est d'usage d'envoyer à ses supérieurs, en Chine, ils appelèrent notre cuisinier (un des leurs, d'ailleurs) et lui fournirent des biftecks et des gigots crus, aliments mille fois préférables pour nous et infiniment meilleur marché pour eux. Quant aux matelots, ils étaient ravis ; rien ne les amuse comme une expédition, surtout si elle a quelque chance de se terminer par des coups, et c'était là le cas. Ils éprouvent une certaine satisfaction, en outre, à voir leurs officiers, surtout les gros bonnets, partager leurs privations, nullement par mauvais sentiment, mais simplement pour constater la solidarité qui existe entre leurs chefs et eux. M. le commandant Maudet, fort souffrant à cette époque, se trouvait un peu fatigué de la nuit par trop originale que nous venions de passer; cependant il s'était, comme à son ordinaire, inquiété du bien-être d'autrui. Les matelots venaient les uns après les autres me faire remarquer avec orgueil les soins de leur chef, de peur sans doute qu'ils passassent inaperçus.

A Wou-sin, nous avions notre première affaire à régler, mais il était inutile de s'en occuper, sa solution dépendant absolument du résultat de notre visite à Nan-chang. Tout se borna donc, pour nous, dans ce village, à prendre des renseignements certains sur la distance qu'il nous restait à parcourir, et aussi à nous procurer les soulagements dont nous pouvions disposer : d'abord des provisions de bouche; ensuite je demandai aux chrétiens de nous prêter une de leurs barques; cela ralentirait bien un peu notre marche, mais au moins nous pourrions passer la nuit étendus et à couvert.

Malgré la dureté des planches, mon idée fut fort appréciée la nuit suivante, car non-seulement nous, les chefs, nous étions moins mal, mais encore la place que nous laissions vide sur la chaloupe permit aux matelots de s'étendre sur les banquettes qu'on put garantir de l'humidité à l'aide d'une voile.

Ce fut seulement le lendemain soir que nous arrivâmes devant Nan-chang; mais le bruit de notre venue avait précédé nos personnes. Les mandarins de Kiu-kiang, après avoir ri bien fort en nous voyant partir, avaient commencé à s'inquiéter en apprenant notre arrivée à Wou-sin. Le vice-roi leur avait, d'ailleurs, envoyé un blâme, pour avoir laissé les choses s'engager jusque-là; le sol de la capitale de Kiang-si n'avait jamais été souillé par un rebelle ni même par un étranger; notre présence allait détruire ce prestige : c'était très-regrettable.

Mais là ne se bornèrent pas ses efforts. A quatre ou cinq reprises différentes, nous fûmes accostés par des jonques de guerre chinoises montées par des mandarins dont le rang augmentait au fur et à mesure que nous approchions davantage, venant nous demander le but de notre voyage, nous apporter les compliments du gouverneur et nous annoncer de sa part que Nan-chang était une misérable bourgade indigne de notre visite, et que, d'ailleurs, les habitants étaient si sauvages qu'il craignait que je ne fusse pas reçu avec les honneurs qui m'étaient dus, et qu'en fin de compte il m'engageait à retourner à Kiu-kiang, où il enverrait tout de suite un délégué pour traiter à ma satisfaction les affaires pendantes.

Sur notre refus d'accéder à cette proposition, la barque mandarinale cherchait à regagner Nan-chang ; mais comme, malgré ses remorques, la chaloupe à vapeur pouvait tenir tête à n'importe quels rameurs, nous nous en allions de conserve ; le soir, nous formions une véritable flottille. Au point de vue pittoresque, j'ai peu vu de choses mieux réussies ; ces jonques chinoises sont construites dans le but de porter le plus grand nombre possible de rames et de gagner de vitesse n'importe quelle barque de commerce. Elles sont donc longues et étroites comme une feuille de châtaignier, l'avant et l'arrière un peu surélevés, de façon à donner plus d'horizon aux canons.

Les hommes sont vêtus d'une chemise de cotonnade bleue à bordure rouge, ou rouge à bordure blanche ; leur coiffure se compose d'un beau turban bleu, et le bateau est orné partout de banderoles de flammes, de pavillons qui en font un décor très-gai et très-vivant. Au demeurant, le lac Po-yang est un des plus beaux sites de la Chine. Ce lac immense, alimenté par plusieurs rivières qui vont se jeter dans le fleuve Bleu, semble avoir creusé son lit dans un bloc de montagnes bleues et roses, presque entièrement couvertes de plantations de thé. Comme tout le monde le sait, l'arbre thé appartient à la famille des camellias ; c'est un arbuste qu'on ne laisse pas s'élever au-dessus d'un mètre, dont la fleur est insignifiante et qu'on dépouille constamment de ses feuilles ; les premières, celles du printemps, sont les meilleures ; les plus mauvaises, celles de septembre. Le Chinois ne fait subir aucune préparation au thé destiné à son usage ; il est séché comme en France on sèche la violette ou le tilleul. La plante conserve ainsi tout son arome, mais ne supporte pas les voyages de mer. Le thé d'exportation est donc séché d'une façon artificielle dans des fours. Quant au thé vert, il subit pendant son desséchement le contact d'un sel de cuivre.

Il y a des différences de prix très-marquées entre les divers thés chinois, connus en Europe sous la dénomination de thé jaune ou de caravane. Quant au thé noir, vulgairement appelé thé anglais, son prix varie de 1 à 3 shellings, et si ce détail intéresse le lecteur, j'ajouterai qu'on peut, en faisant venir directement sa provision de thé de Chine, se procurer ce qu'il y a de mieux au prix de 5 francs la livre, tout rendu à Paris ; il suffit pour cela de s'adresser à une des maisons de commission de Chang-haï, les Russell ou les Jardine.

La province du Kiansi passe pour une des plus sauvages de la Chine ; très-montagneuse, peu cultivée et relativement peu peuplée, elle doit toute son importance au transit des marchandises que facilite le lac Po-yang, l'un des plus grands lacs connus.

Nous arrivons vers le coucher du soleil au mouillage de Nan-chang. Nous espérions descendre tout de suite à terre, nous installer dans un kong-kouan quelconque et nous reposer un peu; mais nous avions compté sans l'obstination des mandarins chinois; ils mettaient en quelque sorte leur amour-propre à nous empêcher d'entrer à Nan-chang, et ils étaient loin d'avoir épuisé toutes leurs ruses, et par conséquent d'avoir renoncé à obtenir ce résultat.

D'abord, on vint nous dire que nous ne pouvions pas entrer dans la ville, qui n'était pas ouverte au commerce étranger, puis que le vice-roi était malade, qu'aucune maison n'avait été préparée pour nous recevoir, etc., etc. Pendant ces discussions, le temps marchait; finalement, le soleil couché, on ferma les portes, et nous fûmes forcés d'attendre au lendemain. Les chrétiens chinois cependant s'étaient remués et nous amenèrent une grande barque de plaisance, véritable maison flottante où, grâce aux couvertures et matelas apportés par eux, nous ne fûmes pas trop mal.

Mais nous n'étions pas au bout de nos peines, et il nous arriva l'un des incidents les plus comiques qui soient jamais arrivés à des diplomates. On avait amarré la chaloupe et les embarcations à la grosse barque chinoise, et celle-ci, comme c'est l'usage dans les ports de rivière, à sa voisine. Au milieu de la nuit, pendant que nous dormions du sommeil de gens épuisés de fatigue, on coupa la corde qui nous retenait, et tout doucement nous descendîmes le courant, si bien que le matin, en nous réveillant, nous avions à constater que nous étions à 4 ou 5 milles de la ville ; un vent terrible s'était en outre élevé, de sorte qu'il fallut plusieurs heures pour rejoindre la place où nous étions la veille.

Je dois dire que les chrétiens chinois furent admirables de dévouement ; ils vinrent à notre secours de tout leur pouvoir ; sans eux, il eût été impossible de nous procurer la moindre chose.

A peine amarrés de nouveau, les négociations recommencèrent ; il fallut avancer pas à pas ; chaque détail donnait lieu à une discussion interminable. Une des objections porta sur ce point que les mandarins militaires n'allant pas en chaise, le commandant de la division navale devrait escorter la mienne à cheval ; je répondis que c'était contraire à nos mœurs, mais que, puisqu'il en était ainsi, je n'avais aucune difficulté à monter également à cheval.

Enfin, à huit heures du soir, les arrangements furent pris pour le lendemain, et, en effet, nous entrâmes dans Nan-chang à la stupéfaction des habitants, que l'on avait prévenus, d'ailleurs, par de grandes affiches blanches de notre entrée, et de s'abstenir de toute démonstration.

L'entretien, d'abord assez froid, finit par s'animer un peu, et toutes les affaires furent réglées... sur le papier. Je n'avais pas, et pour cause, grand espoir que les conditions acceptées seraient fidèlement exécutées ; mais le point important, c'était de montrer à ces hautains mandarins que Nan-chang était accessible à nos forces maritimes.

Après cette visite et les fatigues du voyage, nous étions pressés de nous retrouver à bord de notre canonnière ; aussi, sans perdre de temps, nous nous embarquâmes. Le lettré chinois manquait à l'appel ; on le trouva en train de recevoir des cadeaux qu'il avait bien gagnés, lui aussi ; mais comme tout est rite en Chine, cette cérémonie ne pouvait se passer sans festin, et il ne voulait pas s'arracher aux délices de cette Capoue qu'une longue abstinence rendait plus séduisantes ; pour le convaincre, on lui dit : « Vite, demain vous vous rattraperez et vous déjeunerez mieux à Kiu-kiang. — On m'a déjà dit cela hier », répondit-il en gémissant. Cependant, il enfouit tous les présents qu'il avait reçus dans un énorme sac et nous suivit mélancoliquement.

Mais il était dit que nous boirions le calice jusqu'à la lie. La descente fut signalée par une série d'échouages dont nous eûmes toutes les peines du monde à nous tirer. A chacun de ces accidents, notre cuisinier immolait une poule au dieu du lac, sans cependant qu'il se laissât toucher par notre misère et notre malpropreté. Quant au lettré, il était accroupi sur son sac et aurait quitté d'autant moins volontiers cette place que les plaisanteries des matelots ne le rassuraient qu'à moitié.

Enfin, accablés de fatigue et après avoir passé six jours couchant sur des planches ou sur des bancs, n'ayant même pas à notre disposition les objets les plus indispensables, car je me rappelle avoir sauvé la vie d'un de mes compagnons en lui donnant une brosse à dents qui était en provision dans le tout petit nécessaire de poche que mon domestique avait heureusement songé à prendre avec lui; enfin, dis-je, nous tombâmes dans les bras de nos amis, que cette absence prolongée commençait à inquiéter, et qui se demandaient s'ils allaient venir à notre rencontre.

Quelques heures après, nous étions de retour à Kiu-kiang. Dans la nuit qui suivit, nous assistâmes à un de ces grands orages qui n'existent que sur le Yang-tze. Nous étions allés dîner à terre, et il nous fut impossible de rentrer coucher à bord, tant la rade était mauvaise; c'était comme une véritable grosse mer, et les bâtiments roulaient comme aux jours où l'on double un cap avec le vent contraire.

Mais notre voyage n'était pas terminé; des affaires nous appelaient ailleurs, et nous dûmes quitter au plus vite Kiu-kiang pour remonter jusqu'à Han-kow, et plus haut si cela était nécessaire.

Entre Kiu-kiang et Han-kow la distance n'est pas très-longue, mais les eaux étaient très-basses, et la peur d'échouer nous fit prendre toutes les précautions et éviter de voyager la nuit, de sorte que ce ne fut que le troisième jour que nous arrivâmes.

Han-kow est un des points les plus renommés de la Chine ; c'est l'endroit où le Han, l'un des affluents les plus importants du fleuve Bleu, vient se joindre à lui, d'où le nom de la ville : *Han*, nom du fleuve, et *Kow*, bouche. Le fleuve, après avoir reçu les eaux du Han, devient immense, et sa largeur dépasse cinq kilomètres. Sur la rive droite du Yang-tze se trouve la capitale de la province, Ou-tchang, et sur la rive gauche les deux villes de Han-tchang et Han-kow. Autrefois, avant le passage des Taëping, ces trois villes réunies contenaient, dit-on, huit millions d'habitants. Je crois que ce chiffre a toujours été exagéré, mais il est incontestable que ce centre a été l'un des plus importants de la Chine, et cela s'explique : tous les thés, toutes les soies de ces riches provinces viennent dans ces villes, qui pendant trois mois de l'année prennent une vie étonnante. Les phénomènes produits par ces grands fleuves asiatiques sont véritablement bien étranges et à peine croyables pour ceux qui n'ont vu que la Seine ou la Loire. Je parlais tout à l'heure d'une tempête faisant rouler des bâtiments de guerre et les mettant presque en danger ; car si une ancre venait à se rompre pendant ces tourmentes, le bâtiment serait jeté à la côte et brisé. A Han-kow, on peut constater la violence de la crue des eaux au moment de la fonte des neiges dans les montagnes du

Thibet, du Sse-tchuen et Kou-kou-noor. Le niveau du fleuve varie de trente-cinq mètres; l'époque où nous visitons cette ville coïncide avec les plus basses eaux; aussi cet immense quai que les Européens ont dû bâtir pour contenir le fleuve et garantir leurs habitations est-il à nu. C'est réellement un travail énorme, ce qui n'empêche pas, presque chaque année, les rez-de-chaussée d'être inondés, et les habitants de circuler en barques dans les rues.

Nulle part en Chine les Européens n'ont dépensé autant d'argent pour s'installer. Malheureusement, les suites n'ont pas répondu à ces débuts brillants; quoi qu'on ait pu faire, Han-kow est et restera une ville de deuxième ordre. Je sais bien qu'une grande partie des thés partent directement de ce port pour l'Angleterre et pour Odessa, ce qui évite les frais d'un transbordement; mais le commerce du thé, quelque important qu'il soit, ne suffit pas à faire vivre une place de commerce. Pendant trois mois il se fait pour cent cinquante millions d'affaires, mais le reste de l'année est nul.

Quant aux soies, c'est une matière tellement précieuse que le prix d'un transbordement de plus ou de moins est sans importance, et tout l'outillage de ce commerce est à Chang-haï, j'entends les courtiers chinois dépositaires de la confiance des producteurs, les *inspectors* ou experts européens, sans le concours desquels les maisons étrangères n'achètent jamais;

les banques qui fournissent les capitaux au moment propice, et enfin l'immense variété des types qui permet de choisir la soie suivant les besoins du consommateur de Lyon ou de Manchester.

Quant aux cotonnades, les marchands chinois préfèrent s'approvisionner à Chang-haï, où ils ont plus de choix. Dans les derniers temps de mon séjour, cependant, les négociants d'Han-kow avaient trouvé une manière d'attirer chez eux le commerce indigène, c'était de vendre leurs marchandises toutes rendues à Chong-king, première ville du Sse-tchuen. En effet, les douanes chinoises, toujours impressionnées par la vue d'un pavillon étranger et de papiers en règle délivrés par la douane maritime, n'osaient se laisser aller à leurs exactions habituelles, et la marchandise ainsi envoyée à Chong-king, n'ayant payé que ce qui était légitimement dû, arrivait dans des conditions si avantageuses que les marchands chinois sacrifiaient volontiers l'avantage de choisir à leur gré la qualité ou la nature des étoffes à celui de pouvoir les vendre vingt-cinq pour cent meilleur marché.

Autant les autorités du Kian-si avaient été désagréables, autant celles du Hou-peh furent polies et prévenantes. Leur réception fut d'autant plus obligeante qu'ils étaient décidés à m'accorder le moins possible sur les questions importantes. Durant les premiers jours, ce ne furent que festons, ce ne furent qu'astragales; les visites succédaient aux visites, les bâtiments de guerre chinois étaient pavoisés, les canons résonnaient, et le vice-roi nous donna une grande fête, dîner et comédie, qui dura plus de cinq heures, pendant lesquelles la plupart des invités ne purent se procurer d'autre boisson que celle appelée par les Anglais *sherries-cordial,* qui est tout simplement une liqueur de ménage du genre du cassis.

L'affaire principale qui m'avait appelé à Han-kow, et qui pouvait nous conduire jusqu'à Chong-king, au Sse-tchuen, était le jugement des meurtriers d'un missionnaire. M. Rigaud, un de ses confrères, mort depuis, s'était chargé de suivre la procédure en l'absence de l'évêque, appelé à Rome pour le concile. Notre mandataire arriva peu de jours après nous à Han-kow, nous racontant certains détails de la justice chinoise qui font frémir. Un des accusés subissait un interrogatoire; tout à coup cet homme se troublant, balbutie quelques mots qui semblent compromettre des gens que l'autorité chinoise voulait absolument exclure du procès. Le vice-roi, suivant l'usage, jette par terre une fiche en bambou sur laquelle sont tracés quelques caractères. Le bourreau s'en saisit, lit l'ordre écrit, et presque instantanément la tête de l'accusé roule par terre, sans lui laisser le temps d'achever la phrase commencée.

Cet individu était véritablement l'un des meurtriers et méritait son châtiment, et comme il fallait faire un semblant de justice, mieux valait sacrifier celui-ci, qui appartenait au bas peuple, qu'un lettré ou un mandarin, dont le supplice pour une pareille cause aurait humilié l'orgueil chinois. Tuer un bonze étranger, c'est à peine une peccadille à leurs yeux.

Après quelques jours passés à Han-kow, nous nous embarquâmes dans des barques chinoises sur lesquelles il nous fallut rester vingt-quatre jours employés à remonter le Han jusqu'à un marché appelé Fun-chen, qui se trouve sur la grande route de Pékin au Sse-tchuen. Le pays que nous traversions était beau ; mais c'était en février, et, comme toutes les contrées livrées à la culture, il perdait toute sa beauté à être vus ans ses atours de verdure. La population était plutôt hostile, de sorte que nous sortions peu de nos barques.

De Fun-chen à Pékin nous employâmes vingt jours en charrettes. Jamais je n'ai fait de voyage plus fatigant. Ou nous mettait dans cet instrument de torture à deux heures du matin, on nous laissait reposer une heure ou deux à midi, et le soir, à huit heures, on nous lâchait jusqu'au lendemain. Il faisait froid, et nous devions nous ensevelir sous des couvertures de peur de geler. La terre ne donnait encore aucune espérance de végétation, et les villages succédaient aux villages dans de vastes plaines de cendre, sans qu'il y eût jamais une seule variation dans le paysage.

En arrivant à Kaë-foun-fou, capitale de la province du

Honan, nous dûmes nous arrêter quarante-huit heures pour laisser reposer les animaux et préparer le passage du fleuve Jaune, ce qui est toujours une opération délicate. Nous profitâmes de ce répit pour nous faire présenter les quelques juifs qui habitent cette ville et qui furent découverts au siècle dernier par un missionnaire. D'où viennent-ils ? quelle a été la cause de cette émigration ? C'est impossible à dire ; mais ce sont bien réellement des juifs ; ils ont conservé leur Bible, et plusieurs d'entre eux peuvent lire le livre sacré et le traduire à peu près. Ils ne mangent pas de viande de porc, ne travaillent pas le samedi et se marient exclusivement entre eux ; tels sont les seuls traits distinctifs qu'ils aient gardés. J'oubliais : tous font les métiers d'orfévre et de brocanteur, et tout le monde s'accorde à dire qu'ils sont loin d'être aussi misérables qu'ils le donnent à entendre.

Le fleuve Jaune est un torrent impétueux de cinq à six kilomètres de large, roulant ses eaux chargées de sable des sommets du Kou-kou-noor au golfe du Pe-tchi-li, à travers la Mongolie, le Kan-sou, le Chen-si et le Ho-nan. Cette dernière province n'était, à une époque déjà historique, qu'un immense lac marécageux. Les empereurs de la dynastie des Han entreprirent de conquérir ces terrains à l'agriculture et d'endiguer ce terrible torrent. L'œuvre fut menée à bien, et maintenant le fleuve Jaune, maintenu par des digues de sable colossales, traverse cette riche contrée dans un lit surélevé d'une quarantaine de pieds au-dessus du niveau de la plaine.

Quand une fissure se produit, ce sont d'horribles catastrophes dont les conséquences sont incalculables. Ainsi le dernier événement de ce genre a eu pour résultat de changer le lieu de l'embouchure du fleuve; précédemment il venait se jeter dans la mer Jaune, non loin de son frère le Yang-tze-kiang; aujourd'hui il a abandonné cette mer et vient verser ses eaux dans le golfe du Pe-tchi-li, non loin de Tien-tsin.

Nous arrivons d'assez bonne heure au bord du fleuve, et nous trouvons les employés des bacs disposés à effectuer notre transbordement. Quand nos personnes, nos voitures, nos animaux furent tous embarqués sur de larges radeaux, on les détacha du rivage; un ou deux coups de godille, et nous voilà lancés à la grâce de Dieu dans ce courant terrible, tournant sur nous-mêmes comme des totons; c'était très-effrayant, mais au fond peu dangereux, quand le vent ne se mêle pas de l'affaire. Nous allâmes aborder sur l'autre rive à dix kilomètres en dessous; mais le temps de réunir de nouveau tous les radeaux et de nous débarquer, et la journée s'était presque écoulée. Nous fûmes donc forcés de passer la nuit non loin de là, dans l'une des plus mauvaises auberges que j'aie jamais vues.

Le lendemain nous entrions dans la province du Chan-toung; c'est celle des provinces de la Chine où l'on voit la prostitution la plus éhontée. Dès que la nuit abat ses voiles, les filles sortent par troupeaux de leurs tanières, habillées de soieries aux couleurs voyantes, aux broderies éclatantes, mais fanées et tachées, coiffées de fleurs artificielles, couvertes de bijoux faux et de fard, et armées d'une guitare ou d'un tambour de basque. Elles partent à la recherche de celui qui voudra bien payer leur souper; elles remplissent les cours des auberges, s'accroupissent sous les vérandas où elles font grincer les cordes de leurs instruments et glapir les notes de leur voix. Si ce bruit ne suffit pas à attirer le voyageur enfermé à quelques pas de là dans sa chambre, un monsieur complaisant ou à son défaut l'aubergiste viennent vous proposer de régler le programme d'un concert en votre honneur.

Ces filles sont très-jeunes et dépassent rarement l'âge de vingt ans; ce sont des malheureuses qui ont été vendues à l'âge de dix ou douze ans à ces *impresari* par leur père ou leur frère aîné. Dans une de ces auberges, le maître de la maison nous fit remarquer une de ces filles, nous disant : « C'est ma propre fille; je l'ai vendue un bon prix, il y a cinq ans, à cet individu qui est là-bas. Au fond, c'est une bonne affaire qu'il a faite; si j'avais prévu que la petite eût autant de succès, j'aurais exploité moi-même son talent à mon compte. »

Après deux ou trois jours de marche, nous rentrons

dans le Pe-tchi-li, nous passons une nuit chez les Jésuites à Ho-kien-fou, et arrivons enfin à Pékin.

Après dix années passées en Chine à deux reprises différentes, j'ai un peu le droit de donner un avis motivé sur ce peuple si étrange et si différent du reste de l'humanité. L'expérience n'a pas notablement changé mes premières impressions, et je suis aujourd'hui aussi antipathique à cette société que je l'étais le premier jour de mon arrivée. Je maintiens même mon opinion que la race chinoise n'est pas susceptible de grands progrès tant qu'elle n'aura pas subi une révolution ethnographique importante. M. Renan, en parlant de ce peuple, s'est servi de l'expression : humanité inférieure; il a pleinement raison. Cependant le jugement du Père Félix sur ce même sujet, jugement prononcé du haut de la chaire de Notre-Dame, est peut-être plus juste encore : « Ce peuple, dit-il, a passé de l'enfance à la vieillesse sans traverser l'âge mûr. »

Oui, la Chine, telle qu'elle est aujourd'hui, agonise, et c'en est fini de Confucius, des mandarins, des bateaux de fleurs et de la légende du Fils du ciel. Les barrières ont été brisées, et le moment n'est pas éloigné où ce flot de sang jaune va inonder le reste du monde et amener le bouleversement le plus complet que l'humanité ait jamais subi. Si le lecteur veut bien me suivre dans le volume suivant, nous retrouverons les Chinois à l'œuvre aux Indes, dans les détroits, au Japon, aux États-Unis, et il pourra se rendre compte que le danger n'est ni imaginaire ni éloigné, qu'il frappe à notre porte, et qu'au premier jour il se trouvera mêlé au débat social qui nous divise déjà. De la Chine et de son émigration dépend la solution du problème : agréable ou non, c'est une vérité incontestable qu'il faut envisager de sang-froid

Comme ouvriers, depuis celui qui côtoie l'artiste jusqu'au simple manouvrier, les Chinois ont une supériorité écrasante, par la force de leur constitution, par leur sobriété et par leur habileté. Il faut donc s'attendre, dès qu'ils paraîtront quelque part, qu'ils seront tout de suite les maîtres de la production et qu'ils tueront toute concurrence.

Au contraire, comme philosophes, inventeurs, artistes, leur influence est et restera nulle ; ils ne s'élèveront jamais au-dessus du rang de contremaître ou de sous-officier, et ils seront forcés de nous appeler à eux s'ils veulent exploiter leurs richesses minérales.

Donc le mélange entre les deux sociétés et les deux contrées est inévitable. La main-d'œuvre subira chez nous un abaissement considérable ; mais, par contre, les blancs trouveront plus facilement en Chine l'emploi de leur intelligence et de leur science. Si c'était là le seul côté de la question, on pourrait l'envisager sans trop de crainte, car le résultat final serait le triomphe de l'esprit sur la matière et en quelque sorte la constatation de la supériorité de la race blanche. Mais le véritable danger n'est pas là ; il est dans le mélange des races. Une fois *chinoisés*, que vaudront les blancs? et les mulâtres asiatiques ressembleront-ils aux mulâtres africains ?

FIN.

TABLE DES MATIÈRES

I
Pages.
De Paris à Suez 1

II
De Suez à Hong-kong 63

III
Hong-kong et Canton. 105

IV
De Hong-kong à Pékin. 149

V
Pékin et ses environs. 207

VI
La Mongolie, le Chansi, le Bouddha vivant 265

VII
Ta-yuen-fou, Ho-kien-fou, retour 323

VIII
Le Yang-tze-kiang, le lac Po-yang, Han-kow 329

www.ingramcontent.com/pod-product-compliance
Lightning Source LLC
Chambersburg PA
CBHW050537170426
43201CB00011B/1462